成人高等教育财经专业精品教材系列

国际贸易

高敬峰 王培志 主编
刘新英 副主编

International Trade

经济科学出版社
Economic Science Press

图书在版编目（CIP）数据

国际贸易/王培志主编. —北京：经济科学出版社，2015.12（2023.12 重印）

成人高等教育财经专业精品教材系列

ISBN 978-7-5141-6471-8

Ⅰ.①国⋯ Ⅱ.①王⋯ Ⅲ.①国际贸易－成人高等教育－教材 Ⅳ.①F74

中国版本图书馆 CIP 数据核字（2016）第 006504 号

责任编辑：柳　敏　李晓杰
责任校对：隗立娜
版式设计：齐　杰
责任印制：李　鹏　范　艳

国际贸易

王培志　主　编
高敬峰　刘新英　副主编

经济科学出版社出版、发行　新华书店经销
社址：北京市海淀区阜成路甲 28 号　邮编：100142
总编部电话：010-88191217　发行部电话：010-88191522
网址：www.esp.com.cn
电子邮件：esp@esp.com.cn
天猫网店：经济科学出版社旗舰店
网址：http://jjkxcbs.tmall.com
北京密兴印刷有限公司印装
710×1000　16 开　18 印张　330000 字
2016 年 1 月第 1 版　2023 年 12 月第 7 次印刷
印数：36501—43154 册
ISBN 978-7-5141-6471-8　定价：36.00 元
（图书出现印装问题，本社负责调换。电话：010-88191502）
（版权所有　侵权必究　举报电话：010-88191586
电子邮箱：dbts@esp.com.cn）

前　言

在"十二五"即将结束、"十三五"面临开局之际,为适应国家提升高校教学水平和创新能力、大力发展继续教育、推动普通高校继续教育改革发展的要求,山东财经大学在原有山东省成人高等教育品牌专业特色课程系列教材的基础上,组织编写了这一新的成人高等教育财经专业精品教材系列。

该系列教材立足大众创业、万众创新,建设创新型国家的经济社会发展需要,紧扣财经类专业课程设置和教学大纲,科学、系统地涵盖了专业教学的基本内容,其中主要包括专业基础课和专业主干课程教材。这些教材适用于经济、管理学科,尤其是经济学、会计学、金融学等专业成人教育的教学,对指导和帮助学生获取本专业的基础理论和专业知识具有较强的针对性。

该系列教材的编写依托雄厚的学科专业实力和师资资源,主编、副主编及参编人员均为长期从事高校继续教育教学、科研和管理的专家、教授及一线教学骨干,教材在内容的设计方面较好地体现了实践性、应用性和对策性等特点,同时,该系列教材注重创新,力求把最新的理论发展、专业知识和政策信息纳入其中,内容上融入了编撰者多年来从事专业理论教学研究的优秀成果,其中不乏许多获省部级以上奖励的成果,从而较好地实现了教材系统性和科学性、创新性和实践性的有机结合。该系列教材在使用范围和地域上,具有广泛的适应性。

《国际贸易》是成人高等教育财经专业精品系列教材之一。本书是一本以国际贸易的运行机制为对象,对国际贸易的理论、政策及实务进行比较全面介绍的教材。全书共分三部分内容:第一部分为国际贸易理论,比较详细地介绍了传统的国际贸易理论、战后发展起来的各种贸易理论流派;第二部分为国际贸易政策,介绍了各种贸易政策措施,探讨了发展中国家和发达国家的贸易政策;第三部分为国际贸易实务,探讨了主要的国际货物交易条件和服务贸易问题。希望通过本教材的学习,使学生在了解掌握国际贸易理论知识的基础上,能更好的培养、增强动手实践能力。

参加本教材编写的有:山东财经大学王培志(第1章、第5章),刘新英

(第2章、第3章、第4章)、陈相森(第6章、第7章、第8章)、徐杰(第11章、第12章)、邬彩霞(第9章、第10章)、刘宁(第13章)、王珩(第14章)。

参加修订工作的老师分工：张洪(第1章)、高敬峰(第2章)、刘磊(第3章、第6章)、王涛(第4章、第8章)、刘鲁浩(第5章)、赵明亮(第7章)、张绍辉(第9章)、韩忠先(第10章)、张照玉(第11章、第12章)、王珩(第13章、第14章)。

本教材由王培志教授担任主编、负责设计教材的总体结构和总纂；高敬峰教授、刘新英教授担任副主编。

本教材的编写参阅了大量的著作和文献，并得到了同仁的大力支持，谨此说明并致以诚挚的谢意！

国际贸易学是一门理论性和政策性非常强的课程，又与实际应用紧密结合。因此在本教材编写过程中我们虽然做了不少努力，但由于作者水平有限，书中难免有错误或疏漏之处，恳请专家、读者批评指正。

教材编写组
2015年9月

目　　录

第 1 章　导论 … 1
- 1.1　国际贸易的研究对象 … 1
- 1.2　国际贸易的基本概念 … 4
- 1.3　国际贸易理论的微观基础 … 7
- 1.4　国际贸易的分类与特点 … 16

第 2 章　古典国际贸易理论 … 21
- 2.1　重商主义学说 … 21
- 2.2　绝对优势理论 … 24
- 2.3　比较优势理论 … 28
- 2.4　相互需求理论 … 31

第 3 章　新古典国际贸易理论 … 35
- 3.1　新古典贸易理论对古典国际贸易理论的继承和发展 … 35
- 3.2　赫克歇尔—俄林理论 … 37
- 3.3　里昂惕夫之谜 … 47

第 4 章　现代国际贸易理论 … 53
- 4.1　技术差距理论 … 53
- 4.2　产品生命周期理论 … 56
- 4.3　重叠需求理论 … 59
- 4.4　规模经济与国际贸易 … 62
- 4.5　新要素理论 … 69

第 5 章 国际贸易政策 ... 74

5.1 国际贸易政策概述 ... 75
5.2 自由贸易政策 ... 77
5.3 保护贸易政策 ... 81
5.4 发展中国家和地区的贸易战略 ... 87

第 6 章 关税措施 ... 96

6.1 关税及其特点 ... 96
6.2 关税的主要种类 ... 98
6.3 海关税则与通关手续 ... 105
6.4 关税对国际贸易的影响 ... 108

第 7 章 非关税措施 ... 116

7.1 非关税壁垒及其特点 ... 116
7.2 非关税壁垒的主要种类 ... 118
7.3 非关税壁垒对国际贸易的影响 ... 133

第 8 章 鼓励出口与出口管制措施 ... 137

8.1 鼓励出口措施 ... 137
8.2 经济特区措施 ... 145
8.3 出口管制措施 ... 150

第 9 章 国际资本流动与跨国公司 ... 156

9.1 国际资本流动及其经济效应 ... 156
9.2 跨国公司概述 ... 159
9.3 跨国公司理论介评 ... 170

第 10 章 国际贸易体制 ... 175

10.1 区域经济一体化 ... 175
10.2 多边贸易体制 ... 181
10.3 中国与 WTO ... 187

第 11 章　国际货物交易的商品条件 · 195

11.1　商品的名称 · 195

11.2　商品的品质 · 197

11.3　商品的数量 · 203

11.4　商品的包装 · 207

第 12 章　国际货物交易的价格条件 · 215

12.1　贸易术语与国际贸易惯例 · 215

12.2　Incoterms® 2010 中的贸易术语 · 220

12.3　买卖合同中的价格条款 · 233

第 13 章　国际货物运输与保险 · 238

13.1　国际货物运输方式 · 238

13.2　国际货物运输保险 · 247

第 14 章　国际服务贸易与技术贸易 · 258

14.1　国际服务贸易概述 · 258

14.2　国际技术贸易 · 265

参考文献 · 276

第1章 导　　论

> **本章要点**
> ◇ 国际贸易的研究对象
> ◇ 国际贸易的基本概念
> ◇ 国际贸易理论的微观基础
> ◇ 国际贸易的分类与特点

自20世纪70年代以来，以国家为主体的国际贸易活动日益频繁，所涉及的范围也越来越广泛。国际贸易使各国经济之间的相互依赖程度不断加强。当今世界，没有哪一个国家能在经济上孤立存在。

像所有其他经济学的分支一样，国际贸易学是研究设计如何决定利用资源来实现意图中的经济目标。它研究国际上的交易如何影响一国的社会福利、收入分配、就业和经济增长。例如，在国际贸易学的学习过程中我们会问：为什么会产生国际贸易？贸易双方如何从中受益以及利益如何分配？为什么要实行贸易保护主义？为什么又要主张全球经济一体化和贸易自由化？为什么中国要加入WTO？生产要素在全球范围的自由流动会对相关国家产生什么影响？为什么一些新兴工业化国家实施出口导向战略并取得了初步的成功？

学习国际贸易学虽然不能确保对所有的国际贸易学问题都找到正确答案，但有助于你掌握分析和理解国际贸易问题的工具和框架。提供判断和理解的依据。

本章重点介绍国际贸易的基本概念，通过本章的学习，学生应对国际贸易学科有总体的把握，国际贸易学的研究对象及任务以及对与贸易有关的基本概念有一个明确的了解，为以后各章的学习打下基础。

1.1　国际贸易的研究对象

随着经济全球化的发展，世界各国在经济上的相互联系、相互作用、相互依赖日益增强。世界各国在经济上的相互联系、相互作用、相互依赖主要表现为国际贸易、国际金融和国际投资，其中国际贸易是最基本的表现形式。国际贸易包括理论、政策和实务等内容。在具体阐述这三部分内容之前，我们首先需要对国际贸易学的研究对象有一个了解，并明确掌握国际贸易的定义、特点、类型及国际贸易中的一些基本概念。

国际贸易学是研究国际商品交换关系及其运动规律的一门学科。商品交换包括有形商品和无形商品的交换活动，即包括商品贸易、服务贸易和技术贸易等方面的交换关系和运动规律。

随着经济的发展和科技的进步，以及信息化时代的来临，服务贸易在国际贸易中所占的比重将越来越高。我们一般把国家间有形商品的交换称为"狭义的国际贸易"，把包括全部有形商品和无形商品（服务）在内的国际交换称为"广义的国际贸易"。随着国际贸易实践的发展，国际贸易学的研究对象已从狭义的国际贸易向广义的国际贸易延伸。

1.1.1 研究国际贸易的历史沿革与发展

14～15世纪，西欧出现了萌芽状态的资本主义生产，意大利北部的威尼斯、热那亚、佛罗伦萨等城市以及波罗的海和北海沿岸的诸城市都已成为欧洲的贸易中心。到15世纪末16世纪初，随着资本主义生产关系的发展和"地理大发现"，欧洲贸易中心由地中海区域扩展到大西洋沿岸，逐渐形成区域性的国际商品市场。18世纪50年代后的100年内，西方主要资本主义国家相继完成产业革命，机器大工业替代工厂手工业，相应形成了以发达资本主义国家为中心的国际分工体系，并推动了国际贸易的发展，在19世纪的前70年中，世界贸易额增长了6倍多。第二次世界大战后，在第三次科技革命（信息革命）的影响下，在资本输出迅速增长和贸易自由化的作用下，国际贸易更加迅猛增长，世界出口贸易额由1970年的607亿美元跃升到2006年的12万1 200亿美元，贸易增长速度甚至超过世界生产的增长速度。2007年以后，受金融危机和欧债危机的影响，世界贸易增长缓慢，2009年世界出口额为12万5 420亿美元，与2006年水平相当。近年来，世界经济逐步摆脱经济危机的阴影，国际贸易发展趋于改善，2014年全球出口额达18万9 350亿美元。[①]

---

① 资料来源：《2014世界贸易报告》，世贸组织。

1.1.2 研究国际贸易理论与学说

国际贸易理论试图对贸易为何会发生（贸易基础）、如何进行（贸易模式）、对生产、消费、福利的影响（贸易结果）等诸多问题做出理论解释。

以亚当·斯密在《国富论》中首次提出的绝对优势理论为开端，200多年来，国际贸易理论也不断发展，可分为三个基本阶段：

第一阶段从18世纪末到19世纪末，为古典国际贸易理论时期，主要包括亚当·斯密的绝对优势理论和大卫·李嘉图的比较优势理论，以及穆勒的相互需求理论等。

第二阶段从19世纪末20世纪初到20世纪40年代，为新古典国际贸易理论时期，主要是赫克歇尔—俄林提出的要素禀赋理论。

第三阶段从20世纪50年代至今，为现代国际贸易理论时期。其中最著名的包括保罗·克鲁格曼的规模经济理论、弗农的产品生命周期理论、林德的重叠需求理论等。20世纪90年代以来，以异质企业模型和企业内生边界模型为代表的新新贸易理论，打破了以往贸易理论关于企业同质性假定，把国际贸易建立在异质性企业这一微观经济主体基础之上，对当今国际贸易成因、结构和模式进行了具有相当说服力的全新解读。

1.1.3 研究国际贸易政策

国际贸易的发展史也是一部各国制订有利于己的贸易政策和措施的发展史。研究国际贸易政策主要研究各国贸易政策根源、种类和演变过程，及其对国际与国内经济利益的影响。

资本主义原始积累初期，重商主义认为国际贸易是一场"零和博弈"（Zero - Sum Game），一国的贸易所得是建立在另一国的贸易损失基础之上，因而主张尽可能获得贸易盈余，在贸易政策上采取"奖出限入"的保护贸易政策。

资本主义进入到自由竞争时期，鼓吹"自由放任"的经济哲学，认为国际贸易是一场双方互惠的"正和博弈"（Positive - Sum Game）。英、法等资本主义国家以自由贸易政策为主，但美、德等国家为保护民族工业也辅以保护贸易政策。

进入帝国主义垄断时期，经济危机频繁爆发，为转嫁危机，占领国外市场，加强垄断地位，帝国主义国家纷纷实行"以邻为壑"的超保护贸易政策，结果使世界贸易量大大萎缩。第二次世界大战后，各国意识到贸易自由化的重要性，所以普遍实行了自由贸易政策，极大地促进了战后国际贸易的发展。但20世纪70年代中期以来伴随着西方发达国家纷纷陷入"滞胀"危机。贸易保护主义又有所回潮。

贸易政策发展到今天，其种类可谓多种多样，既有传统的关税壁垒，也有日渐翻新的名目繁多的非关税壁垒如配额、自动出口限制、歧视性政府采购政策、苛刻的技术标准和卫生检疫规定等。

1.2 国际贸易的基本概念

1.2.1 国际贸易的定义

国际贸易是人类社会发展到一定历史阶段的产物，是指世界各国（或地区）之间进行的商品交换。它既包括有形商品（实物商品）交换，也包括无形商品（劳务、技术、教育、咨询等）交换；它既包括本国与他国之间的交换，也包括其他国家之间的交换。

1.2.2 国际贸易的基本概念

1. 国际贸易与对外贸易

世界各国（或地区）间的交换活动，从一个国家（或地区）的角度看，称为该国（或地区）的对外贸易（Foreign Trade）；从世界范围看，世界各国（或地区）对外贸易的总和构成了国际贸易，也称世界贸易（World Trade）。对外贸易与国际贸易都是指越过国界所进行的商品交换活动。在这一点上，两者是一致的。它们的区别在于，前者是着眼于某个国家，即一个国家（或地区）与其他国家（或地区）之间的商品交换；而后者是着眼于世界范围，即世界上所有国家（或地区）之间的商品交换。

2. 对外贸易值（额）与对外贸易量

（1）对外贸易值（Value of Foreign Trade）。对外贸易值是以货币表示的贸易金额，因此，也叫对外贸易额，是反映一个国家（或地区）对外贸易规模的重要指标。一定时期内一国从国外进口的商品的全部价值，称为进口贸易总额或进口总额；一定时期内一国向国外出口的商品的全部价值，称为出口贸易总额或出口总额。两者相加为进出口贸易总额或进出口总额，对外贸易额可分为对外货物贸易额和对外服务贸易额。

把世界上所有国家的进口总额或出口总额用同一种货币换算后加在一起，即得出世界进口总额或世界出口总额。从国际贸易的角度，一国的出口就是另一国的进口，如果把各国进出口值相加作为国际贸易总值就出现了重复计算。因此，国际贸易值（额）是指一定时期内所有国家和地区的出口总值（额）之和（按同一种货币单位换算后相加），或者是进口总值（额）之和。

(2) 对外贸易量（Quantum of Foreign Trade）。对外贸易量是指一个国家（或地区）在一定时期内（一年、一季或一月）进口商品和出口商品数量的总和。它是反映一个国家（或地区）对外贸易实际规模的一种重要指标。

对外贸易量与对外贸易额，两者都可以反映一国某一时期对外贸易情况的变化。由于贸易额中未剔除价格和货币汇率变动因素，因此，对外贸易额不能确切地反映一国对外贸易的实际变化情况。而对外贸易量则剔除了价格和货币汇率变动因素，因而用贸易量来反映一国（或地区）一个时期的对外贸易发展变化情况，则比较接近于实际。但由于进出口商品的品种繁多，各类商品的实物计量单位各异，不同种类的计量单位不能相加，人们在计算某国在某个时期的对外贸易量时，一般是从对外贸易额中剔除进出口商品价格变动和所用货币汇率变动的因素，计算出对外贸易量的近似值，用此近似值来反映对外贸易量的实际变化。

具体计算是以固定年份为基期而确定的出口或进口价格指数去除当期的出口或进口总额，得到的是相当于按不变价格计算的出口额或进口额，就是当期的出口贸易量或进口贸易量，两者之和就是对外贸易量。

如果以固定年份为基期的贸易量指数同各个时期的贸易量指数相比较，就可以得出比较准确反映贸易实际规模变动的贸易量指数。大多数西方工业国家和联合国每年都编制和发布进口或出口量指数。

3. 对外贸易差额

贸易差额（Balance of Trade）是一国在一定时期内（如一年、半年、一季、一月）出口总值与进口总值之间的差额。当出口总值与进口总值相等时，称为"贸易平衡"。当出口总值大于进口总值时，出现贸易盈余，称"贸易顺差"或"出超"。当进口总值大于出口总值时，出现贸易赤字，称"贸易逆差"或"入超"。通常，贸易顺差以正数表示，贸易逆差以负数表示。

贸易差额是衡量一国对外贸易状况的重要指标。一般来说，贸易顺差表明一国在对外贸易收支上处于有利地位，贸易逆差则表明一国在对外贸易收支上处于不利地位。

4. 对外贸易条件

贸易条件（Terms of Trade）又称交换比价或贸易比价，即出口价格与进口价格之间的比率，是一个国家以出口交换进口的条件。

贸易条件即两国进行贸易时的交换比例。它有两种表示方法，一是用物物交换表示，即用实物形态来表示的贸易交换条件，它不涉及货币因素和物价水平的变动。当出口产品能交换到更多的进口品时，贸易条件就改善了。反之则贸易条件恶化了。

还有一种是用价格来表示的贸易条件,这种贸易条件就是一国所有出口商品的价格与所有进口商品的价格的比率。由于现实生活中参与国际交换的商品很多,而且价格水平也在不断变化,因此这种贸易条件通常用出口商品价格指数与进口商品价格指数之比,通常用商品贸易条件指数来表示。

所谓商品贸易条件指数是一定时期内一国出口商品价格指数与进口商品价格指数之比。表示一国每出口一个单位商品可以获得多少单位的进口商品。

如果 P_x = 出口商品价格指数,P_m = 进口商品价格指数,T = 商品贸易条件指数,这时有:

$$T = (P_x/P_m) \times 100$$

如果商品贸易条件指数大于100,表明同等量的出口商品换回了比基期更多的商品,贸易条件得到了改善;如果商品贸易条件指数小于100,则表明贸易条件恶化。可见,贸易条件的实质是国际贸易利益的分割问题。

5. 对外贸易的商品结构 (Composition of Foreign Trade)

对外贸易商品结构是指一定时期内一国进出口贸易中各种商品的构成,即某大类或某种商品进出口贸易与整个进出口贸易额之比,以份额表示。

国际贸易的商品结构是指在一定时期内,各类商品或某种商品在整个国际贸易总额中所占的比重,即各大类商品或某种商品贸易额与整个世界出口贸易额相比,所占的份额。国际贸易商品一般分成初级产品和工业制成品两大类。初级产品指未经加工或只有简单加工的农、林、牧、渔、矿产品。工业制成品是指经过机器完全加工的产品。一国出口制成品所占比重越大,反映该国的生产水平越高,在国际分工中占有更大优势。发展中国家主要出口初级产品和进口制成品,发达国家主要出口制成品和进口初级产品。

6. 对外贸易的地理方向

对外贸易地理方向 (Direction of Foreign Trade) 也叫对外贸易地理分布或国别构成,指一定时期内各个国家或地区在一国或地区对外贸易中所占有的地位,一般是以这些国家或地区在该进、出口额或进出口总额中的比重来表示。对外贸易地理方向指明一国出口货物和服务的去向和进口货物和服务的来源,从而反映一国与其他国家或地区之间经济贸易联系的程度。一国的对外贸易地理方向通常受经济互补性、国际分工的形式与贸易政策的影响。

国际贸易地理方向亦称"国际贸易地区分布"(International Trade by Region),用以表明一定时期世界各洲、各国或各个地区在国际贸易中所占的地位。考察各国在国际贸易中的比重,既可以考察各国的进、出口额在世界进口、出口总额中的比重，也可以考察各国的进出口总额在国际贸易总额（世界进出口总额）中的比重。

考察和研究不同时期的国际贸易地理方向，对于我们掌握市场行情的变化，认识世界各国间的经济交换关系及密切程度，开拓新的国外市场，均有重要的意义。

7. 对外贸易依存度

对外贸易依存度（Foreign Trade for Existence Degrees）是指一国进出口总额与其国内生产总值或国民生产总值之比，又叫对外贸易依存率或外贸系数，反映一国对外贸易的依赖程度。出口（进口）依存度，即一国出口总额（进口）与其国内生产总值或国民生产总值之比。比重的变化意味着对外贸易在国民经济中所处地位的变化。

对外贸易依存度的计算公式为：

$$对外贸易依存度 = (进出口总额/GDP) \times 100\%$$
$$对外贸易进口依存度 = (进口额/GDP) \times 100\%$$
$$对外贸易出口依存度 = (出口额/GDP) \times 100\%$$

对外贸易依存度是衡量一个国家对外开放程度的重要指标之一，它反映了一个国家参与国际分工和国际经济合作的程度。

随着经济全球化的发展，全世界平均外贸依存度不断提高。据 WTO 和 IMF 测算，1960 年全球外贸依存度为 25.4%，1970 年为 27.9%，1990 年升至 38.7%，2000 年升至 41.7%，2003 年已接近 45%。从我国来看，1970 年我国的外贸依存度为 5.0%，1980 年提高到 12.9%，1990 年提高到 29.8%，2000 年提高到 43.8%，2003 年达到 60.0%，2004 年进一步达到 70%。近年来，受世界经济增长乏力、外部需求不振等因素影响，我国外贸增速呈现放缓态势，外贸依存度也在经历了入世初期的快速上升后，从历史最高点回落到 2013 年的 47%。

1.3 国际贸易理论的微观基础

1.3.1 国际贸易研究方法的特点

国际贸易理论在研究方法上主要借助微观经济的分析工具。有所不同的是，微观经济学通常是以单个消费者和厂商为基本单位，研究个体之间的经济关系，经济行为主体背后政治文化背景的差异，而国际贸易则涉及到国家的界限，所以，经济学家在研究国际贸易时，都是以国家为单位，既考虑个体的行为，又考虑国家（或政府）的行为。概括起来，国际贸易理论在研究方法上，具有以下几个基本特征：

第一，国际贸易理论分析不涉及货币因素，不考虑各国货币制度的差异与关系的影响，即在分析时假定这是一个物物交换的世界。因此，国际贸易理论实际上是一种实物分析（Real Analysis①）。至于货币因素的影响，则在国际金融理论部分专门探讨。这种分析方法与微观经济学的分析方法是一致的，都基于一个假设：经济行为主体的决策取决于相对价格，将经济行为主体排除在"货币幻觉"（Money Illusion）之外，因为，如果两种商品的货币价格同比例变化，则相对价格并不改变，因此相对价格表达的是一种纯粹的物物交换关系，与货币因素无关。这里，经济行为主体的行为只取决于相对价格，而与名义价格无关。

第二，在分析框架上，绝大多数贸易理论模型都假定世界上只有两个国家、两种商品（或部门）以及生产要素不超过两个，即 $2 \times 2 \times 2$ 模型。

第三，国际贸易理论多采用一般均衡分析方法。这是因为，研究国际贸易必然会涉及不同国家的价格体系，所以一般均衡分析方法是必需的。

第四，大多数贸易理论都是建立在一种静态或比较静态的分析框架上，很少考虑时间因素。

1.3.2　主要分析工具

人们从事国际贸易的动机，与其从事国内贸易的动机一样，都是为了自身利益的改善，具体地说就是，消费者追求个人效用的最大化，厂商追求利润最大化。因此，微观经济学关于消费者行为理论和厂商理论，也适用于分析国际贸易的相关问题。

1. 生产可能性曲线（Production Possibility Curve）

资源的稀缺性决定了在一定社会的一定时期内，可以利用的资源是有限的，从而可以生产的产品数量也是有限的。生产可能性是指在一定的技术条件下，一国的全部资源所能生产的各种物品或劳务的最大产量。

生产可能性曲线主要用来考察一个国家应该怎样分配其相对稀缺的生产资源问题。我们知道，一国可利用的资源，按用途来说，主要用来生产资本品和消费品。由于资源总量是一定的，因此，要多生产消费品就必须减少资本品的产量。那么，一个国家如何兼顾眼前利益和长远利益，把有限的资本分配使用于消费品和资本品的生产，是经济学必须回答的一个重要问题。这个问题可以用生产可能

---

① 新古典经济学对于物物交换经济学（Barter Economy）中所谓"实物分析"（Real Analysis）的特别偏好是熊彼特一个经常性的话题："进行实物分析有个原则，即经济生活中的所有基本现象都能够以货物和劳务、以货物和劳务的相关决策或是相互关系的形式来描述。"

性曲线来解释和回答。

现在，假定一国现有资源用来生产两种产品 X（消费品）和 Y（资本品）。如果全部用来生产 X 产品，可生产 OD 单位；如果全部用来生产 Y 产品，可生产 OA 单位；如果同时用来生产 X 和 Y 两种产品，则可能有各种不同的 X 与 Y 的产量组合。将 X 和 Y 的各种不同的产量组合描绘在坐标图上，便可得出生产可能性曲线。如图 1-1。

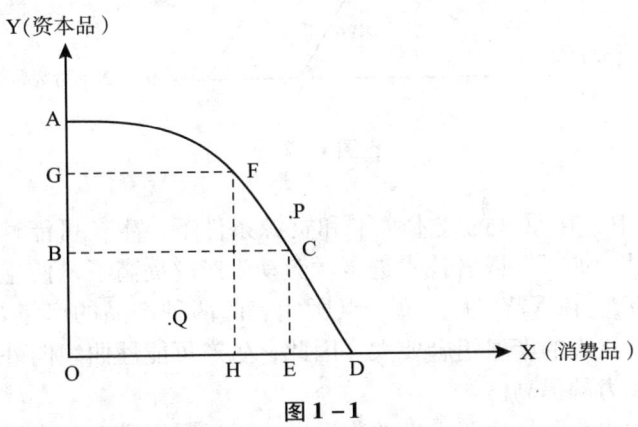

图 1-1

图中的 AD 线即生产可能性曲线，或称生产可能性边界（Production Possibility Frontier），也可称为转换线。

生产可能性曲线是用来说明和描述在一定的资源与技术条件下可能达到的最大的产量组合曲线，它可以用来进行各种生产组合的选择。如图 1-1 中 F 点和 C 点比较，少生产 GB 数量的 Y 产品（资本品），就可以多生产 HE 数量的 X 产品（消费品），因此，生产 HE 单位 X 产品的机会成本就是 GB 单位的 Y 产品。

生产可能性曲线还可以用来说明潜力与过度的问题。生产可能性曲线以内的任何一点（如 Q 点），说明生产还是潜力的，即还有资源未得到充分利用，存在资源闲置；而生产可能性之外的任何一点（如 P 点），则是现有资源和技术条件所达不到的。只有生产可能性曲线之上的点，才是资源配置最有效率的点。因为它说明了一个社会的全部资源都得到了充分利用，不存在闲置资源和失业，社会经济达到了充分就业的状态。

在资源数量和技术条件不变的条件下，一个社会现有资源可能生产的产品产量组合是既定的，但当资源数量变化和技术条件改变时，生产可能曲线会相应移动。随着资源数量的增加和技术的进步，生产可能性曲线会向外平行移动。如图 1-2 所示。

图 1－2

在图 1－2 中，在原来的技术水平和资源条件下，生产可能性曲线为 X_1Y_1。现假定资源数量增加了，或者技术进步，劳动生产率提高了，使生产可能性曲线向外平移至 X_2Y_2。在 X_2Y_2 上，每一点所代表的两种产品的产量组合都比 X_1Y_1 上相应的一点所代表的产量组合要大。因此，生产可能性曲线向外移动，代表着一个社会生产能力的提高。

生产可能性线表明，由于人们的物质文化生活需要是无限多样化的，但满足这些需要的手段，即制造或提供人们所需物品和劳务的生产资源是相对稀缺的。假定资源得到充分利用，则只有减少 Y 物品的生产才能增加 X 物品的生产。生产可能性边界有七个假设条件：

（1）整个经济社会只生产两种产品 X 和 Y，就是用两种要素 K（资本）和 L（劳动）；

（2）所有商品市场和生产要素市场都是完全竞争的；

（3）所有商品的生产技术条件都是既定的，并且规模收益不变；

（4）所有生产要素的总供给都是固定不变；

（5）生产要素可在各部门间自由流动；

（6）所有生产要素都充分利用；

（7）经济活动中不存在外在性（Externality）。

2. 机会成本（Opportunity Cost）

生产可能性边界包含了在前面基本假设下资源配置达到均衡的各项条件。给定一国的资源总数，该国的生产只能发生在这条曲线上（如图 1－1 中的 F 点）或处于曲线内部（如 Q 点）。生产可能性边界线以内的点所反映的不是资源未充分利用，就是生产无效率；对于边界线以外的点（如 P 点），仅就现有资源和技术而言是无法实现的;当生产处于生产边界线上,资源则得到了充分利用,这时,要想增加某一产品的生产,必须降低另一产品的生产,也就是说,增加某一产品的生产必须以牺牲另一产品的生产为代价。这里,我们引入机会成本(或社会成本)这一概念,来表达这种"替代"关系。

机会成本就是指当一定的资源用于生产某种产品时所放弃的该资源用于生产其他产品可能获得的最大收益。它是对资源配置效率的一种度量。资源配置的效率越高,则生产的机会成本就越低,反之,机会成本就越高。

例如,土地可以有多种用途,既可以种稻谷,也可种棉花、蔬菜或其他农作物。假如有一亩土地,用来种粮食,可产稻谷500公斤,价值800元;如果用来种棉花,投入同样多的资本与劳动可产棉花100公斤,价值700元,则这一亩土地用来生产粮食的机会成本是100公斤棉花或700元。同样,用来生产棉花的机会成本就是500公斤稻谷或800元。机会成本还可表述为,一种资源用来获得某种收入时所放弃的另一种收入。

由此可见,所谓机会成本,实质上是指选择的代价,即"择一成本"。他可以帮助人们进行可行性研究和最优化决策。当然,运用机会成本概念时,要适合以下三个条件:第一,资源本身要有多种用途;第二,资源可以自由流动且不受限制;第三,资源能够充分利用。如果以上条件不具备,机会成本便毫无意义。

(1) 机会成本不变(Constant Opportunity Costs)。从机会成本的含义我们可以看出,机会成本可以用生产可能性曲线。

从表1-1可以看出,美国每放弃30单位小麦的生产,所节省的资源恰好可以多生产20单位布。而英国每放弃10单位小麦的产量,可增加20单位布的产量。

表1-1　　　　　美、英两国小麦、布匹的生产可能性组合

美国		英国	
小麦	布匹	小麦	布匹
180	0	60	0
150	20	50	20
120	40	40	40
90	60	30	60
60	80	20	80
30	100	10	100
0	120	0	120

通过表 1-1 可作两国生产可能性曲线，如图 1-3。

图 1-3

需要说明的是，满足机会成本不变的基本条件有两个，即当

①生产资源或要素是完全替代品或者在两种商品中各要素比例固定；

②同一要素的所有组成是相同的或确切地说具有同等质量时。

（2）机会成本递增（Increasing Opportunity Costs）。在现实条件下，一国在生产中通常面对的是递增的，而不是固定的机会成本。机会成本递增意味着一国每多生产一单位某种产品而必须放弃的另一种产品的产量越来越多。

在图 1-4 中，给出了机会成本递增的直观说明。

我们看到，A 国为了获得相同的 X 增量，必须放弃越来越多的 Y；同理，B 国为了获得相同的 Y 增量，放弃越来越多的 X。

A 国和 B 国凹向原点的生产可能性曲线表明两国在生产 X 和 Y 两种商品时机会成本都是递增的。

图 1-4

(3) 机会成本与边际转换率。X 对 Y 的边际转换率（Marginal Rate of Transformation，MRT）就是每多生产一单位 X 而少生产 Y 的数量。生产可能性曲线上某个点 X 对 Y 的边际转换率可用生产可能性曲线在该点的斜率来表示。在机会成本不变的情况下，生产可能性曲线是一条直线（如图 1-3），也就是说，不论 X 的产量是多少，X 对 Y 的边际转换率始终是一个常数，也就是直线的斜率。

那么，为什么会出现机会成本递增，而且，生产可能性曲线为什么存在类似图 1-4 的差异呢？

造成机会成本递增的原因有两个。第一，生产要素不是同质的。第二，在商品生产之中，生产要素的比例也可能是不同的。例如，平原和山地对于乳制品生产来说，是不同的生产要素。而且，在平原和山地上生产的乳制品的投入比例也可能不同。

A 国和 B 国的生产可能性曲线的差异是以下原因造成的：两国有不同的要素或资源禀赋（这一论点，详见第三章）；两国使用了不同的生产技术。

(4) 机会成本与相对商品价格。生产可能性曲线的斜率称作边际转换率。

基于价格等于成本及每个国家都生产两种商品的假设，小麦（Wheat）的机会成本等于小麦与布匹（Cloth）的相对价格（P_w/P_c）。

依据表 1-1 提供的数据，我们可以知道，在美国，$P_w/P_c = 2/3$，相反，$P_c/P_w = 3/2 = 1.5$。在英国，$P_w/P_c = 2$，$P_c/P_w = 1/2$。美国的 P_w/P_c 值低于英国的值（2/3 小于 2），这表明美国在小麦生产上有比较优势。同样的，英国的 P_c/P_w 值较低表明它在布匹生产上有优势。注意在固定成本下，P_w/P_c 值只是由本国的生产或供给决定的。在相对商品的价格（Relative Commodity Prices）决定中，我们不考虑需求。

作为结论，我们可以说两国相对商品价格的不同（由生产可能性曲线的斜率决定）是它们的比较优势的反映，这为两国开展互惠贸易提供了基础（对这一点的阐述，详见第二章）。

(5) 商品市场均衡。生产可能性边界上任何一点都表示生产效率和充分就业得以实现，但究竟选择哪一点，则还要看两个商品的相对价格，即它们在市场上的交换比率。

现在假设 X 和 Y 的价格分别为 P_x 和 P_y。根据假设，商品市场和要素市场都是完全竞争的，因此，在均衡时，商品的价格应等于其边际成本。如果用 Y 来衡量 X 的价格和成本的话，则相对价格 P_x/P_y 就是用 Y 衡量的 X 的价格，X 的机会成本则是以 Y 衡量 X 的边际成本，因此，当两者相等，即相对价格等于机会成本时，生产点在生产可能性边界上的位置也就确定了。

若改用图示说明,则在图 1-5 中,当相对价格线 p_0($p_0 = P_x/P_y$)与生产可能性边界相切时,切点 E 就是生产均衡点,在这一点 X 和 Y 供给分别为 X_e 和 Y_e。另外,无论 X 和 Y 的名义价格是多少,X 和 Y 的供给仅取决于相对价格水平,与名义价格无关。如果 X 的相对价格上升,如图中 p_1 线所示,则生产均衡点由 E 转移到 E′,X 的供给增加,Y 的供给则下降。

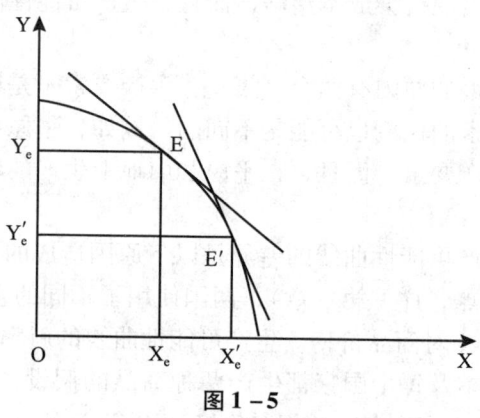

图 1-5

(6) 在成本递增条件下贸易的基础与所得。两国之间同一商品相对价格的差异是两国具有不同比较优势的表现,也构成了互利贸易的基础。但是两个国家在专门生产本国具有比较优势商品的同时,生产的机会成本也在不断递增,所以,如果两国同一商品的相对价格相同,这种分工就会停止。这时,贸易就在这一价格水平上达到均衡。都没有比较优势,通过贸易也不能增进福利时为止。

在成本递增条件下贸易的基础与所得的说明请参见图 1-6。

图 1-6

从图1-6中可以看出，通过贸易，A国的生产从A移动到B。它用60X与B交换60Y，最终消费组合为E。分工生产与贸易使得A国可以消费生产可能性曲线以外的商品组合，而在没有贸易的条件下，生产可能性曲线就是消费的界限。同样的讨论对于B也是成立的。并且，我们注意到，使得贸易达到平衡的均衡相对价格为1。

贸易条件下的相对均衡价格就是贸易平衡时贸易双方共同的相对价格。

为什么在我们的讨论之中，均衡相对价格为1？因为任何其他相对价格都不会使得贸易平衡，因而不会持久。例如，假设相对价格为一个X可换2个Y。这时，A国想要出口的数量大于B国在这个价格下愿意进口的数量，这使得X的价格将向均衡价格1回落。同样地，当X的相对价格低于1时，B国想要进口的X的数量大于A国在这个低价下愿意出口的数量，导致X的相对价格上升。

另外，A国对Y（B国的出口商品）的需求越强（弱），而B国对X（A国的出口商品）的需求越弱（强），贸易均衡相对价格就越接近 $-1/4$（4）（注意，它们分别是A，B两国的孤立均衡相对价格），A（或者B）国在贸易中的所得也就越低。

3. 消费者偏好与社会无差异曲线

在需求方面，个体无差异曲线是描述单个消费者的偏好与福利的重要概念。但在国际贸易中，我们更关注整个国家的福利，即判断国际贸易对一国福利而言究竟是一件好事，还是一件坏事。因此，在研究国际贸易问题时，需要一种能衡量整个社会需求与福利的分析工具。

一种很直接的想法就是，通过个体无差异曲线的加总，来构造一条可反映整个社会需求条件与福利的无差异曲线，即社会无差异曲线。这种思路是可取的，但会遇到很多技术上的难题。因为如果不对所有消费者的偏好加以限定的话，那么一般情况下很难得到一条有意义的社会无差异曲线。

在现实生活中，不同人之间的偏好可能是各不相同的。虽然对各种可能的消费组合，每个人都可根据个人的偏好加以排序，但由所有个体构成的集体或社会则可能无法有一个统一的偏好排序。因此，为了避免上述难题，必须对个人的偏好有所限定，才能得到一条能反映集体偏好的社会无差异曲线。为此，我们假设所有个体的偏好都是相同的，这样一来，集体的偏好与单个个体的偏好保持一致。由于每个人的无差异曲线的形状都是相同的，那么社会无差异曲线的形状与性质与个人无差异曲线也应一致，如图1-7所示。

图 1-7

在国际贸易理论中,社会无差异曲线主要有两种用途:

(1) 社会无差曲线可以用来确定一国的均衡消费点。在图 1-7 中,BB′线表示在 X 和 Y 的价格既定情况下一国的国民收入预算线,该预算线与社会无差异曲线的切点 C 表示整个社会消费处于均衡状态,这时对 X 和 Y 的总需求也就随之确定。

(2) 从规范分析的角度看,社会无差曲线可以用来衡量整个社会的福利,这与个体无差异线衡量个体福利是一样的。例如,若贸易的开展导致社会无差异曲线向远离坐标原点的方向移动,那么判定贸易对该国是有益的,因为它提高了该国的福利水平。但必须指出,社会无差异曲线由低处向高处移动,虽然表明国家的整体福利水平提高了,可并不意味着所有社会成员的福利水平也跟着同时提高。同样,消费点在同一条社会无差异曲线上移动,表示整个国家的福利水平不变,但也并不意味着所有社会成员的福利不变,这方面具体的例子及解释在本书以后的内容里会遇到。

1.4 国际贸易的分类与特点

1.4.1 国际贸易的分类

国际贸易发展到今日,形式越来越多样化,从而其分类也较繁杂。

1. 以货物移动方向为标准的分类

(1) 出口贸易、进口贸易和过境贸易。出口贸易(Export Trade):将本国生产、加工的商品运往他国市场销售叫做出口贸易或输出贸易。进口贸易（Import Trade）：将外国的商品输入本国市场进行销售叫做进口贸易或输入贸易。过境贸易（Transit Trade）：若甲国经过丙国国境向乙国运送商品，对丙国来讲，是过境贸易。

（2）复出口与复进口。复出口是指输入本国的商品再出口。所谓复进口是指输出国外的商品再输入本国。

2. 以国境和关境为标准的分类

（1）关境与国境。所谓关境是指统一海关法管辖的范围，是征收关税的领域。国境是一国领土范围。通常关境与国境的范围是一致的。但是，对于设有自由港或自由区的国家，以及设有海关保税仓库的国家，这些自由港、自由区和海关保税仓库均不属于关境的范围之内。在这些国家的关境小于其国境。而当几个国家缔结关税同盟时，其关境包括几个国家的领土，关境大于国境。

（2）总贸易与专门贸易的特点。总贸易（General Trade）是指以国境为标准划分商品进出口的统计方法。总贸易分为总进口和总出口。凡是进入国境的商品一律被列为进口；凡是离开国境的商品一律被列为出口。两者之和就是该国的总贸易额。采用这种划分方法的国家有日本、英国、加拿大、澳大利亚、苏联和东欧一些国家等。

专门贸易（Special Trade）是指以关境为标准划分商品进出口的统计方法。当外国商品进入国境后，如果不进入关境一律不列为进口。只有进入关境的商品，才列为进口，称为专门进口；而运出关境的商品，列为出口，称为专门出口。专门进口额与专门出口额之和称为专门贸易额。采用这种划分方法的国家有德国、意大利、瑞士等。

联合国公布的各国贸易额一般都注明是总贸易额还是专门贸易额。

3. 以商品的形式为标准的分类

（1）有形贸易。有形贸易是指一个国家商品实物的输入或输出。有形贸易的收支是构成国际收支的主要项目，一般来说，它在一个国家的国际收支中占主要地位。

（2）无形贸易。无形贸易是指一个国家的劳务或其他非实物形式的商品的输入或输出。无形贸易主要包括以下两方面的内容：一是由于商品实物的进出口而发生的一些从属性费用的收支，例如运输费、保险费、装卸费、船只维修费等；二是与商品实物进出口无关的其他收支，例如国际旅行费、国外投资汇回的利润、国外贷款的利息收入、侨民汇款、外交人员费用、专利特许权费用等。无形贸易也是构成国际收支的重要项目，特别是对于一些旅游业或航运业发达的国家，无形贸易在其国际收支中占有相当重要的地位。

有形贸易与无形贸易的一个主要区别是：有形贸易的进出口额经过海关手续，表现在海关的贸易统计上；无形贸易不经过海关手续，通常不显示在海关的贸易统计上。有形贸易的收支又称为贸易收支，无形贸易的收支又称为非贸易收支。

4. 以是否有第三国或地区参加贸易为标准的分类

（1）直接贸易（Direct Trade）是指商品生产国与商品消费国直接买卖商品的行为。直接贸易的双方直接洽谈、直接结算、货物直接从出口国运到进口国。

（2）间接贸易（Indirect Trade）是指商品生产国与商品消费国通过第三国进行商品买卖的行为。出口国与进口国不直接进行洽谈、结算，必须经第三国商人之手完成交易。

（3）转口贸易（Entrepot Trade）是指在间接贸易中对第三国而言的贸易行为叫转口贸易。在国际贸易中，由于种种原因，商品有时先卖给第三国，再由第三国卖给消费国。第三国即是进口国也是出口国。转口贸易与过境贸易不同之处在于第三国是否参与商品的买卖，参与了商品的买卖即为转口贸易。转口贸易发达的国家和地区往往是地理位置优越，运输条件便利，贸易限制较少，如新加坡、鹿特丹、中国香港地区。

1.4.2 国际贸易的特点

1. 国际贸易比国内贸易的相同点

国际贸易是在国内贸易的基础上发展起来的，它和国内贸易有许多相同或相似的特征。其相同点表现为：

（1）国际贸易与国内贸易都属于商品流通范畴，都是把生产和消费联系起来的中间环节，是商品和服务的交换活动；

（2）都受价值规律作用的调节；

（3）进行交易的过程大同小异，都是经过询盘、发盘、还盘、接受和签订合同等环节；

（4）经营的目的相同，都是为了获得利润和经济利益。

2. 国际贸易与国内贸易的区别

与国内贸易相比，国际贸易是越过国界、超出国民经济范围进行的商品交换活动，有其自身的特点。但作为超越国界的经济活动，又有许多不同于国内贸易的方面，如基础、环境、风险、影响等。

（1）国际贸易比国内贸易受限制更严格。国家为了保持国际收支平衡，保护民族工业发展以及保证正常的经济与社会生活秩序等，往往采取一些政策和措施对国际贸易进行干预，或鼓励出口，或限制进口。

（2）国际贸易比国内贸易情况更复杂，风险更大。国际贸易是跨越国界进行的，遇到的问题既多且复杂，由此带来的贸易风险也比国内大得多。比较显著的有以下几种：

①信用风险。这里所说的信用风险，主要是指钱货不清的风险。在国际贸易中，从磋商交易到订立合同，再到卖方交货，买方付款，需要经过一段相当长的时间。在此期间，买卖双方的财务状况可能发生变化，有时危及履约，给对方造成损失。同时，卖方交货、买方付款存在着时间差，可能出现交货了收不到款，或者不能按期足额收到款；也可能出现付款了收不到货，或收到的货物不符合合同的要求。

②汇率风险。这是指由于币值不稳定，从订立合同到成交期间的汇率变动给交易者带来的损失。

③价格风险。这是指从订立合同到货物到达目的地期间所发生的价格变化而导致的交易者的损失。在国际贸易中，从订约到卖方进货和买方收到货物往往需要较长的一段时间，而世界市场上的商品价格是经常变动的，所以这种风险，相对于国内贸易来讲，突出得多。并且，国际贸易多为大宗买卖，这使得双方面临的价格风险更大。

④运输风险。国际贸易中的运输里程一般比国内遥远得多，情况也复杂得多，所以其运输风险也大得多。

⑤政治风险。这主要是指贸易对象国发生动乱或革命，政府更替、政策改变以及两国关系突然恶化等政治原因给交易者造成的损失。

（3）国际贸易比国内贸易竞争更激烈。国际贸易与国内贸易相比，有了更广阔的空间范围，这一方面有利于厂商在更大的范围里挖掘资源，开辟市场，另一方面也使其遇到的竞争更加激烈。在国际贸易中，将遇到的对手更多、更强，遇到的竞争手段也更多、更复杂，不仅凭借个体实力的竞争，而且有国家的支持。

（4）国际贸易比国内贸易需求更加多样化。在国际贸易中，由于各国的经济发展、风俗习惯、宗教信仰及文化传统等不一样，形成了国际市场上千姿百态的需求特点。

①经济发展水平对市场的影响。不同类型的国家，市场容量不一样。一般来说，经济发达国家，具有高收入、高消费、高福利等特点，他们的购买力也高，规模大，容量大；发展中国家则购买力低，市场容量远不如发达国家。同时，不同类型的国家，对商品需求的质量、档次也不一样。

②风俗习惯、宗教信仰对市场的影响。不同的国家、民族具有不同的风俗习惯和宗教信仰,这体现为不同的市场环境,决定了市场的需求特点。国际贸易中要注意了解贸易对象国的风俗民情、宗教信仰,要实地调查,不能想当然。

③文化传统对市场的影响。文化传统对市场的影响,主要表现为语言、文字、图案、颜色、数字等对市场的影响。

本章小结

1. 作为本书的开篇,简要说明了产品国际化和全球经济一体化都反映了国际贸易学的重要性,国家和地区间的相互依存关系越来越密切。

2. 介绍了国际贸易理论的研究对象和各种国际贸易的基本概念,为学习以后各章的内容打好了基础。

3. 本章重点探讨了研究国际贸易学的微观基础和分析工具,从说明国际贸易理论的模型框架到详细阐述分析贸易理论所使用的生产可能性曲线、机会成本以及消费者偏好和无差异曲线的分析原理,为以后章节的理论分析作了充分的铺垫,实际上,国际贸易学就是微观经济学在国家间的运用。

4. 探讨了国际贸易学的分类方法和特点,比较了国际贸易与国内贸易的区别。

本章复习题

1. 简答题

(1) 国际贸易的研究对象是什么?

(2) 什么是国际贸易?

(3) 什么是对外贸易依存度?

(4) 什么是贸易条件?它有几种?

(5) 国际贸易和国内贸易有哪些区别?

(6) 国际贸易的分析工具主要有哪些?

2. 分析题

(1) 为什么说在决定生产和消费时,相对价格比绝对价格更重要?

(2) 如果国际贸易发生在一个大国和一个小国之间,那么贸易后,国际相对价格更接近于哪一个国家在封闭下的相对价格水平?

第 2 章　古典国际贸易理论

本章要点
- 重商主义学说
- 绝对优势理论
- 比较优势理论
- 相互需求理论

2.1　重商主义学说

国际贸易的思想可以追溯到重商主义（Mercantilism）时代。重商主义是资产阶级最初的经济学说。它产生和发展于欧洲资本原始积累时期，反映了这个时期商业资本的利益和要求，它对资本主义生产方式进行了最初的理论考察。西欧资本主义产生于 15 世纪末 16 世纪初。当时由于商品经济的发展，需要更多的货币投入流通。

重商主义者认为，金银或货币是财富的唯一形态，一切经济活动的目的就是为了获取金银。除了开采金银矿以外，对外贸易是货币财富的真正来源。国家为了致富，必须发展对外贸易，在对外贸易中遵循多卖少买的原则。利润是从流通中产生的，是贱买贵卖的结果。国家应积极干预经济，以保证尽量多的货币流向国内。重商主义基本内容是：财富就是货币，货币即财富；财富的直接源泉是流通领域；除了开采金银矿和进行暴力掠夺外，只有对外贸易才能增加一国所拥有的金银量。因此，国家要致富，必须通过国家干预，大力发展出口贸易，限制外国商品的进口。

重商主义的发展经历了早期和晚期两个历史阶段：从 15 世纪到 16 世纪中叶为早期重商主义，从 16 世纪下半期到 17 世纪为晚期重商主义。

2.1.1 早期重商主义（15世纪~16世纪中叶）

1. 早期重商主义的思想

早期被称为重金主义，重商主义者认为，应该把货币以贮藏货币的形式积累起来，绝对禁止贵重金属外流。为此，当时执行重商主义政策的国家禁止货币出口，并由国家垄断全部货币贸易；外国人来本国进行贸易时，必须将其销售货物所得到的全部款项，用于购买本国的货物。

早期重商主义的主张在对外贸易中的每笔交易都保持顺差，以增加货币的流进，因此被称为"货币差额论"。由于当时西欧各国国内商品生产和流通还不够发达，对外贸易还没有充分发展，仅靠经济手段还无法保证吸收国外和保存国内金银货币。因此，货币差额论者极力主张国家更多地采取以行政手段控制货币本身运动的方式为本国积累货币财富。

货币差额论以英国人威廉·斯塔福（W. Stafford, 1554~1612）为代表。早期重商主义者反对进口，认为一切进口都会减少货币，而货币的减少对本国是有害的。对外应该少买或根本不买。同时他们主张鼓励出口，应该多向国外销售，销售得越多越好。因为出口越多，从国外吸收的货币越多。他们还要求禁止货币出口，认为这是保留货币的一种手段。这样，他们就把增加国内货币的积累，防止货币外流视为对外贸易政策的指导原则。

2. 早期重商主义的政策主张

（1）直接管制汇率和贵金属交易的方法实现国内贵金属的存量增加；
（2）禁止金银出口；
（3）禁止出口商接收外国非金银货币；
（4）汇率由官方直接控制，实行固定汇率制；
（5）外国商人离境时，只能带走商品，不能带走本国货币。

2.1.2 晚期重商主义（16世纪下半叶~17世纪）

1. 晚期重商主义的理论思想

晚期重商主义所追求的目的虽然和早期相同，都是为了增加货币财富，但所用方法的着重点不同。如果说早期重商主义偏重在节流方面下工夫的话，那么，晚期重商主义着重在开源方面，着重奖励出口，扶植手工制造业。

晚期重商主义的代表是英国的托马斯·孟，主张保持全国的对外贸易顺差，以增加货币的流通，因此被称为"贸易差额论"。贸易差额论者已经用资本家的眼光来看待货币。他们懂得闲置不用的货币是不会增值的，只有将货币投入流通才能取得更多的货币。货币差额论者主张控制货币本身的运动来达到积累金银货币财富的目的，而贸易差额论者则主张通过调节对外贸易的商品运动来达到货币财富的增加。在对外贸易中，他们不但主张多卖少买，甚至主张多卖多买，扩大对外贸易。和货币差额论者不同，贸易差额论者并不要求对每一个国家的贸易都保持顺差，只要国家总体上有顺差就可以了。

18世纪60年代~19世纪60年代，欧美先进的国家相继完成了工业革命，产业资本占据了主导地位。这些国家经济的发展突破了国家的范围，出现了近代意义上的国际分工和国际交换。代表商业资本的重商主义开始让位于代表产业资本的自由贸易主义。

2. 晚期重商主义政策主张的主要内容

（1）限制输入政策。
①禁止若干国外商品，尤其是奢侈品的进口；
②课征保护关税，限制国外商品的进口。
（2）促进出口的措施。
①对本国商品的出口，给予津贴；
②出口退税。对出口商品原征捐税，当出口后，把原征税退给出口厂商；
③禁止重要原料的出口，但许可自由输入原料，加工后再出口；
④减低或免除出口关税；
⑤实行独占性的殖民地贸易政策。设立独占经营的殖民地贸易公司（如英、法、荷等国的东印度公司）。在殖民地经营独占贸易与海运，使殖民地成为本国制成品的市场和本国原料的供给地。
（3）其他措施。
①保护农业。英国在1660~1689年，通过若干法令限制谷物的进口，产生了谷物法；
②英国政府通过职工法，鼓励外国技工的移入，以行会法奖励国内工场手工业的发展；
③1651年英国通过重要的航海法案。按该法案规定，一切输往英国的货物必须用英国船载运或原出口国船只装运，对亚洲、非洲及北美的贸易必须利用英国或殖民地的船只；
④奖励人口繁殖，以扩大劳工来源，降低劳工成本。

2.1.3 重商主义思想评述

重商主义理论和政策在历史上曾起过进步作用，促进了资本主义原始积累，推动了当时国际贸易和商业运输业的发展。重商主义主张国家干预对外贸易，积极发展出口产业，实行关税保护措施，通过贸易差额从国外取得货币的观点，对各国根据具体情况制定对外贸易政策是有参考价值的。

从严格意义上说，重商主义并不是研究资本主义生产方式的真正科学，没有形成规范化的理论体系，只是处于产业资本统治以前的一个特定时期的商业资本的意识形态，重商主义实际就是一种市场保护主义、经济国家主义和强国主义。而重商主义的政策取向，实际上就是经济上的民族主义，或者说是民族主义的国家经济方针。

需要指出的是，虽然重商主义不适合自由竞争和自由贸易的需要，但重商主义的影响从来没有消失过。20世纪80年代以来，随着被高失业控制的国家试图通过限制进口来刺激国内生产，新重商主义有卷土重来的势头。事实上，除了1815年至1914年间的英国，没有一个西方国家曾彻底摆脱过重商主义的观点。

古典经济学家大卫·休谟和亚当·斯密都指出了重商主义学说的缺陷。18世纪中后期，古典经济学家大卫·休谟，在《论贸易平衡》一书中提出了国际收支自动调节原理。即古典经济学中的物价—铸币流动机制。他指出在金本位制度下，贵金属的流入会增加国内的货币供给量，抬高国内的物价水平。这使得该国出口商品竞争力下降，出口减少。相反进口商品的价格相对低廉，进口增加，贵金属流向国外。

另一位著名的经济学家亚当·斯密指出一国的实际财富不是贵金属的存量，而是该国国民所能消费的本国和外国的商品和劳务的种类和数量。

2.2 绝对优势理论

从国际贸易理论发展脉络来看，重商主义只能算是国际贸易思潮，严格意义上的国际贸易理论是由英国古典学派经济学家在劳动价值学说基础上，从生产成本出发，提出的绝对优势（Absolute Advantage）与比较优势（Comparative Advantage）学说，用以解释国际贸易发生的原因及其影响。古典学派的劳动价值学说认为劳动是唯一的生产要素，生产成本取决于劳动生产率，因此，劳动生产率就成为国际贸易的重要决定因素。从本质上讲，古典贸易理论是从技术差异的角度，来解释国际贸易的起因。只不过，当假设劳动是唯一的生产要素时，生产技术差异就具体表现为劳动生产率差异。因为绝对优势学说和比较优势学说都是建立在古典学派的劳动价值学说的基础之上，因此被称为古典贸易理论。

2.2.1 亚当·斯密理论产生的背景与中心观点

1. 亚当·斯密理论产生的背景

亚当·斯密（1723~1790年）所处的时代，在英国已是资产阶级占统治地位的时代。这时，英国从事国内外贸易的一切生产者、商人和工人的活动，不是受到中世纪遗留下来的行会制度的限制，就是遭受重商主义经济政策的约束。当时的国内贸易虽然已经摆脱了一切障碍，可是对外贸易仍然阻碍重重。对于制造品的进口，或者加以极重的课税，或者完全禁止。而当时的英国，由于产业革命的发展，需要进口原材料，尤其是英国把殖民地当作原料的供给地；同时，产业革命形成的具有国际竞争能力的工业制品，需要有宽松环境和条件向国外扩张，在此环境下，当时的新兴工业资产阶级对废除重商主义时代制定的一些外贸政策和措施要求强烈。

2. 亚当·斯密的理论中心是经济自由主义

从绝对优势理论可以看出，实际上，亚当·斯密的理论中心是经济自由主义。亚当·斯密认为，人是经济的动物，是"经济人"，每个人都会为自己的利益而奋斗。而每个人都去追求自己的利益，往往可以更有效地促进社会利益。亚当·斯密主张自由竞争、自由贸易，依靠市场这个"看不见的手"来对市场的供求关系进行自发调节，国家应该尽量少过问经济，对经济采取自由放任的政策，依靠市场来维持均衡，控制社会利益，从而使社会获得进步和稳定。

2.2.2 绝对优势理论的内容与分析

1776年，亚当·斯密发表了其代表作《国民财富的性质和原因的研究》（又称《国富论》），书中提出了其国际分工与自由贸易理论，并以此作为反对重商主义的贸易差额论和保护贸易政策的重要武器。

在《国富论》中，亚当·斯密首先批判了重商主义的财富观，斯密指出，金银并非财富的唯一形态，一国真实的社会财富是它生产的商品和劳务，它是由一国的劳动生产率决定的。而劳动生产率的提高又是以劳动分工为前提的。其次，斯密批判了重商主义主张国家干预经济的论点，他认为通过国家干预人为地保持贸易顺差本身也是徒劳无益的。因此，斯密反对国家干预，主张采取自由放任的经济政策，扩大对外贸易。

最后，斯密批判了重商主义关于一国能持续积累金银财宝的观点，斯密认为，一国长期保持外贸顺差是不容易实现的。因此，他反对政府实行保护贸易政策，主张以自由贸易政策来扩大对外贸易。

1. 绝对优势理论的基本假设

绝对优势理论是建立在一系列假设基础之上的，这些严格的假设是为了在不影响结论的前提下，使我们的分析更加严谨。绝对优势理论的假设主要有：

（1）世界上只有两个国家，这两个国家都能生产两种商品，只有劳动力一种生产要素；

（2）劳动力在一国之内是完全同质的，且劳动力市场始终处于充分就业状态；

（3）劳动力在一国之内可以自由流动，但在国与国之间不能流动；

（4）劳动的规模收益不变；

（5）商品和劳动力市场都是完全竞争的；

（6）国家间实行自由贸易，不存在政府对贸易的干预或管制；

（7）不考虑运输费用和其他交易费用。

2. 绝对优势理论的内容

亚当·斯密认为，分工可以提高劳动生产率，降低产品成本，促进财富的增加。在某一种商品的生产上，如果一个国家在劳动生产率上占有绝对优势，或其生产所消耗的劳动成本绝对低于另一个国家，那么这个国家就在这种产品生产上占有"绝对优势"。绝对优势可以通过劳动生产率来度量，如果一国生产某单位产品所需投入的劳动更少，或者投入单位劳动所获得的产出更多，则表明该国在生产这一产品上具有绝对优势。因此，绝对优势产生于国家间的劳动生产率的差异。

绝对优势理论认为，国际贸易产生于各国之间生产商品的劳动生产率的绝对差别。每个国家由于先天或后天的条件不同，都会在某一种商品的生产上有绝对优势，如果每一个国家都把自己拥有的全部生产要素都集中到自己拥有绝对优势的产品的生产上来，然后通过国际贸易，用自己产品的一部分去交换自己所需要的其他商品，则各国资源都能被最为有效的利用，每一个国家都能从中获利。

因此，亚当·斯密主张实行自由贸易政策，反对国家对外贸的干预，他认为，每一个国家都有适宜于生产某些特定产品的绝对优势，通过进行专业化生产，然后彼此进行交换，这对所有交换国都有利。他认为，一切限制贸易自由化的措施都会影响国际分工的发展，并降低社会劳动生产率和国民福利。只有当各国都按照各自有利的生产条件进行分工和交换，才会使各国的资源、劳动力和资本得到最有效的利用，大大提高劳动生产率，增加物质财富。

3. 绝对优势理论的例证

下面，我们看一个关于绝对优势的例子。根据前面的假定，我们进一步假定，世界上只有两个国家：英国和美国；两个国家都只生产两种产品：小麦和布，在没有国际贸易的情况下，两国的劳动力投入和产出情况如表2-1所示。

表2-1　　　　　　　　国际分工前各国劳动投入和产出

	小麦		布	
	劳动投入量	产出量	劳动投入量	产出量
英国	15	120	5	100
美国	10	120	10	100

从表2-1可以看出，英国生产小麦的劳动生产率（单位劳动投入的产出量）为8，生产布的劳动生产率为20；美国生产小麦和布的劳动生产率分别为12和10，英国在布的生产上有绝对优势，美国在小麦的生产上有绝对优势。根据绝对优势理论，英国应把全部生产要素都用于生产布，而美国应把全部生产要素都用于生产小麦。这种国际分工将导致两国的产出发生变化，其变化情况如表2-2所示。

表2-2　　　　　　　　国际分工之后各国的劳动投入和产出

	小麦		布	
	劳动投入量	产出量	劳动投入量	产出量
英国	0	0	20	400
美国	20	240	0	0

从表2-2可以看出，进行国际分工之后，整个世界小麦的产出量仍是240，没有变化，但是布的产量增加到400，比分工前增加了200个单位。这说明，国际分工使两国的资源得到了更有效的利用。假定英国用200单位布与美国120单位小麦进行交换，交换的结果如表2-3所示。与没有国际分工和国际贸易相比，进行国际分工和国际贸易之后，英国和美国的消费量各增加了100单位布。这说明贸易双方开展国际贸易后两国都从中得到了利益。

表2-3　　　　　　　　　国际贸易后各国的消费量

	小麦消费量	布消费量
英国	120	200
美国	120	200

4. 绝对优势理论的贡献

亚当·斯密首次肯定了国际贸易对参与双方在经济上都是有利的，从而为开展国际贸易扫除了认识上的一大障碍，这在理论和实际上都有重要意义。同时绝对优势理论第一次从生产领域阐述了国际贸易的基本原因和利益所在，正确地指出分工对提高劳动生产率的巨大意义，从而为科学的国际贸易理论的建立奠定了良好的基础。

5. 绝对优势理论的缺陷

然而斯密的理论只说明了在生产上具有绝对优势的国家参与国际分工和国际贸易能获得的利益，而不能解释许多没有绝对优势的落后国家仍在进行国际贸易的普遍现象，因而无法用来说明国际贸易的普遍规律。另外，斯密虽然坚持了劳动价值论，但仍无法说明两种产品进行交换的内在等价要求是什么。大卫·李嘉图用比较优势原理，回答了绝对优势理论回答不了的问题，更好地解释了贸易基础和贸易所得。

2.3 比较优势理论

2.3.1 比较优势理论产生的背景及其对绝对优势理论的发展

1. 比较优势理论产生的背景

1815年英国政府颁布了《谷物法》。《谷物法》颁布后，英国粮食价格迅速上升，地租猛增，英国的贵族地主阶级大获其利；昂贵的谷物使工人货币工资不得不提高，商品成本增加，却由此严重损害了产业资产阶级的利益。为此，英国工业资产阶级和地主贵族阶级围绕《谷物法》的废除，展开了激烈的斗争。英国经济学家罗伯特·托伦斯1815年在其《论对外谷物贸易》一书中提出比较优势之说，后来李嘉图在其1817年出版的《政治经济学及赋税原理》一书中对此进行了完善和发展。李嘉图认为决定国际贸易的基础是比较优势，而不是绝对优势。

2. 比较优势理论对亚当·斯密理论的发展

根据绝对优势理论，如果一个国家在两种产品的生产上均处于绝对优势地位，另一个国家均处于绝对劣势地位，则这两个国家之间不会进行贸易。根据这一理论，国际贸易可能只会发生在发达国家之间，发达国家与发展中国家之间就不会发生任何贸易。这显然与国际贸易的现实不符。

李嘉图进一步发展了斯密的观点，他认为每个国家不一定生产各种商品，而应集中力量生产那些利益较大或不利较小的商品，然后通过国际贸易，在资本和劳动力不变的情况下，生产总量将增加，如此形成的国际分工对贸易各国都有利。

2.3.2 比较优势理论的内容与分析

1. 比较优势理论的基本内容

如果一国在所有商品上的劳动生产率都要低于另一国，即所有商品的生产均处于绝对劣势，但是相对劣势较小的商品较之那些相对劣势较大的商品而言，即具有比较优势。反之，如果一国在所有商品上的劳动生产率都要高于另一国，即所有商品的生产均处于绝对优势，但是相对优势较大的商品较之那些相对优势较小的商品而言，即具有比较优势。

比较优势还可以用相对劳动生产率来表示。相对劳动生产率是不同产品劳动生产率的比率，或两种不同产品的人均产量之比。用公式表示则可写成：

$$A\text{产品的相对劳动生产率} = \frac{A\text{产品的劳动生产率（人均产量）}}{B\text{产品的劳动生产率（人均产量）}}$$

如果一个国家生产某种产品的相对劳动生产率高于其他国家同样产品的相对劳动生产率，该国在这一产品上就拥有比较优势。反之，则只有比较劣势。

这时，两国可以根据"两利相权取其重，两弊相权取其轻"的原则进行分工，并通过国际贸易获得好处，因为两国劳动生产率的差异，并不是在所有产品上都一样。这样，处于绝对优势的一国不必生产全部产品，而应集中生产本国具有最大优势的产品；处于绝对劣势的另一国也不必停止生产所有产品，而应生产劣势较小的产品，通过分工和自由交换，两国可以节约社会劳动，增加产品的产量，世界也会因为自由交换而增加产量，提高劳动生产率。

2. 比较优势理论的例证

下面我们用一个具体的例子来说明比较优势理论。比较优势理论的基本假设条件与绝对优势理论的假设条件完全相同，所不同的是例子中两个国家一个是美国，另一个是中国。两国的劳动投入和产出情况如表2-4所示。

表2-4　　国际分工前各国的产出和劳动生产率

	小麦			布		
	劳动投入量	产出量	劳动生产率	劳动投入量	产出量	劳动生产率
美国	10	120	12	10	100	10
中国	40	120	3	20	100	5

从表 2-4 可以看出，中国在小麦和布上的劳动生产率与美国相比均处于绝对劣势地位，但中国在小麦上的劳动生产率是美国的 1/4，而布的劳动生产率是美国的 1/2，相比之下，中国布的劣势要小一些，即具有比较优势。另外，美国在小麦和布的生产上都具有绝对优势，但由于小麦的绝对优势比布的绝对优势要大，因此，美国在小麦的生产上具有比较优势。在这种情况下，国际分工和国际贸易的模式就是中国专门生产布，美国专门生产小麦。这样按照比较优势进行分工之后，两国的总产出都会有所增加。增加情况如表 2-5 所示。进行国际分工后，世界布的产量由 200 增加到 300，增加了 100 单位。如果假定美国以 120 单位小麦与中国 150 单位布进行交换，交换后两国布的消费水平比国际分工前都增加了 50 单位，小麦的产出水平和消费水平没有变化（见表 2-6）。

表 2-5　　　　　　　　　国际分工后各国的劳动投入和产出

	小麦		布	
	劳动投入量	产出量	劳动投入量	产出量
美国	20	240	0	0
中国	0	0	60	300

表 2-6　　　　　　　　　国际贸易后各国的产量分配

	小麦	布
美国	120	150
中国	120	150

由此可见，即使在没有绝对优势的情况下，双方仍然可以通过开展国际贸易获得利益。因此，不仅美、英等发达国家之间可以开展自由贸易，美国和中国等发达国家和发展中国家之间也可以开展自由贸易。

2.3.3　比较优势理论评价

大卫·李嘉图的比较优势理论利用精确的逻辑和简单的例子证明了一国无论生产率水平高还是低，均可根据比较优势原则参与国际分工和贸易，都可以得到实际利益。在各自的生产要素的投入量不变的情况下，参加国际分工和国际贸易不仅使世界总产量增加，各国还都能得到更多的产品或物质财富，提高消费水平。比较优势理论将亚当·斯密的基于绝对优势的自由贸易理论向前推进了一大步，不仅在理论上更广泛地论证了贸易的基础，在实践上也可以解释当今世界经济技术发展水平和层次不同的国家之间进行贸易的基础。这一学说被当时大部分经济学家接受，并为后来的经济学家所推崇，至今仍被作为决定国际贸易格局的基本规律。

比较优势证明各国通过出口相对成本比较低的产品，进口相对成本比较高的产品就可以实现贸易互利，这是该学说在研究国际分工方面的主要贡献。

与绝对优势理论一样，比较优势理论也存在一定的不足之处，这些不足之处反映在两个方面：一是李嘉图虽然解释了劳动生产率的差异如何引起国际贸易，但没有进一步解释造成各国劳动生产差异的原因；二是李嘉图的理论有一条重要的结论是：各国根据比较优势原则，将进行完全的专业化生产，但这一点与现实有较大的出入，现实中，恐怕难以找到一个国家在国际贸易中进行完全专业化生产，一般来说，各国大都会生产一些与进口商品相替代的产品。

古典贸易理论虽然存在一些缺陷或不足，但它仍然是国际贸易理论中的重要组成部分。它对国际贸易理论的最大贡献是首次为自由贸易提供了有力证据，并从劳动生产率差异的角度，成功地解释了国际贸易发生的一个重要起因。

2.4 相互需求理论

2.4.1 关于国际商品交换比例上下限的分析

1. 穆勒相互需求理论产生的背景

从上一节的分析中我们可以看出，李嘉图的比较优势理论，只说明了国际贸易所依据的国际分工原则，没有解决两国贸易利益分配的问题，即国际商品交换比率的确定。李嘉图的学生，19世纪中期英国最有影响力的经济学家约翰·司徒亚特·穆勒（John Stuart Mill，1806～1873）在他1848年出版的《政治经济学原理》（Principles of Political Economy）一书中用"相互需求原理"，从需求的角度来论证贸易条件的确定。

在国际分工开始以前，两国存在各不相同的两种商品的国际交换比例。进行国际分工和国际贸易后，两国国内的交换比例被在世界市场确定的单一交换比例即国际交换条件所取代。

2. 国际商品交换比例上下限分析

穆勒认为，本国商品的价值决定于它的生产成本，而外国商品的价值则决定于为得到这种商品而支付给外国的本国商品的数量，就是说外国商品的价值决定于国际贸易条件。

根据穆勒两个国家和两种商品的模型,如图2-1所示,如果A国在X产品的生产上有比较优势,B国在Y产品生产上有比较优势,两国在进行贸易时,A国用X商品交换B国的Y商品,所得到的Y商品不会小于国内的交换比例,如果小于这个比例,A国就不会进行贸易。但同时也不会多于B国以X商品所交换到的Y商品量,如果多于这个量,B国也就没有必要将Y商品拿出去进行交换了。

因此,对于X商品与Y商品的交换比率,A、B两国国内的交换比率分别构成国际交换比例的上下限。

图2-1

2.4.2 贸易利益的分配取决于相互需求强度

穆勒认为国际贸易利益的分配是由两国对彼此商品的需求程度决定的。他强调国际商品交换中商品的供给和需求是交易双方的相互需求。国际均衡价格形成的必要条件是贸易双方的出口商品总值等于进口商品总值。穆勒认为,一国产品同另一国产品相交换,其所要求的价格水平,是要使该国的全部出口价值恰好能够偿付其全部进口价值。实际的国际交换比例介于两国国内交换比例所确定的界限之内,其大小是由两国对对方产品的需求强度所决定的,由此决定了两国间贸易利益的分配。

穆勒不仅说明了国际贸易条件决定于两国的相互需求,还进一步说明了相互需求对国际贸易的影响。外国对本国商品的需求强度越是大于本国对外国商品的需求强度,实际贸易条件就越接近于外国的国内交换比率,这个比率会使贸易利益的分配对本国越有利。反之,本国对外国商品的需求强度越是大于外国对本国商品的需求强度，实际贸易条件就越接近于本国的国内交换比率，这个比率会使贸易利益的分配对外国越有利。

2.4.3 相互需求方程式

相互需求方程式是指在国际分工的条件下，两个国家各自生产不同的产品并相互交换，这两种产品的交换比例必须等于两国相互需求对方产品总量的比例。

穆勒认为，当这一相互需求方程式成立时，国际市场中商品的相对价格便由此决定。

同样假定世界上有 A 和 B 两个国家。每投入 1 单位的劳动，A 国可生产 10 单位的 X 产品，B 国也可生产 10 单位的 X 产品；但是，使用 1 单位的劳动，A 国只能生产 15 单位的 Y 产品，B 国却可以生产 20 单位的 Y 产品。在 X 产品的生产上，两国具有相同的劳动生产率，而在 Y 产品的生产上，B 国的劳动生产率则要高许多。表 2-7 为国际分工前两国的劳动生产率。

表 2-7　　　　　　　　国际分工前两国的劳动生产率

	X	Y
A 国	10	15
B 国	10	20

因此，可以确定：

比较优势：A 国在 X 产品的生产上

B 国在 Y 产品的生产上

国内交换比率：A 国：10X——15Y

B 国：20Y——10X

这就是说，如果 A 国在世界市场上能以 10X 产品换取多于 15Y 产品，A 国便进入世界市场。

如果 B 国在世界市场上能以少于 20Y 产品换取 10X 产品，B 国便进入世界市场。

很显然，10X 产品的交换价值为：15——20Y。

2.4.4 对相互需求原理的评价

穆勒的相互需求原理指出了国际贸易条件的决定性因素，回答了李嘉图没有解释的问题，对李嘉图的比较优势理论作了必要的补充。但是，也存在明显的局限性。

（1）穆勒的相互需求理论只能说明经济规模相当，而且双方需求对国际交换比率给予重大影响的两国贸易，这种现象并不具有普遍性。在现实生活中，国家间的相互需求可能悬殊很大，那些经济和贸易小国的需求强度一般小于大国的需求强度，而那些经济和贸易大国的国内交换比率往往实际成为国际交换的比率。

（2）穆勒的相互需求均衡是以物物交换为前提的，与现实大相径庭。虽然，根据两国间物物交换的易货贸易条件，可以大体上实现彼此进出口额的平衡。然而在现实以货币为媒介的国际贸易中，各国进口与出口是两个不同的过程，在时间上和空间上可能是脱节的，所以穆勒的均衡贸易条件在实践中往往是难以实现的。

本章小结

1. 本章从介绍西欧资本原始积累时期代表商业资本利益和要求的重商主义开始，逐一介绍英国古典经济学创立者斯密的绝对优势理论和这一理论的完成者李嘉图的比较优势理论。

2. 亚当·斯密从各国生产成本的绝对差异角度解释了国际贸易的基础，李嘉图则更进一步，从更一般的意义上，论证了各国依据劳动成本的相对差异（比较优势）进行国际分工和国际贸易，可以改善各自的福利。古典贸易理论，从本质上讲，是从生产技术差异的角度，来解释国际贸易的起因与影响的。只不过，在古典生产函数中，劳动是唯一的生产要素，因此，生产技术差异就具体化为劳动生产率的差异，在这种情况下，劳动生产率差异就是国际贸易的一个重要起因。

3. 本章的难点在于理解穆勒的相互需求论及国际市场的均衡，最终确定贸易国之间的物物交换比例。

复习思考题

1. 简答题

（1）早期和晚期重商主义国际贸易思想的核心各是什么？
（2）简述绝对优势理论的基本内容。
（3）为什么说比较优势原理是国际贸易的理论基石？
（4）比较优势理论有哪些缺陷？
（5）什么是约翰·穆勒的相互需求方程？

2. 分析题

（1）由于发达国家工资水平高于发展中国家，所以发达国家与发展中国家进行贸易会无利可图。
（2）因为美国的工资水平很高，所以美国产品在世界市场缺乏竞争力。
（3）发展中国家的工资水平比较低是因为国际贸易的缘故。

第 3 章　新古典国际贸易理论

> **本章要点**
> ◇ 赫克歇尔—俄林理论
> ◇ 要素价格均等化定理
> ◇ 罗伯津斯基定理
> ◇ 里昂惕夫之谜

3.1　新古典贸易理论对古典国际贸易理论的继承和发展

3.1.1　新古典贸易理论对古典国际贸易理论的继承

尽管新古典贸易理论对古典贸易理论的假定进行了修改和放松，但新古典贸易理论继承了古典贸易理论两个重要的假定：

（1）国际贸易之所以会产生，其原因在于各国生产同一产品的价格或者成本差异。价格或者成本差异给贸易各国带来潜在的福利，是国际贸易产生的根本原因和动力。尽管新古典贸易理论与古典贸易理论的产生相差大约 150 年时间，但却有着相同的理论渊源。

（2）国际贸易的研究和分析都是建立在完全竞争市场的结构之下，强调了竞争在国内以及国际市场中对于资源有效配置的重要作用。新古典贸易理论与古典贸易理论的关系可以参照图 3-1。

3.1.2　新古典贸易理论的创新

赫克歇尔—俄林理论被誉为国际贸易理论从古典（比较优势理论）向新古典和现代理论发展的标志，是对古典国际贸易理论的继承和发展。

图 3-1 李嘉图比较优势理论与赫克歇尔—俄林要素禀赋理论之间的关系

（1）古典国际贸易理论之集大成者李嘉图认为比较优势是发生国际分工和国际贸易的基础，而产生比较优势的因素则是各国间劳动生产率的差异以及产生的劳动成本差别。后人以机会成本的概念代替了劳动成本使分析形式有所改变。但是，劳动成本的差别或者机会成本的差异因何产生呢？李嘉图等并没有给出实质性答案，即没有揭示出国际贸易产生的决定因素。

赫克歇尔—俄林模型则从各国资源禀赋即生产要素的供给情况，具体分析了国际分工产生的原因、国际贸易的格局以及国际贸易的商品结构。从而把价格差异或者成本差别内生化，更为符合现实情况。

按照赫克歇尔—俄林理论，各国的资源禀赋不同，不同的产品所需的要素投入比例也不同，由于各种产品生产所要求的两种生产要素的比例不同，一国在生产密集使用本国比较丰裕的生产要素的产品时，成本就较低，而生产密集使用别国比较丰裕的生产要素的产品时，成本就比较高，从而形成各国生产和交换产品的价格优势，进而形成国际贸易和国际分工。从这一点来看，赫克歇尔—俄林要素禀赋理论则是内生的比较优势理论。

（2）比较优势理论指出，一国通过专业化生产一种产品并通过国际贸易获得其他产品可以实现贸易收益的最大化,预见了国际贸易给各国带来的福利的增加。但比较优势理论并没有说明贸易双方究竟获得多少实际利益,更没有提及一国内部不同阶层如何分享国际贸易带来的收益。

在赫克歇尔—俄林理论基础上发展而来的斯托尔帕—萨缪尔森定理对这一问题进行了分析并得出结论,国际贸易带来的收益分配是不均等的,它取决于要素的丰裕程度。即国际贸易会提高一国丰富要素所有者的实际收入,而降低稀缺要素所有者的实际收入。

(3) 比较优势理论在生产成本不变的前提下推出了贸易双方实现完全的专业化的结论,但现实中生产成本递增的情况更为常见。因此,新古典贸易理论进一步分析了在生产成本递增的条件下,完全的专业化是否可取的问题。

在古典贸易理论中,正是由于机会成本或者边际成本不发生变化,各国才可以实现完全专业化的国际分工,生产要素(主要是劳动)可以无障碍的从一个部门转移到另一个部门,从而一国将集中生产要素专业化生产本国具有优势的产品。在新古典贸易理论中,为了更好地符合现实经济,放松了机会成本或者边际成本不变的假设,在此假定下的各国完全专业化生产的结论就不复存在,各国的贸易结构也会相应的发生变化。实际上,在现实的国际分工中,很少出现一国专业化生产某一种产品的情形。

3.2 赫克歇尔—俄林理论

要素禀赋理论在一个相当长的时期在国际贸易理论中有着深远影响,至今仍占据着十分重要的地位。这一理论由 H-O 定理、要素价格均等化定理和罗伯津斯基定理这三个主要部分构成。

H-O 定理从要素禀赋相对差异出发,解释国际贸易的起因与贸易型态的决定,根据比较优势,一国应出口密集使用其相对丰富要素的产品,进口密集使用其相对稀缺要素的产品;

要素价格均等化定理指出国际贸易通过商品价格的均等化,会导致要素价格的均等化,从而在世界范围实现资源的最佳配置,同时由于要素价格的变动,国际贸易会影响一国收入分配格局,即相对丰富要素的所有者会从国际贸易中获利,而相对稀缺要素的所有者会因贸易而受损;

罗伯津斯基定理说明,在商品价格不变的前提下,某一要素的增加会导致密集使用该要素产品的生产增加,而另一产品生产则下降,由罗伯津斯基定理,我们可以依据罗伯津斯基线的方向来判断要素增加国的经济增长类型,对于大国来说，如果经济增长偏向出口部门，则会恶化增长国的贸易条件，如果经济增长偏向进口部门，则会改善增长国的贸易条件。本章将就上述理论展开论述。本章的结构请参照图3-2。

图3-2 本章内容结构图

要素禀赋理论最早是由两位瑞典经济学家——赫克歇尔（Eli Heckscher）①和俄林（Bertil Ohlin）② 师生俩提出的，后经萨缪尔森（Paul Samuelson）等人不断加以完善。由于赫克歇尔—俄林理论将贸易中国际竞争力的差异归于生产要素禀赋的国际差异，人们又称该理论为要素禀赋理论（The Theory of Factor Endowment）。此外，该理论特别强调不同国家可利用生产要素的比例——要素充裕度和生产相同产品所使用的生产要素比例——要素密集度之间的相互作用，故人们也称赫克歇尔—俄林理论（Hecckcher - Ohlin Theory）为要素比例理论（Factor - Proportions Theory）。要素禀赋理论后来又经过保罗·萨缪尔森（P. Samuelson）进一步强化，推导出了证明赫克歇尔·俄林理论十分精确的数学条件。因此，人们又称该理论为赫克歇尔—俄林—萨缪尔森定理。

---

① 赫克歇尔1879年出生于瑞典一个犹太人家庭。1897年起，在乌普萨拉大学学习历史和经济学，并于1907年获得博士学位。毕业后，他曾任斯德哥尔摩大学商学院的临时讲师，1909～1929年任经济学和统计学教授。此后，因他在科研方面的过人天赋，学校任命他为新成立的经济史研究所所长。他对经济学的主要贡献是在经济理论上的创新和他在经济史研究中引入了定量研究方法。代表作为：《外贸对收入分配的影响》、《间歇性免费商品》。

② 俄林1899年出生于瑞典南方的克利潘，1917年在隆德大学获得数学、统计学和经济学学位。1919年在赫克歇尔的指导下在斯德哥尔摩大学获得经济学学位，1923年在哈佛大学获得文学硕士学位，1924年在斯德哥尔摩大学获得博士学位。俄林最著名的工作是他对国际贸易理论的现代化处理，并由此获得1977年的诺贝尔经济学奖。代表作为《区域贸易与国际贸易》，在其老师赫克歇尔生产要素比例理论影响下，形成了其贸易理论，即赫克歇尔—俄林理论。

3.2.1 要素禀赋理论的基本模型

1. 模型基本假设

要素禀赋标准模型建立在以下几条基本假设之上：

(1) 两国相同部门的生产函数相同；
(2) 两国消费者偏好相同；
(3) 规模收益不变；
(4) 所有商品市场、要素市场都是完全竞争的；
(5) 两国的生产要素供给是既定不变的；
(6) 生产要素在一国之内可自由流动，在国际间不能流动；
(7) X、Y 的生产技术不同，其中 X 假设为资本密集型产品，Y 假设为劳动密集型产品；
(8) 不存在运输成本或其他贸易障碍。

由以上假设可知，A、B 两国除要素禀赋不同外，其他一切条件都是完全相同的。

2. 在建立要素禀赋理论的基本模型之前，我们先引入几个重要概念

(1) 要素禀赋：是指一国所拥有的两种生产要素的相对比例。假设有 A、B 两个国家，分别拥有资本（K）、劳动（L）两种要素，同一种要素两国的拥有量不同，可能一国资本拥有量较大，另一国劳动拥有量较大；也可能一国两种要素的拥有量均高于另一国。要素禀赋是指两种要素的相对比例，不是绝对量的比较。

如果 $(K/L)^A > (K/L)^B$，则 A 国为资本要素丰裕的国家，同时也是劳动要素稀缺的国家。相反，B 国则是资本要素稀缺、劳动要素丰裕的国家。用另一种说法，资本是 A 国的丰裕要素（Abundant Factor），在 B 国则属于稀缺要素（Scarce Factor）；劳动是 A 国的稀缺要素，在 B 国则是丰裕要素。

一国只能有一种丰裕要素，即使该国两种要素的绝对量均高于另一国。

在现实世界中，有许多国家。一国生产要素的丰缺不是绝对的，要看同哪个国家比较。A 国同 B 国比较是资本丰裕的国家，但同 C 国比较则可能是劳动丰裕的国家。这是由两国两种要素的相对比例决定的。

(2) 要素密集度（Factor Intensity）：是指产品生产中投入的两种要素的相对比例。不同产品生产所需的资本与劳动投入的比例不同。假定使用 K 和 L 两种要素生产 X 和 Y 两种产品，如果 $(K/L)_X > (K/L)_Y$，X 为资本密集型产品，Y 为劳动密集型产品。

一种产品是资本密集型还是劳动密集型,不是看该种产品生产中使用的资本和劳动的绝对数量,而是取决于与另一种产品相比,该产品生产中使用的两种要素的比例。在存在多种产品的情况下,A 产品与 B 产品相比属于资本密集型产品,但与 C 产品相比则可能属于劳动密集型产品。

产品生产中的资本-劳动比率是由厂商根据利润最大化原则确定的。具体决定过程如下:

①等产量线。等产量线(Isoquant)是表示获得一定的产出所需生产要素的不同组合的曲线,参见图 3-3。

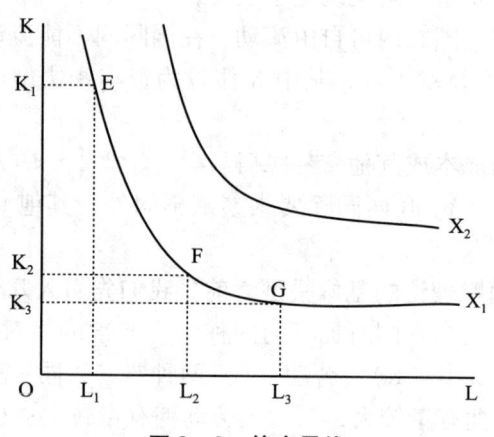

图 3-3 等产量线

图 3-3 描述一国生产 X 产品的两条等产量线,X_1 与 X_2。横轴与纵轴分别表示该国生产 X 商品的劳动要素与资本要素投入量。在同一条等产量线的各点,资本和劳动的组合不同,但产出水平相同。远离原点的等产量线表示较高的产量,X_2 表示的产量高于 X_1,等产量线弯向原点表明,要减少一种投入,必须增加另一种投入,生产要素具有一定的替代性,但生产要素的边际替代率递减。边际替代率是等产量线的斜率 ($\Delta K_X/\Delta L_X$)。从 E 到 F 再到 G,劳动代替资本,代替同量的资本所需的劳动不断增加。

②等成本线。等成本线(Isocost Line)是表示一国生产某一商品时相同成本条件下生产要素不同组合的曲线。

生产 X 商品需要 K、L 两种投入,由于两种生产要素可以在一定程度上相互替代,生产同一种商品可以使用不同的生产要素组合。生产成本由要素的投入量和要素的价格决定。

用 w 表示劳动 L 的价格，r 表示资本 K 的价格，生产 X 商品需要的劳动与资本投入分别用 L_X 和 K_X 表示，则 X 产品的成本 $C = w L_X + r K_X$。

图 3-4 描述了一国生产 X 的两条等成本线，成本分别是 C 和 C^*。同一条等成本线上的任何一点，资本与劳动的组合不同，但成本相同。右上方一条等成本线 C^* 表示较高的成本。

等成本线的斜率是 $-w/r$，即要素价格的比率。

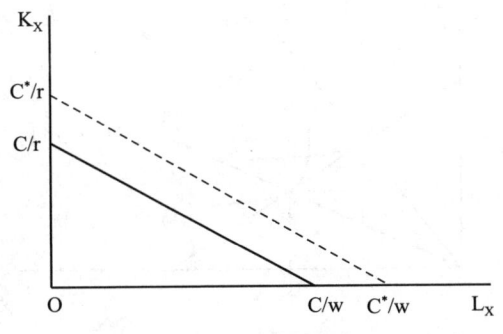

图 3-4　商品的等成本线

（3）资本—劳动比率的确定。为实现最大利润，厂商会选择在代表该产品产量的等产量线上的成本最低点生产。

图 3-5 描述了一国生产 X 产品的要素投入比例。P 点是等产量线 X_0 与等成本线（C）的切点，该点是生产 X_0 数量的 X 商品的成本最低点。OP 线的斜率等于生产 X 商品的资本—劳动比率 $(K/L)_X$。

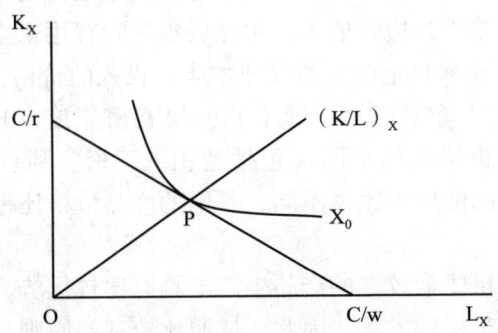

图 3-5　资本—劳动比率的决定

从上述资本—劳动比率的决定过程可知，厂商可以沿着等产量线选择多种要素投入比例。具体的选择根据要素的价格确定。要素的价格比例不同，等成本线的斜率就不同，资本—劳动比率就不同。

在相同的要素价格条件下，资本—劳动比率在不同的行业往往不同。比如，钢铁行业的资本—劳动比率一般高于纺织行业（参见图3-6）。钢铁与纺织品相比，钢铁是资本密集型产品，纺织品则是劳动密集型产品。

图3-6　不同行业要素投入比例的差异

3. H-O定理

综合以上的分析，我们可以对要素禀赋理论做出如下概括：

H-O理论认为国际贸易必须符合比较优势的原则，他们将比较优势归因于各国土地、劳动和资本等生产要素禀赋的不同。比较优势产生于各国价格的差异，价格是由供求两方面共同作用的。从国内供给方面看，价格比率的不同反映了成本比率的差异，也就是比较优势产生于各国成本结构的不同。在完全竞争的市场中，产品的价格等于其边际成本，边际成本反映着用来生产这种产品的边际要素（土地、劳动、资本和企业家的管理才能）投入的价格。由于不同的商品生产需要不同比例的生产要素组合，即不同的要素密集度（Factor Intensity），显然，如果各国要素的价格比例不同（包括地租、工资、利息率和管理的利润），则各国生产同一种产品的成本比率不同，各国的产品价格比率也将不同，从而为贸易提供了基础。

各国在使用其丰裕要素较多的产品生产上具有比较优势，在使用其稀缺要素较多的产品生产上处于比较劣势。因此，按照比较利益原则，一国应生产和出口大量使用本国丰裕生产要素生产的具有比较优势的产品，进口本国稀缺要素生产的具有比较劣势的产品。

我们也可以将赫克歇尔—俄林理论概括为以下几个要点：
(1) 商品价格的国际绝对差异是国际贸易产生的直接原因；
(2) 各国商品价格比例不同是国际贸易产生的必要条件；
(3) 各国商品价格比例不同是由要素价格比例不同决定的；
(4) 要素价格比例不同是由要素供给比例不同决定的。

3.2.2 要素价格均等化定理

商品的国际贸易，即商品在国家间的流动，在一定程度上可以代替生产要素的流动，拉平各国间的要素价格，弥补国际上要素流动性的不足，减少国际上各种生产要素分布不均所造成的要素价格差异。要素价格均等化定理有两点重要的寓意，第一，证明了在各国要素价格存在差异，以及生产要素不能通过在国际上自由流动来直接实现最佳配置的情况下，国际贸易可替代要素国际流动，"间接"实现世界范围内资源的最佳配置；第二，说明了贸易利益在一国内部的分配问题，即说明国际贸易如何影响贸易国的收入分配格局。

1. 斯托尔珀—萨缪尔森定理（The Stolper – Samuelson Theorem）

当一个国家由自给自足走向自由贸易时，贸易使出口产品的价格相对提高，进口产品的价格相对下降，这会使出口产品生产中密集使用的那种生产要素——也是国内供给相对充裕的生产要素的价格提高；同时，它也使出口产品生产中非密集使用的那种生产要素——也是国内供给相对稀缺的生产要素的价格下降。如果本国是土地充裕、劳动稀缺的国家，出口土地密集型产品（如食物）并进口劳动密集型产品（如衣服）会使土地的价格，即地租率相对上升，从而使土地所有者的报酬增加，同时，它使劳动的价格，即工资率相对下降，即使劳动所有者的报酬下降。某一商品相对价格的上升，将导致该商品密集使用的生产要素的实际价格或报酬提高，而另一种生产要素的实际价格或报酬则下降。

斯托尔珀—萨缪尔森定理表明，自由贸易会增加本国丰裕要素的报酬，由于丰裕要素报酬的增长超过产品相对价格的提高幅度，丰裕要素提供者的福利得到改善。同时，自由贸易降低稀缺要素的报酬，由于要素报酬的降低超过产品相对价格的降低幅度，稀缺要素提供者的福利水平下降。自由贸易总体上可以改善一国福利水平，但是对国内不同要素所有者福利的影响不同。一部分人福利改善，另一部分人福利恶化。这是一国不同的社会群体对同一贸易政策持不同态度的主要原因。

2. 要素价格均等化

(1) 要素价格均等化定理。斯托尔珀—萨缪尔森定理说明的是自由贸易对一国不同要素价格的影响,而要素价格均等化探讨的是自由贸易条件下两国同一生产要素价格的变动趋势。

自由贸易倾向于使产品价格均等化。如果生产要素能够在国家之间自由流动,则要素价格也会倾向于均等化。比如,劳动力会从工资低的国家流向工资高的国家,从而引发低工资国家工资上涨,高工资国家工资下降,两国工资水平趋向一致。

但我们假定生产要素在国内自由流动,在国家间不能流动。虽然这一假定并不完全符合事实,但它确实反映出国界对要素流动的影响。要素在国家之间的流动性明显低于在国内的流动性。国家之间要素的非流动性意味着,并不存在明显的机制使要素价格均等化。

那么,产品的自由贸易对两国同一要素的价格有什么影响呢?

开放自由贸易后,一国会扩大比较优势产品的生产。根据H-O理论,扩大生产的产品是密集使用本国丰裕生产要素的产品。这样,生产扩大导致丰裕生产要素价格上涨,而原来这一要素由于较丰裕价格较低。同时,比较劣势产品的生产减少,降低了对稀缺要素的需求,稀缺要素的价格会降低。在另一个国家,贸易会对要素价格产生相同的影响,但两国的丰裕和稀缺要素正好相反。本国丰裕的要素是对方国家稀缺的要素,本国稀缺的要素是对方丰裕的要素。这样,对同一种生产要素,自由贸易使其在供应丰裕的国家价格上升,在供应稀缺的国家价格下降。在生产要素不能在国家之间自由流动的假定前提下,产品的自由贸易会使两国同一生产要素的价格趋于均等化。这一结论称为要素价格均等化定理。1948年,萨缪尔森首次对此作了证明,因此也称作H-O-S定理。

(2) 妨碍要素价格均等化的因素。然而,我们并未发现现实生活中出现完全的要素价格均等化。有许多因素妨碍着要素价格的均等化。

第一,生产要素是非同质的。要素价格均等化的一个前提是要素的同质性。比如劳动,素质相同,劳动效率相同。但实际上,劳动是非同质的。一国的劳动力接受了较多的教育培训,有较高的技能,产出较多,报酬较高。另一国劳动力素质较差,产出较低,报酬也较低。两国工资水平必然有差距。

第二,不同国家技术不同。H-O理论假定不同国家生产同一种产品使用相同技术,但实际上国家之间存在技术差异。先进技术会取代落后技术,但国家之间技术的扩散和转移存在时间差距。两国技术不同,生产同一种产品对生产要素的需求不同,生产要素的报酬就不同。

第三,国家间产品价格存在差异。要素价格均等化是从产品价格均等化推导出来的。但国家之间产品价格由于许多因素的限制并未均等化。比如，交通成本、贸易保护措施、非贸易产品的存在等。国家间产品价格的差异限制了要素价格均等化的实现。

（3）要素价格均等化定理的意义。尽管不存在完全的要素价格均等化，要素价格均等化定理对我们认识贸易对要素价格的影响仍很有意义。自由贸易会缩小两国要素报酬的差距，这一点增加了一国政策选择的余地。一国出口密集使用丰裕要素生产的产品，实际上是间接地出口本国丰裕的生产要素，从而提高丰裕生产要素的报酬。劳动力丰富的国家，不必通过向外移民或劳动力输出提高工资水平，通过出口劳动密集型产品同样能够提高本国的工资水平，减少与外国的收入差距。

3.2.3 要素积累与国际贸易的关系

在前面的要素禀赋理论模型中，我们一直假定一国的要素总量是固定不变的。在这一节里，我们将放松这条假设，专门讨论要素总量变化对国际贸易的影响。一般来说，要素禀赋的变化会导致一国生产可能性边界的移动，从而可能影响其贸易条件，甚至比较优势形态。为了了解要素禀赋变动对生产可能性边界的影响，下面首先引入罗伯津斯基定理（Rybczynski Theorem），该定理描述了在商品相对价格不变的前提下，生产对要素禀赋变化的反应。

1. 罗伯津斯基定理

如果要素和商品价格不变，一种生产要素增加而另一种要素保持不变，其结果是密集使用增加要素生产的产品数量增加，密集使用另一种要素生产的产品数量减少。

（1）用公式说明。假设：资本供给增加了 ΔK。在商品相对价格保持不变的前提下，为了使新增加的资本（ΔK）能全部被利用，以保证充分就业，则需资本密集型部门（X）来吸收新增的资本，但要保证 X 部门将新增的资本全部吸收，还需要一定的劳动来与其搭配，所以 Y 部门不得不缩小生产规模，以便释放出一定的劳动（ΔL_y）。但 Y 部门在释放出劳动的同时，还会释放出一定的资本（ΔK_y），这部分资本也需 X 部门来吸收，最后达到如下状态：

$$k_x = \frac{K_x}{L_x} = \frac{K_x + \Delta K + \Delta K_y}{L_x + \Delta L_y} \qquad (3.1)$$

$$k_y = \frac{K_y}{L_y} = \frac{K_y - \Delta K_y}{L_y - \Delta L_y} \qquad (3.2)$$

当上述两式都满足时，所有的要素都得到了充分利用，并且两个部门的要素密集度保持不变，结果 X 部门的生产扩大，而 Y 部门的生产则下降。如果是劳动总量增加，资本总量不变，则同样的道理，Y 部门的生产将扩大，X 部门的生产将下降。

(2) 用图表说明。在图 3-7 中，E 点表示一国要素变化前的要素禀赋点，直线 OX、OY 的斜率分别表示均衡时 X、Y 两个部门的要素使用比例，由于 X 是资本密集型产品，所以直线 OX 在直线 OY 之上。坐标图中 X、Y 点所对应的劳动、资本量分别表示两个部门的要素投入量，根据要素充分利用这一假设条件，OXEY 应是一平行四边形。另外，由于规模收益不变，X、Y 的产出分别与线段 OX、OY 的长度成等比例关系，所以不妨直接用线段 OX、OY 分别表示两个部门的产出水平。

假定资本增加，劳动保持不变，则图中资本增加后要素禀赋点由 E 变为 E′，在商品相对价格不变的条件下，要素禀赋点变动之后，X、Y 两个部门的要素使用比例仍保持原来水平不变，这时，因要保证所有要素充分利用，新的平行四边形为 OX′E′Y′，相应地，X、Y 两个部门的产出水平分别为 OX′ 和 OY′，由图可知，X 部门产出增加了，而 Y 部门的产出则减少了。

图 3-7

(3) 罗伯津斯基定理的适用范围。在罗勃津斯基定理中，商品相对价格不变是一个重要条件。因此，这一定理只适用于国际贸易中的"小国"。另外，罗勃津斯基定理不仅可以解释进口替代中进口竞争工业生产扩大而出口工业下降的现象，而且可以用来说明出口扩张型增长对出口工业生产和进口工业生产的影响。

3.3 里昂惕夫之谜

3.3.1 里昂惕夫之谜的提出

赫克歇尔—俄林理论自发表以来，经若干著名经济学家的再度解释，不断地得到完善与扩展，已奠定了其在自由贸易理论中的主导地位，并被人们公认为是继李嘉图比较利益理论之后，贸易理论史上的又一个里程碑。赫克歇尔—俄林理论给人们建立了这样的思维定式：只要知道贸易国要素充裕度的差异，人们便可准确地判定各国生产优势和贸易优势的差异或国际竞争力的差异，进而预见各国的专业化方向和贸易方式；也就是说，要素禀赋的差异是确定国际分工方向和建立贸易方式的充分且必要的条件。

美国经济学家里昂惕夫同其他经济学家一样，确信要素禀赋论是正确的。他于 1953 年对美国的进出口部门作了一个经验研究，期望证实作为世界资本最丰裕的美国出口的将是资本密集型产品，进口的则为劳动密集型产品的结论。

为了进行上述检验，里昂惕夫使用了自己创立的投入产出分析方法，对美国 200 种产业的出口产品和进口替代品①中所需的劳动和资本量进行比较。结果发现：在 1947 年，美国每百万美元出口品的生产，平均需要 2 550 780 美元的资本和 182 313 个劳动力，即每个工人耗用的资本是 13 991 美元。同时，每百万美元进口替代品的生产，平均需要 3 091 339 美元的资本和 170 004 个劳动力，即每个工人耗用的资本为 18 185 美元。这样，在每百万美元的商品中，进口品与出口品之间的人均资本量之比为 1.3:1。这说明美国出口的是劳动密集型的产品，进口的是资本密集型的产品（如表 3-1 所示）。这个结论完全出乎里昂惕夫本人的预料。

表 3-1　　美国出口货物和进口替代物对国内资本和劳动力的需求

	每百万美元出口品	每百万美元进口替代品
资本（按 1947 年价格计算的美元数）	2 550 780	3 091 339
劳动力（人/年）	182 313	170 004
人均资本量（每人/年的美元数）	13 991	18 185

资料来源：里昂惕夫：《国内生产与对外贸易》，载《美国哲学学会会刊》，1953 年。

---

① 注意：里昂惕夫用的美国的进口替代品的资本/劳动比率，而不是美国进口商品的资本/劳动比率。所谓进口替代品就是美国自己可以制造，同时也可以从国外进口的商品。里昂惕夫用美国进口替代品的数据，是因为美国进口的外国产品数据不全。

美国本是个资本相对丰裕、劳动力相对短缺的国家，按照资源禀赋论，美国参加国际分工和贸易的基础在于它在资本密集型产品的生产方面具有比较优势，所以它应出口资本密集型产品，进口劳动密集型产品。但里昂惕夫的验证却提供了完全相反的结论，即美国参加国际分工是建立在劳动密集型生产专业化基础上，而不是建立在资本密集型生产专业化基础上，这就是著名的里昂惕夫之谜在西方国际贸易理论界引起震动。1956年，里昂惕夫用同样的方法对美国1951年的进出口进行验证，结论与1953年一致。

3.3.2 对里昂惕夫之谜的解释

里昂惕夫之谜的出现，引发各国经济学家围绕这一问题提出许多解释，有的仍在H-O理论框架内探讨问题，提出对H-O理论的许多修正，使理论与实践相吻合。有的则走出H-O理论的框架，提出新的理论解释各国的贸易实践。这里介绍几种对H-O理论的修正，新贸易理论在下一章介绍。

1. 需求偏好差异说

该学说认为，赫克歇尔—俄林理论成立的一个前提假定是，贸易国双方的需求偏好是无差异的，消费结构因此也是相同的。实际上，贸易各国国民需求偏好是不相同的。前面已经说明，在成本递增条件下，需求因素影响一国两种产品的相对价格，从而影响一国的比较优势。强烈的需求偏好也可以使一国生产、出口密集使用本国稀缺要素的商品，而且这种偏好会影响到国际贸易方式。里昂惕夫之谜之所以在美国发生，是因为美国人不喜好消费劳动密集型产品，而喜欢消费资本密集型产品，因此，消费偏好的力量使美国将劳动密集型产品出口国外，把资本密集型产品留在国内消费。

从逻辑上讲，需求偏好可以解释里昂惕夫之谜。如果与外国相比，美国的需求偏好强烈地倾向于消费资本密集型商品，那么，资本密集型商品在美国的价格就会相对较高，美国就会进口资本密集型商品，出口劳动密集型商品。

但并没有证据表明美国与其他国家存在需求偏好的巨大差异，足以改变要素禀赋形成的比较优势。并且，随着收入的提高，人们对劳动密集型产品的需求在增长，如手工制作的产品。用消费偏好解释贸易流向反而正好与里昂惕夫之谜一致。

2. 贸易壁垒学说

有的经济学家认为，由于美国是资本密集型的国家，根据前边所讲的斯托尔珀—萨缪尔森定理，自由贸易会增加本国丰裕要素的报酬，丰裕要素提供者的福利得到改善。同时，自由贸易降低稀缺要素的报酬，稀缺要素提供者的福利水平下降。自由贸易总体上可以改善一国福利水平，但是对国内不同要素所有者福利的影响不同。由此看出，贸易开放对劳动力不利。因此，美国就应对劳动密集型的进口商品施加最为强硬的贸易壁垒。

贸易壁垒使H-O理论所揭示的规律不能实现。美国是一个资本丰裕的国家，应出口资本密集型产品。但是政府出于政治考虑，保护缺乏竞争力的劳动密集型行业，向美国出口资本密集型产品容易，出口劳动密集型产品难。这样就影响了美国进出口的要素构成。

如果要验证H-O理论，必须使用去除贸易壁垒影响后的数据。但各国的贸易壁垒非常复杂，既有关税，又有非关税措施，把实际的贸易数据修正为自由贸易数据证实难以做到。

3. 生产要素的分类

H-O理论把生产要素分为资本和劳动两种，但现代生产中投入的要素有许多。有些无法归入资本和劳动。目前关于生产要素的分类有多种，常见的一种分类把生产要素投入分为耕地、自然资源、人力资本、人造资本和非熟练劳动力。这种分类能更准确地描述不同国家的要素禀赋状况。

按此分类，美国是人力资本和耕地丰裕的国家，依据H-O理论美国应该出口高技术产品和农产品，完全符合实际。

生产要素细分后，有两点能对里昂惕夫之谜做出解释。

一点是自然资源。里昂惕夫之谜公布不久，分析家就发现与H-O理论冲突最显著的部门是与自然资源有关的部门。尽管美国幅员辽阔，资源较为丰富，但也存在许多类别的自然资源国内供给不足的情况，因此美国每年进口大量的自然资源产品，如矿产品、木材等，这符合H-O理论的基本原理。但自然资源行业是高度资本密集型的行业，美国进口自然资源密集型产品，在里昂惕夫的检验中表现为进口资本密集型产品，出现与美国丰裕的资本要素禀赋相矛盾的现象。当把自然资源产品从里昂惕夫的检验中剔除后，谜将不复存在。

另一点是人力资本。不同国家的劳动力素质与技能存在差异，劳动力不是同质的。劳动力的技能是通过教育、培训、医疗保健等方面的投资形成的。正如投资于机器设备可以形成实物资本一样，在教育培训等方面的投资形成人力资本。人力资本可以提高劳动力的劳动生产率。美国出口部门劳动力素质较高，使用较多的熟练劳动力，人力资本较多。

把生产中实际使用的劳动力分解为人力资本加非熟练劳动力，将人力资本量化后加入物质资本作为总资本投入，再计算进出口品生产中使用的资本—劳动比率，美国出口品的资本—劳动比率会显著提高，里昂惕夫之谜将会消失。

4. 要素密集度逆转

H-O 理论假定不同国家生产同一种产品的要素投入是相同的，即同一产品在不同的国家具有相同的要素密集度。但由于各国的要素价格不同，各国生产中实际的要素投入比例不同。同一种产品在不同国家要素密集度不同，甚至要素密集度逆转，在一国是劳动密集型产品，在另一个国家是资本密集型产品。

如本章第一节所述，生产中使用的两种要素的比例决定于等产量线与等成本线的切点。如以横轴表示劳动要素的投入，纵轴表示资本要素的投入，则原点与上述切点的连线的斜率等于生产中使用的资本—劳动比率。在等产量线既定的情况下，生产中的资本—劳动比率决定于要素价格的比率，即等成本线的斜率。

在封闭条件下，两国要素禀赋不同，要素价格比率不同，因而同一产品生产中使用的资本—劳动比率不同。通常用替代弹性表示要素价格变化与资本—劳动比率调整的关系。替代弹性决定等产量线的弯曲度。较大的弯曲度表示较低的替代弹性。在图 3-8 中，等产量线 X_1 比等产量线 Y_1 弯曲度低，X 产品生产中的替代弹性较高。

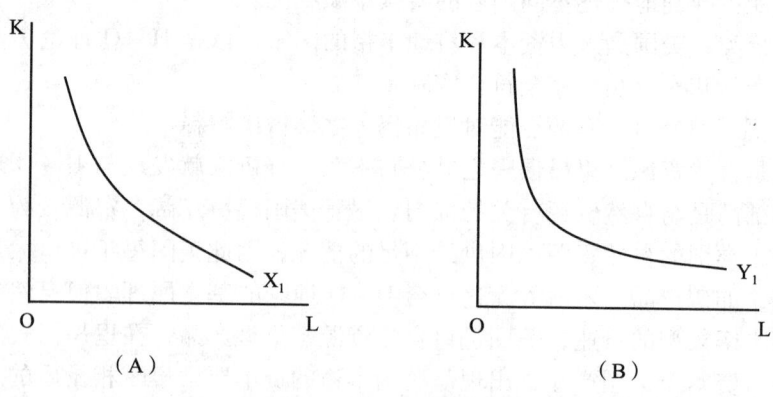

图 3-8 要素替代弹性

一般情况下，资本—劳动比率的差异并不影响产品的要素密集性质，即一产品在 A 国属于劳动密集型产品，在 B 国也将是劳动密集型产品。但如果两种产品生产中的替代弹性有很大差异，两国不同的要素价格比率会导致出现要素密集度逆转（Factor Intensity Reversal）。

如图 3-9 所示，由于 X 与 Y 两种产品生产的替代弹性差异较大，导致两产品等产量线两次相交。在 A 国，劳动与资本要素价格的比率 $(w/r)^A$ 较低，X 行业的资本—劳动比率低于 Y 行业，$(K/L)_X^A < (K/L)_Y^A$，X 是劳动密集型产品。而

在 B 国，劳动与资本要素价格的比率 $(w/r)^B$ 较高，X 行业的资本—劳动比率高于 Y 行业，$(K/L)^B_X > (K/L)^B_Y$，X 是资本密集型产品。同一种产品在两国表现出不同的要素密集型，出现要素密集度逆转。

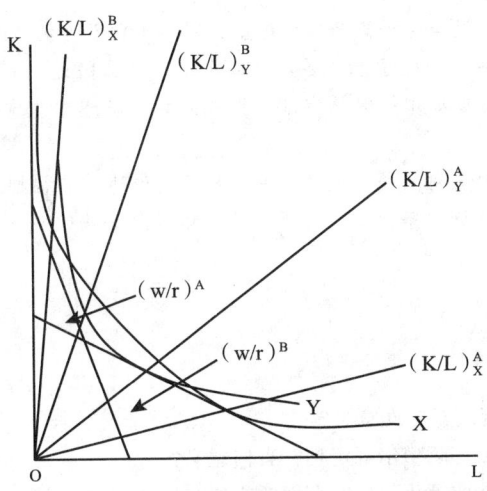

图 3-9　要素密集度逆转

当出现要素密集度逆转时，H-O 理论将会失效。因为根据 H-O 理论，各国会出口密集使用本国丰裕要素生产的产品。如果 A 国劳动丰裕、B 国资本丰裕，由于出现要素密集度逆转，X 产品在两国均成为密集使用本国丰裕要素生产的产品。但两国同时拥有同一种产品生产上的比较优势是不可能的。不过出现要素密集度逆转的情形并不多见。

上述各种解释，都有一定道理，但有的说服力有限。因此出现了一些新理论来解释战后的国际贸易。

3.3.3　里昂惕夫之谜的意义

里昂惕夫之谜引发了国际贸易理论界对传统国际贸易理论和战后贸易实践的反思，促进了战后国际贸易理论的发展。一般认为，H-O 理论以要素禀赋作为贸易分工的基础，可以说明要素禀赋不同的国家之间的贸易，但无法解释资源条件相似的国家之间的产业内贸易的发展。里昂惕夫之谜催生了一些新贸易理论的出现。

这些理论或是重新审视赫克歇尔—俄林理论的立论前提的合理性，或是深入思考里昂惕夫统计检验的有效性,努力保卫赫克歇尔—俄林理论的崇高学术地位,从而丰富和发展了自由贸易学说。

本章小结

本章在阐明了基本假设与主要概念的基础上,阐明了如下的主要内容。

1. 在 $2\times 2\times 2$ 模型中,阐明了生产要素可以在国内各部门之间充分流动时的现代国际贸易的四大核心定理——赫克歇尔—俄林定理、斯托尔珀—萨缪尔森定理、要素价格均等化定理、罗伯津斯基定理。

2. 分析了要素变动与国际贸易之间的关系,特别是论述了"福利恶化型增长"现象。

3. 分析了里昂惕夫之谜,解释了几种不同的破解里昂惕夫之谜的思想,从另一个侧面丰富和发展了自由贸易理论。

复习思考题

1. 简答题

(1) 什么是 H–O 定理?有何意义?

(2) 什么是斯托尔珀-萨缪尔森定理?有何意义?

(3) 什么是要素价格均等化定理?有何意义?

(4) 妨碍要素价格均等化的主要因素有哪些?

(5) 什么是里昂惕夫之谜?有何意义?

(6) 对里昂惕夫之谜主要有哪几种解释?

2. 分析题

(1) 如果两个部门的要素密集度完全相同,那么要素禀赋差异还会引发国际贸易吗?如果贸易发生的话,那么国际分工与贸易形态如何?试将你得出的结果与李嘉图模型加以比较。

(2) 在战后几十年间,日本、韩国等东亚的一些国家或地区的国际贸易商品结构发生了明显变化,主要出口产品由初级产品到劳动密集型产品,再到资本密集型产品,试对此变化加以解释。

第4章 现代国际贸易理论

本章要点
- ✧ 技术差距理论
- ✧ 产品周期理论
- ✧ 需求重叠理论
- ✧ 规模经济与国际贸易
- ✧ 新要素理论

20世纪六七十年代，国际贸易理论的发展进入一个相对平缓时期，要素禀赋理论已经日臻完善，在国际贸易理论中占据着绝对统治地位。然而，对要素禀赋理论进行实证检验的结果，产生了里昂惕夫之谜；另外，要素禀赋理论赖以建立的某些假设明显不符合现实，使得该理论解释某些现实贸易现象时陷入困境。例如，H－O理论无法解释第二次世界大战之后资源禀赋相似的发达国家之间贸易量快速增长的现象。这些困境促使一些学者脱离贸易理论发展的"主航道"，从新的角度探讨国际贸易产生的原因和贸易模式等问题，从而提出了一系列不同于H－O理论的新的贸易理论（New Theories of International Trade），如技术差距理论（Technological Gap Theory）、产品生命周期理论（Product LifeCycle Theory）、重叠需求理论（The Overlapping Demand Theory）、规模经济下的国际贸易、新要素学说、国家竞争理论（Imperfect Competition Theory）等。在这一章里，我们将分别介绍这几种新的贸易理论。

4.1 技术差距理论

传统的国际贸易理论虽然早已注意到技术进步的作用，但多从静态的角度进行分析，直到技术差距理论和产品生命周期理论产生后，技术的动态变化才作为国际贸易的单独因素被引入对贸易格局的动态分析。

4.1.1 技术差距理论的提出

1961年，波斯纳发表《国际贸易与技术变化》一文，提出了国际贸易的技术差距模型（Technological Gap Model）。实质上，技术差距理论以科学发明、技术创新的推广过程来解释国际贸易的发生和发展。

根据技术差距理论，技术差距产生的主要原因是发达国家的技术创新。已经完成技术创新的国家，不仅取得了技术上的优势，而且凭借这一优势在一定的时期内获得了某种产品生产上的垄断地位，从而形成了与其他国家间的技术差距，并且导致了该技术产品的国际贸易。随着该技术产品国际贸易的扩大，技术创新国为追求特殊利润，可能经过多种途径和方式进行技术转让。由于该项技术（产品）在经济增长中的示范效应，其他国家也会进行技术研究与开发或技术引进，从而掌握该项技术、缩小技术差距，使引进国与技术创新国间的国际贸易下降。当技术引进国能生产出满足国内需求的产品时，两国间在该产品上的国际贸易就会终止，技术差距最终消失。

4.1.2 技术差距理论的具体内容

波斯纳的技术差距理论很大意义上是针对工业化国家之间的工业品贸易。他认为，工业化国家间的工业品贸易，有很大一部分实际上是以技术差距的存在为基础进行的。

1. 模型推导

在一个创新国（Innovation Country）和模仿国（Imitation Country）的两国模型中，创新国研究开发实力雄厚，通过大量的R&D投入，开发出一种新的产品及技术，在模仿国掌握这种技术之前，创新国具有技术领先优势，从而可以向模仿国出口这种技术领先的产品。

随着专利权的转让、技术合作、对外投资或国际贸易的发展，创新国的领先技术扩散到国外，模仿国开始利用自己的低劳动成本优势，自行生产这种商品并减少进口。

创新国逐渐失去该产品的出口市场，因技术差距而产生的国际贸易量逐渐缩小。随着时间的推移，新技术最终被模仿国掌握，技术差距消失，以技术差距为基础的贸易也随之消失。

2. 技术差距与国际贸易之间关系的图示分析

在这个推理过程中，波斯纳把技术差距产生到技术差距引起的国际贸易终止的时间差距称为模仿时滞（见图4-1），即从创新国（A国）成功创新并生产一种新产品,到模仿国(B国)完全掌握这种新产品的生产技术,生产达到一定的规模,能满足国内需要,不需要再进口这种商品时为止的这个时间间隔。模仿时滞进一步又可分为反应时滞(Reaction Lag)和掌握时滞(Mastery Lag)两个阶段,其中反应时滞的初期称为需求时滞(Demand Lag)。反应时滞是指从创新国开始生产新产品,到模仿国开始模仿其技术生产这种新产品的时间间隔;掌握时滞是指模仿国开始生产创新国创新的新产品,到生产能满足国内需求,并开始出口这种新产品的时间间隔;需求时滞则指从创新国开始生产新产品,到模仿国开始进口这种新产品(创新国开始出口这种新产品)的时间间隔。反应时滞的长短,主要取决于企业家的决策意识和规模经济、关税、运输成本、国外市场容量及居民收入水平高低等因素。如果创新国在扩大新产品生产中能够获得较多的规模收益,运输成本较低,进口国进口关税率较低,进出口国市场容量和居民收入水平差距较小,就有利于创新国保持出口优势,延长反应时滞;否则这种优势就容易丧失,反应时滞就将缩短。掌握时滞的长度主要取决于技术模仿国吸收新技术能力。模仿国吸收新技术能力强,则掌握时滞短。需求时滞的长度则主要取决于两国收入水平差距和市场容量差距,差距越小则需求时滞越短。显然,只要模仿时滞长于需求时滞,创新国就可以依据其技术领先地位,向模仿国出口其创新产品,模仿时滞超过需求时滞的时间越长,创新国向模仿国的累积出口量就越大。

图4-1 技术差距与国际贸易

4.1.3 对技术差距理论的实证研究

对于技术差距理论,曾有两项重要的实证研究。一是哥登·道格拉斯(Gordon Douglas)在1963年所进行的研究,他运用模仿时滞的概念解释了美国电影业的出口模式。他认为,一旦某个国家在特定产品上处于技术领先优势,该国将在相关产品上持续保持这种技术领先优势。美国在电影业的领先地位,就使它在相关的话剧、彩色电影和宽银幕电影等方面，也保持着领先的地位，从而使美国具有出口这些产品的技术优势。但当这些技术变得极为普遍时，美国在这些产品上的贸易量和贸易流向就难以决定了。

另一项实证研究是1966年盖瑞·胡佛鲍尔（Gary Hufbauer）做出的。同样利用模仿时滞的概念，他解释了合成材料产业的贸易模式。他发现，一个国家在合成材料出口市场的份额，可以用该国的模仿时滞和市场规模来解释。当他按照各国的模仿时滞对这些国家进行排序时发现，模仿时滞短的国家最新引进新合成材料技术，并开始生产和向模仿时滞长的国家出口；随着技术的传播，模仿时滞长的国家也逐步开始生产这种合成材料，并逐步取代模仿时滞短的国家的出口地位。

4.1.4　对技术差距理论的简要评价

实证研究支持了技术差距论的观点，即技术是解释国家贸易模式的最重要的因素。虽然技术差距理论说明了技术差距的存在是产生国际贸易的重要原因，但它没有进一步解释国际贸易流向的转变及其原因。而在技术差距理论基础上发展起来的产品生命周期理论，正好弥补了技术差距理论的这一缺陷。

4.2　产品生命周期理论

正如我们前边探讨的，技术差异是国际贸易的一个重要决定因素。但许多经济学家认为比技术差异更为重要的是技术变化，即技术差异的动态演变。

以知识密集型产品为例，它们大多数是在以美国为代表的西方发达国家创造发明的，随着知识的扩散，技术在国际间的传递也越来越容易。不过，在这个过程中，贸易也可持续不断地进行下去。而且随着产品标准化程度的提高，该产品的生产与出口逐渐由原发明国转向其他国家。

美国经济学家弗农（Raymond Vernon）在其发表于1966年的"产品周期中的国际投资与国际贸易"（The International Investment and International Trade in the Product Cycle）一文中提出了产品生命周期理论，把技术变化作为国际贸易的又一个决定因素，试图用产品生命周期假说对上述现象进行解释。人们将弗农提出的这一理论称为产品生命周期理论（The Theory of the Product Life Cycle）。该理论后经威尔斯、赫希什（Hirsch）等人不断发展、完善，从产品生产的技术变化出发，分析了产品生命周期各阶段的循环及其对国际贸易的影响。这一理论成为第二次世界大战后解释工业制成品贸易的著名理论。

4.2.1 产品生命周期理论分析

弗农指出，产品完成一次循环需经历以下三个不同阶段。

①初始期（Introduction）。产品的初始期是指产品的研制与开发阶段。在这一阶段，产品的技术还未成型，研究与开发的费用在成本结构中占据最大的比重。对于少数先进国家来说，由于劳动相对稀缺，工资比较高，因此寻找节约劳动的生产方法是他们从事技术创新的主要诱因。另外，这些国家拥有相对较高的科技水平和较多的科技人员，能够集中大批高素质的创新人才，设备投入大，抗风险能力强，资金充裕从而在这一阶段，拥有比较优势，成为新产品的出口国。

在初始阶段，新产品或改进后的产品，一般品质等级要比已有的商品品质要高。因此，在初始阶段，由于收入水平较高且比较接近，贸易主要发生在少数先进国家之间。

②成长期（Growth）。当产品进入成长期以后，由于技术已逐渐成型并被普遍采用，市场进入的技术门槛降低，企业之间竞争激烈。为扩大生产和销售，企业进行大量的资本投入，即产品进入大量生产与销售阶段。产品从研究与开发密集型转化为资本（物质资本＋管理、营销所需的人力资本）密集型，资本成为最主要的成本构成。根据要素禀赋理论，发达国家在这一产品阶段拥有比较优势，产品将主要由发达国家输出到发展中国家。

③成熟期（Maturity）。产品经历了成长期后将进入成熟期，此时产品已实现了标准化生产，并普及到广大的市场中，厂商的生产基本达到了最佳规模点。在这一阶段，原材料和劳动工资是最重要的成本构成，尤其是低工资的劳动，包括非熟练劳动与半熟练劳动，成为本阶段决定比较优势的最重要因素。具备这一优势的国家主要是发展中国家，特别是在工业化方面已取得相当成效的发展中国家或地区，如亚洲"四小龙"。在这一阶段，产品主要由发展中国家向发达国家输出。

在产品生命周期的整个过程中，国际贸易的演变可用图4－2来描述。图中，横坐标表示时间，纵坐标上端表示净出口。在初始时刻（t_0），新产品刚刚由创新国（少数先进国家）研制开发出来，生产规模较小，生产和消费仅局限于国内市场。直到t_1时刻，开始出现国外需求并出口，由于产品的品质和价格较高，进口国主要是一些收入水平与创新国较接近的发达国家。随着时间的推移，进口国逐渐掌握了生产技术并能够在国内进行生产，逐渐替代一部分进口品，于是进口开始下降。到了某一阶段之后，由于一小部分发展中国家的需求扩大，创新国的产品也开始少量出口到一些发展中国家。到 t_2 时刻，生产技术已成型，产品由技术密集型转化为资本密集型，来自发达国家的第二代生产者开始大量生产和出口，原来的创新国随后（t_3 时刻）成为净进口国。最后，当产品转变为非熟练劳动密集型时（t_4 时刻），发展中国家成为净出口国。

图 4 - 2

从以上分析可见，在产品生命周期的不同阶段，随着技术的传播和扩散，新产品逐渐由知识技术密集型向资本密集型、劳动密集型转变，从而决定产品生产优势的因素，也逐渐由技术垄断优势向低劳动成本优势转变，使得不同国家在贸易中的地位发生不断的变化。不难看出，产品生命周期理论把动态的比较成本理论与要素禀赋理论、新要素理论（技术要素的引入，如技术差距理论）结合在一起，运用动态分析方法，从技术创新和技术传播的角度，分析了国际贸易的基础和贸易格局的动态扩展。这一理论发展至今，对解释国际贸易、国际投资、国际技术转移等现象都有重要的影响，日本经济学家在此基础上提出"雁形发展理论"来解释落后国家的赶超（Catching-up）发展过程。

4.2.2 对产品生命周期理论的评价

与比较成本理论和资源禀赋学说相比，产品生命周期理论的研究思路和方法具有创新性。一方面，产品生命周期理论将科学技术作为一个独立的重要的经济因素，并同其他因素比如资源的价格/工资的高低等结合起来，共同解释比较优势的形成和变化，比传统理论前进了一大步。另一方面，它用一种动态的眼光来分析产品在不同阶段所具有的不同特点和各国在不同阶段具有的比较优势，揭示了国际贸易商品流向的时间演变规律：

（1）产品要素密集度随着产品在生命周期中的演进发生规则的变化；

（2）比较优势的决定因素随产品生命周期的不同阶段而变化，因此不同类型的国家在产品的不同阶段享有比较优势，每一国在进行产品创新、模仿引进或扩大生产时，都要把握时机。进行跨国经营，就可以利用不同阶段的有利条件，长久保持比较优势；

（3）它还反映出当代国际竞争的特点，即创新能力、模仿能力是获得企业生存能力和优越地位的重要因素。

综上所述，产品生命周期理论从产品的生命演进以及同资源赋予论的有机结合，说明了比较优势是一个动态的发展过程，它随着产品生命周期的变化从一种类型的国家转移到另一种类型的国家，因而不存在那种一国永远具有相对优势的产品。这一理论为世界性的经济调整和产业的国际转移现象提供了一种规律性的解释。

当然，由于经济生活中存在着各种不确定性因素，各国面临的产业发展方向和环境不同，生命周期的循环并不是国际贸易普遍的、必然的现象。而且创新国和模仿国的地位也不是固定的，现实经济生活中，新技术的创新也可能在最发达的国家之外进行。

4.3 重叠需求理论

无论是古典贸易理论，还是要素禀赋理论，都是从供给方面来探讨国际贸易的基础，即从技术差异、要素禀赋差异等供给因素来解释比较优势的决定，而关于需求因素对国际贸易的决定作用并为获得关注。1961 年，瑞典经济学家林德（Staffan B. Linder）在《论贸易与转换》一书中另辟蹊径，从需求方面探讨了国际贸易产生的原因，提出了重叠需求理论（Theory of Overlapping Demand）。

该理论的核心思想是：两国之间贸易关系的密切程度是由两国的需求结构与收入水平决定的。

为了更好地理解林德的重叠需求理论，我们首先从消费者偏好入手。

4.3.1 偏好相似假设

在第 1 章里，为了构造社会无差异曲线，我们曾假设在一国之内消费者偏好是完全相同的。但引入了这样的假设纯粹是为了分析上的简便，这一假设与现实有明显的差距。现在放弃这一假设，假定：一国之内不同收入阶层的消费者偏好不同，收入越高的消费者越偏好奢侈品，收入越低的消费者就越偏好必需品；不同地方的消费者如果收入水平相同，则其偏好也相同。根据上述两条基本假设，我们可推断两国的消费结构与收入水平之间的关系是一致的，即两国收入水平越接近,消费结构也就越相似。

对发达国家来说,由于经济发展水平相近,其产品层次和消费层次的结构都大体相同。也就是说,两国厂商所提供的各种档次的同类产品,基本上都能够被对方各种层次的消费者所接受。正是这种需求重叠导致了发达国家之间产业内贸易的产生。不仅如此,发达国家与发展中国家的产品层次与消费层次结构也存在部分重叠的现象,发展中国家能够为发达国家的消费者提供适合的产品,反过来也能够接受发达国家的部分产品。这种部分的重叠为发达国家与发展中国家之间的产业内贸易提供了前提和基础。

4.3.2 重叠需求理论的内容

林德的重叠需求理论主要包括以下三个基本观点:

(1) 国际贸易是国内贸易的延伸,在本国消费或生产的产品才能够成为潜在的出口产品;

(2) 两个国家的收入水平越相似,两个国家的消费者需求偏好越相似,一国的产品也就越容易打入另一个国家的市场,因而这两个国家之间的贸易量就越大;

(3) 一国由收入水平决定的偏好结构和需求结构在很大程度上决定了该国的生产结构和出口结构。

4.3.3 重叠需求与国际贸易

在林德的理论中,他引入了潜在贸易(Potential Trade)这一概念。潜在贸易具体地分为潜在出口品和潜在进口品。潜在出口品由国内的需求决定,一种产品成为潜在出口品的必要条件是生产国存在对该产品的国内需求。至于潜在进口品,同样是由国内的需求决定的,潜在出口品的范围一定和潜在进口品的范围相一致或者是它的子集。根据这一结论,两国的需求结构越相似,它们之间潜在的贸易就一定越密集。

当然,潜在的贸易转化为实际的贸易需要一些条件,这就是产品差异(Product Differentiation),各种各样的产品差异和消费者的多样化偏好结合在一起,就可以使得基本相同的同类产品之间发生贸易。

根据林德理论的三个基本观点,我们可以推导出这样一种关系:经济增长会导致人均收入的增加,人均收入水平的变化会带来偏好结构和需求结构的变化,相应地会带来需求重叠结构的变化,最终将导致潜在的以及实际的进出口品结构的变化,这种变化趋势是可以预测的。

图4-3描述了收入水平和需求偏好重叠的情况。横轴表示一国的人均收入水平（Y），纵轴表示消费者所需的各种商品的品质等级（Q）。人均收入水平越高，则消费者所需商品的品质等级也就越高，二者的关系由图中的OP线表示。

图4-3　收入水平和需求重叠

现在，假设A国的人均收入水平为Y_a，则A国所需商品的品质等级处于以D为基点，上限点为F、下限点为C的范围内。假设B国的人均收入水平为Y_b，则其所需商品的品质等级处在以G为基点，上下限点分别为H和E的范围内。对于两国来说，落在各自范围之外的物品不是太高档就是太过低劣，是其不能或不愿购买的。

图4-3中，A国处于C和E之间的商品以及B国F和H之间的商品，均只有国内需求，没有来自国外的需求，所以不可能成为贸易品。但在E和F之间的商品，在两国都有需求，即所谓的重叠需求，这种重叠需求是两国开展贸易的基础，品质处于这一范围内的商品，A、B两国均可输出或输入。

由图4-3可知，当两国的人均收入水平越接近时，则重叠需求的范围就越大，两国重叠需要的商品都有可能成为贸易品。所以，收入水平相似的国家，互相间的贸易关系也就可能越密切。反之，如果收入水平相差悬殊，则两国之间重叠需要的商品就可能很少，甚至于不存在，因此贸易的密切程度也就很小。

依据重叠需求理论，如果各国的国民收入不断提高，则由于收入水平的提高，新的重复需要的商品便不断地出现，贸易也相应地不断扩大，贸易中的新品种就会不断地出现。

4.3.4 重叠需求理论的适用性

前边我们已经提过关于重叠需求理论的适用性，林德曾指出其理论主要是针对工业产品或制成品，他认为初级产品的贸易是由自然资源的禀赋不同而起的，所以初级产品的需求与收入水平无关。而且，就算生产国缺少国内需求，也可以成为出口品。也就是说，初级产品的贸易可以在收入水平相差很大的国家之间进行，所以初级产品的贸易可以用要素禀赋理论来说明。而工业产品的品质差异较明显，其消费结构与一国的收入水平有很大的关系，从需求方面看，发生在工业品之间的贸易与两国的发展水平或收入水平有密切关系。所以，重叠需求理论适合于解释工业品贸易。另外，发达国家的人均收入水平较高，他们互相间对工业品的重复需要范围较大，因此工业品内的贸易应主要发生在收入水平比较接近的发达国家之间。

4.3.5 对重叠需求理论的简要评价

重叠需求理论将需求因素引入贸易格局的决定，是对国际贸易理论的重要发展。需求的相似性导致了相似但略有差异的产品的国际贸易。这明显地不同于传统贸易理论的看法。从传统贸易理论看来，导致国际贸易发生的一个基本因素是要素禀赋差异导致的产品相对价格差异，这些差异越大，贸易的可能性就越大。重叠需求理论与要素禀赋理论各有其不同的适用范围。

4.4 规模经济与国际贸易

林德尔的重叠需求理论仅停留在需求与收入层次解释现代贸易的发生原因，仍然无法解答这样的问题，即当收入增加带动需求水平的提高时，如果没有供给的相应调整，那么需求的扩大只会带来制成品交易价格的普遍上升。然而，在现代国际贸易中，资本与知识密集型制成品的交易价格非但没有上升，反而有普遍下降的趋势。那么，产生这种价格普遍下降现象的原因究竟是什么呢？这里，我们将从规模经济的角度说明现代贸易发生的原因。

4.4.1 规模经济的含义

1. 规模收益递增

在 H－O 理论中，由于假定两国的生产是在规模收益不变的基础上进行的，这样就把可能引起贸易的规模经济因素完全回避了。在现实中，存在着三种类型

第4章　现代国际贸易理论

的生产，即：规模收益递增、规模收益不变和规模收益递减。事实上，生产的规模收益可以用微观经济学中的平均成本曲线来展示。在图4-4中，平均成本的下降阶段代表生产的规模收益递增（Increasing Return to Scale），平均成本不变（平坦）阶段代表规模收益不变（Constant Return to Scale），而平均成本的上升阶段，则代表规模收益递减（Decreasing Return to Scale）。

图4-4

一般认为，引起规模收益递增的因素至少有如下几项：

（1）专业化分工。随着生产规模的扩大（因市场扩大），专业化分工将加深，从而导致劳动生产率的提高；

（2）更有效率的设备。大规模生产使更有效率、更专业化的设备的利用成为可能，而这类设备在小规模生产中的运用是不经济的；

（3）投入物的单位成本降低。大规模生产使生产者能大规模雇用生产要素，从而有可能从生产要素供应者那里获得"数量折扣"的利益，降低投入物的单位成本；

（4）副产品（By-Product）的利用。在某些产业，大规模生产能使在小规模生产情况下作为废弃物的副产品的利用成为可能，从而降低了主要产品的生产成本；

（5）辅助设施的开发。在某些情况下，一个厂商的大规模生产引起其他厂商开发辅助设施（如运输、供电、供水、供气、通信、金融等），从而使大规模生产厂商节约成本，精于生产，提高效率。现实中，规模收益递增的生产是完全可能存在的。

值得说明的是，当生产过程遵循规模报酬递增规律时，自然存在规模经济；反过来，规模经济并不要求规模报酬递增一定存在。在外部规模经济情况下，企业的生产过程仍是规模收益不变的，规模收益递增只发生在产业层次上，即整个产业产出增加的比例大于整个产业要素投入增加的比例。

2. 规模经济的含义

规模经济就是指通过大批量生产某种产品而实现单位产品成本的下降。产生规模经济的原因是生产规模增大引起更细的分工和专业化，从而将固定成本分摊到众多的产品中。

规模经济通常有两种表现形式，一种是内部规模经济，另一种是外部规模经济。

（1）张伯伦内部规模经济。张伯伦内部规模经济（Internal Economies of Scale），是经济学家张伯伦首先提出的一个经济概念，即指生产差异化产品的单个厂商，由于自身生产规模的扩大而获得的生产成本的显著节约或生产效率的大幅提高。一般而言，垄断竞争企业的规模经济来源于生产规模扩大所带来的固定成本的节约，它用企业生产产品的平均成本与边际成本之比来判断：

$$t = AC_X/MC_X$$

在这一方程中，AC_X 与 MC_X 分别是企业生产 X 产品的平均成本与边际成本，t 是度量企业规模经济的指数。当 t 分别取大于、等于以及小于 1 的值时，也就是 X 产品的平均成本大于、等于以及小于 1 的时候，生产 X 产品的企业分别处在规模报酬增加、规模报酬不变以及规模报酬递减的阶段。

（2）马歇尔外部规模经济。马歇尔外部规模经济（External Economies of Scale），这是由英国经济学家首先提出的经济概念，它是规模经济的一种表现形式，主要是指在相关产业内部，单个厂商因为生产相同产品的其他企业的生产规模扩大而获得的生产成本的节约或生产效率的提高。在现实中，生产相同产品的或者提供相同服务的企业，如地处同一工业园区或出口加工区的工业企业，属于同一个金融贸易区的金融机构或贸易公司，因地理上的邻近，彼此会给对方带来有益的影响；此外，公用部门，如运输业、电信业及电力业，它们的发展也会给每一个单个企业带来交易成本的巨大节约和生产效率的显著提高。

我们在讲到规模经济时，通常指内部规模经济。我们这一节介绍的是建立在内部规模经济基础上的产业内贸易。

3. 规模经济与贸易的关系

20 世纪 70 年代，格雷和戴维斯（Gray & Davies）等人对发达国家之间的产业内贸易进行了实证研究，发现产业内贸易主要发生在要素禀赋相似的国家，产生的原因是规模经济和产品差异之间的相互作用。一方面，规模经济导致了各国产业内专业化的产生，从而使得以产业内专业化为基础的产业内贸易得以迅速发展；另一个方面，由于规模经济的作用，使得生产同类产品的众多企业优胜劣汰，最后由一个或少数几个大型厂家垄断了某种产品的生产，这些企业逐渐成为出口商。产品差异的存在，既使企业走向专业化、大型化，获得经济上的规模效益；同时又为各个企业提供了竞争市场，使消费者能够有多种选择。由此可见，规模经济为产业内贸易提供了基础。

4.4.2 规模经济与差异产品下的贸易

在古典和新古典贸易理论上我们假定市场是完全竞争的，但在现实中，大多数的市场是不完全竞争的。其原因是：任何企业都希望通过某种优势，获得对市场价格的操纵权或控制权。获得垄断或控制权的直接途径是生产差异产品。从消费者的角度看，随着收入水平的提高，消费者不仅要追求某种消费品消费数量的增加，以提高自身消费的效用水平，还可以通过在多种同类产品的供应中，选择最适合本人愿意消费的产品提高自己的效用水平。因此在一国封闭经济的条件下，市场从两个方面表现出不完全竞争的特点，一是规模经济排除了企业自由进入某些部门的可能性；二是差异产品意味着企业追求控制产品价格的可能性。这两个方面都打破了原有的自由竞争的市场结构。

1. 封闭条件下规模经济与差异产品的矛盾

在一国市场范围内，追求规模经济效果和追求差异产品是矛盾的。因为规模经济效果要求生产大批量、同质产品，从而带来市场价格的下降。但是对差异产品的追求要求生产小批量、异质产品。

解决这一矛盾的最佳途径是开展国际贸易。因为国际贸易可以使批量生产的产品分布在不同国家的市场上，从而在每个国家都成为小批量产品，且成为差异产品。

2. 开放条件下规模经济与差异产品导致了产业内贸易

建立在规模经济和差异产品基础上的贸易形式不同于传统意义上的建立在劳动生产率差异和要素禀赋差异基础上的国际贸易。由于差异产品的出现并且作为贸易的重要内容，国与国之间同类产品内部所进行的贸易，就不再是传统的贸易形式了，而是建立在不完全竞争和机会成本递减基础上的产业内贸易。所谓产业内贸易是指同一个产业内部差异甚至是非差异产品之间的国际贸易。这种贸易形式与传统的产业间贸易的差别可以用图 4-5 和图 4-6 表示。

图4-5　H-O模型下的贸易格局

图4-6　规模经济下的贸易格局

这里考虑的是一个2×2×2的模型，有两个国家，一个是资本丰裕的B国，一个是劳动丰裕的A国；有两种产品，劳动密集型的食品和资本密集型的工业品；有两种生产要素，资本和劳动。根据H-O理论，贸易格局应该为图4-5所示。

B国应专业化生产并出口具有比较优势的工业品，A国应专业化生产并出口劳动密集型的食品，出口额等于进口额，贸易平衡。但如果我们现在假设工业品是一个具有规模经济的垄断竞争部门，行业内有众多生产差异产品且相互竞争的企业，那么现在的贸易格局将变成图4-6所示。B国不可能专业化生产全部工业品，而只能专业化生产并出口其中的某几种工业品，A国会专业化生产并出口其他几种工业品。所以现在的工业品行业内，B国既向A国出口，也从A国进口，形成了产业内贸易。但由于资源禀赋差异，B国是资本丰裕型国家，且工业品生产上有比较优势，故其出口数量比A国出口数量要多，换言之，B国仍是工业品的净出口国。同样，由于A国劳动丰裕，故它在食品生产上有比较优势，将向B国出口食品，这一基于资源禀赋差异的工业品和食品之间的贸易为产业间贸易。

在规模经济和产品差异存在的条件下，即使两国技术水平和要素禀赋均不存在差异，国际贸易也可以发生。此时的贸易结构与以往国际贸易结构的根本差异在于建立在规模经济和差异产品基础上的国际贸易是产业内贸易，而前者是建立在比较优势基础上的产业间贸易。

3. 产业内贸易的衡量

我们可以用产业内贸易指数来衡量产业内贸易水平：

$$T = 1 - (X - M)/(X + M)$$

公式中 T 代表产业内贸易指数，X 和 M 代表一国某产业的产品的出口量和进口量。T 的取值范围在 0 和 1 之间，若 T = 0，表示该国在这类产品上只有进口或只有出口，其贸易为产业间贸易。若 T = 1，则表示该国在这类产品上既有进口又有出口，且进口量等于出口量，其贸易为产业内贸易。T 越接近 1，产业内贸易的比重越大，T 越接近 0，产业间贸易的比重越大。

随着科学技术的进步与扩散，各发达国家之间的生产技术已经非常接近，建立在技术差异基础上的比较优势已十分接近，因此这些国家之间贸易的基础已经转向规模经济。国际市场竞争的激化要求各国企业具有市场战略意识，从而使得占领国外市场扩大规模经济优势显得十分必要。此外各发达国家收入水平的日益接近与提高使产业内贸易、行业内贸易，甚至是同类产品内的贸易有了明显的增加。据 GATT 和 WTO 的统计资料，自 20 世纪 60 年代以来，约 2/3 甚至更多的世界贸易是发生在技术、资源和偏好均比较相似的发达国家之间。根据克鲁格曼的考察，按照标准产业分类，产业内贸易占到世界贸易的 1/4，在工业化国家之间，在制成品贸易中，产业内贸易占据主导地位，而制成品贸易又占全球贸易的 70% 以上。根据他对美国贸易结构的考察，美国的许多产业部门所从事的对外贸易不是产业间贸易，而是产业内贸易。

当我们用产业内贸易指数 T 来衡量产业内贸易时，不宜将一个产业或产品集团的范围定义得过于宽泛，否则该指数将失去意义。例如，我们可以定义电视机产业，而不宜定义家电产业。一国既进口电视机又出口洗衣机的贸易则不属于产业内贸易，虽然电视机和洗衣机都是家电，但他们是完全不同的产品。

4.4.3 外部规模经济与国际贸易

1. 外部规模经济与贸易

所谓外部规模经济是指由于企业外部经营规模的优势给企业带来的额外报酬或外在优势。根据外部规模经济贸易理论，企业贸易优势并不取决于各国之间要素优势的差异，而在于有关部门在某个时点上的发展规模。一般而言，如果一国在某个行业上发展的规模较大，相应地会形成一个行业的规模优势。这种优势表现为，该行业有一个可供共同使用的劳动力队伍，它可以调剂各企业间的余缺；同时行业规模较大有助于技术的进步和技术成果的迅速普及或采用。总之，一定的行业规模有利于资源或生产要素的共享，从而能够在自身企业规模不变的条件下获益。

同厂商的内部规模经济一样，外部规模经济在国际贸易中也发挥着重大作用。当存在外部规模经济且其他条件相同时，大规模从事某一产品生产的国家往往有较低的生产成本，这一情况有助于形成"先发优势"：即某一国家率先进入某一具有外部规模经济的行业后，强烈的外部规模经济会巩固其作为大生产者的地位，尽管其他国家存在更廉价生产这种产品的可能性。我们可以用手表行业的例子来说明这一问题。假设有两个国家——瑞士和泰国，瑞士这个国家从历史上就是一个手表制造业非常发达的国家，18世纪时钟表行业主要是手工作坊式的，属于技能劳动密集型。当时瑞士恰好满足该行业的这个特点，所以早期钟表行业在瑞士率先发展起来，随着不断发展壮大，这种在发展初期"领先一步"的优势，由于外部规模经济的存在，转化为成本上的优势，从而限制了后来者的进入，奠定了瑞士钟表行业在国际分工中的地位。而泰国的手表行业刚刚起步，因而其部门规模较小，各种专业人员也比较缺乏，设备也不够先进。但泰国的人均工资水平低，会使其成本相对较低。从总体上看，由于泰国刚起步，生产成本可能高于瑞士，当泰国手表行业达到一定生产规模后，其产品的成本才会低于瑞士，但在此之前，泰国产品难以与瑞士产品相竞争，甚至要从瑞士进口手表。

从瑞士和泰国的例子中我们看到，在历史因素决定一国的生产模式中，外部规模经济发挥了多么大的作用，它使一些已经形成的专业化模式继续下去，即使这些国家已不再拥有比较优势。

2. 外部规模经济评价

（1）外部规模经济可成为国际贸易的一个独立起因；

（2）在两国情况完全相同条件下，国际分工及国际贸易格局并不确定，其主要决定于各个国家所面临偶然或历史因素；

（3）在一定条件下，两国无论生产或出口哪种产品都能从国际贸易中获益；

（4）开放条件下，对应于不同的国际分工和国际贸易格局，一国从国际贸易中获得利益则可能会有所不同，甚至相差甚远；

（5）鉴于上述分析，政策上一些小国可能会通过进口保护或出口促进等政策措施，改变其在国际分工与国际贸易格局中的地位。

此外，国与国之间市场的差别也会对国际分工与国际贸易格局产生实质影响。一般来说，如果两国的国内市场规模存在差异，而其他条件完全相同，那么国内市场规模相对较大的国家将完全专业化生产具有外部规模经济的产品（X），而国内市场规模较小的国家将只能完全专业化生产规模收益不变的产品（Y）。

4.5 新要素理论

随着现代国际经济的发展，西方经济学家赋予了生产要素以更丰富的内涵并扩展了生产要素的外延。他们认为，生产要素不仅包括土地、劳动和资本，而且还包括技术、人力资本、研究与开发、信息、管理甚至规模经济等新型生产要素。另一方面，在解释里昂惕夫之谜的过程中，一些西方经济学者冲破了 H-O 理论的三要素论，试图从更广的范围里探寻影响国际贸易的其他要素，并从新要素的角度说明国际贸易的基础和贸易格局的变化。同时，他们试图从要素的国际移动、要素密集性的转变等方面来分析要素作用，从而使要素增长理论更加充实。

4.5.1 技术要素说

传统经济学家通常把生产要素定义为生产过程中的投入物，这样就把那些设计使用这些投入物的工艺流程或技术排除在了生产要素之外。但是，作为生产过程中的技术，不仅能够提高土地、劳动和资本要素的生产率，而且可以提高三者作为一个整体的全要素生产率，从而改变土地、劳动和资本在生产中的相对比例关系。从这个意义上说，技术也是一种独立的生产要素。

我们可以把技术要素看成是相关生产要素的数量增加。技术使单位产品成本下降或同样投入获得更多的产出，实质上等于生产要素供应量的扩大，可以把技术看作是这些生产要素按照各自的生产率提高的比例来扩大其供应量。

技术要素在现代经济活动中的地位越来越重要。要素生产率的提高或要素的节约、商品成本和价格的降低、产品质量效能的优化、生产经营水平的提高及产品国际市场竞争力的增强等无一不依靠技术。当今国际经济竞争说到底就是技术水平的竞争。因此，技术进步会对各国生产要素禀赋的比率产生影响，从而影响各国的相对比较优势，进而影响贸易格局的变动。

4.5.2 人力资本要素说

西方经济学家认为，各国劳动要素生产率的差异实质上就是人力技能的差异。因为技能也是一种生产要素，而且是越来越重要的生产要素。人力技能又可称为人力资本。所谓人力资本是指资本与劳动力结合而形成的一种新的生产要素。人力资本是人力投资的结果。

根据人力资本理论，可以把劳动分为两大类：一类是简单劳动，即无须经过专门培训就可以胜任的非技术的体力劳动；另一类是技能劳动，即必须经过专门培训形成一定的劳动技能才能胜任的技术性劳动。要对劳动者进行专门培训，就必须进行投资。因此，体现在劳动者身上的、以劳动者的数量和质量表示的就是人力资本。由于人力资本投资持续时间不同、投资形式存在差别及投资领域不一致（亦即教育培训的具体内容和项目不同），劳动力存在质的差别，从而使人力资本作为一种特殊资本在生产过程中的效力有所不同。

人力资本的投资形式通常包括：正规的学校教育、在职的岗位培训、合理的人员配置、必备的卫生与营养条件、休养生息的外部环境以及与上述各项投资形式相关的其他投资形式。人力资本的投资和其他投资一样，既需要时间也需要资源。

人力资本投资的效果实际上就是人力资本效用发挥的程度。衡量人力资本投资效果的方法主要有以下几种。

（1）以收入报酬计算。这种方法是以工资差别反映各劳动者的人力资本的差异，计算非技术或非教育劳动的工资差别，并以适当的贴现率将其折算为工资。比如，凯能（Kenen）就以9%的贴现率将技能劳动超过非技能劳动的工资资本化，即把它作为实物资本的一部分，并和实物资本相加，得出资本总量，用以解决"里昂惕夫之谜"。

（2）以所有的要素报酬为基础，运用要素收入数据计算人力资本、实物资本和初级劳动的报酬，衡量人力资本的效果，这实际上也是以收入报酬估价人力资本的方法。

（3）以成本计算。这种方法把投在劳动者身上的全部教育、培训费用和所放弃的全部收益相加，得出人力资本的全部成本，用以衡量人力资本的效用及其差别。

（4）用以生产出口或进口产品的不同劳动集团的重要性为基础计算的技能指数来衡量人力资本的价值。

人力资本禀赋对国际贸易格局、流向、结构和利益等方面具有重要的影响。人力资本论者基辛（Kessing）、凯能等认为，资本充裕的国家同时也是人力资本充裕的国家。因此，这些国家的比较优势实际上在于人力资本的充裕，这是它们参与国际分工和国际贸易的基础。在贸易结构和流向上，这些国家往往出口人力资本或人力资本密集型产品。若美国最充裕的要素不是物质资本，而是人力资本，相对稀缺的是非熟练劳动，美国必然是密集使用人力资本的"劳动"密集型产品出口占主体，比如最先进的通信设备、电子计算机，而不再是传统的资本密集型产品，但用传统国际贸易理论的三要素论是无法说明当代国际贸易现实的。

4.5.3 研究与开发要素说

西方经济学家格鲁勃（W. H. Gruher）、梅达（D. Mehta）、弗农（R. Vernon）及基辛等人在注重技术要素作用的同时，进一步研究了推动技术进步的形式和途径及其与贸易的关系，提出了研究与开发（Research and Development，R&D）要素论。

所谓研究与开发要素是指研制和开发某项产品所投入的费用。它不同于生产过程中其他形式的要素投入。研究与开发要素是以投入到新产品中的与研究和开发活动有关的一系列指标来衡量的。在进行国别比较时，可以通过计算研究与开发费用占销售额的比重、从事研究与开发工作的各类科学家和工程技术人员占整个就业人员的比例以及研究与开发费用占一国国民生产总额或出口总值的比重等指标，来判断各国研究与开发要素在经济贸易活动中的重要性及其差别。同时，可以通过研究与开发的多寡来衡量一个国家在国际分工中的比较优势。

研究和开发要素对一国贸易结构的影响是显而易见的。一个国家越重视研究与开发，这个国家投入到研究与开发活动中的资金就越多，其生产的产品中知识与技术的密集度就越高，在国际市场竞争中的地位就越有利。基辛曾以美国研究与开发在10个部门出口总额中的比重代表竞争能力，分析研究与开发要素与出口竞争力的关系。结果表明，从事研究开发活动的高质量劳动力比重越大的部门，国际市场竞争力就越强，出口比率就越高。这就证明了一个国家出口产品的国际竞争能力和该种产品的研究与开发要素密集度之间存在着很高的正相关关系。

格鲁勃和弗农也进行了类似的研究工作。他们根据1962年美国19个产业的有关资料进行了分类比较，并对研究和开发费用占整个销售额的百分比以及科学家、工程师占整个产业全部雇佣人员的比重进行排列。结果发现，运输、电器、仪器、化学和非电器机械这五大产业名列前茅。五大产业中，研究与开发费用占19个产业的78.2%，科学家和工程师占85.3%，销售量占39.1%，而出口量占72%。可见，具有较强研究实力的工业部门在生产的产品上占有明显的优势，因而更有能力获得比较利益。

4.5.4 信息要素说

西方经济学家认为，在现代经济生活中，企业除了需要土地、劳动和资本这些传统生产要素以外，更需要信息。现阶段，信息已经成为当代经济活动中必不可少的和越来越重要的生产要素。

作为生产要素的信息是指来源于生产过程之外的并作用于生产过程的能带来利益的讯号的总称。信息要素是无形的、非物质的，它区别于传统生产要素，是生产要素观念上的大变革。西方经济学家认为，股票是财产的象征符号，而信息则是象征的象征。随着现代社会的发展，市场在世界范围内的拓宽以及各种经济贸易活动的日益频繁，社会每时每刻都在产生着巨量的信息。这些信息都在不同的方面、不同的程度上影响社会经济活动，影响企业生产经营的决策和行为方式，甚至有时还决定着企业的命运。

信息是一种能够创造价值并能进行交换的无形资源。因此，信息利用的状况能够影响一个国家的比较优势，从而改变一国在国际分工和国际贸易中的地位。

但是信息要素具有特殊性，一方面，由于信息创造价值的能力难以用通常的方法衡量，所以其交换价值只能取决于信息市场的自然力量；另一方面，由于信息强烈的时效性，所以信息交换也常常带有神秘的性质。

4.5.5 管理要素说

管理是指在一定的技术条件下保持最优的组织、配置和调节各种生产要素之间的比例关系。管理既可以看成是生产函数中的一个单独要素，也可以看成是劳动要素的特殊分类。但是有一点是重要的，那就是管理是生产要素的补充而不是替代，它和其他生产要素之间不存在相互替代关系。

管理需求随生产规模扩大而增强。在现实经济活动中，管理通过相应的管理人员（如经理等）的工作来体现。西方经济学家认为，管理水平的差异说明了劳动生产率的差异。一般说来，经济水平落后的国家，管理要素都相对稀缺，表现在管理人员比重小和管理水平比较低等方面。哈比逊曾指出，20世纪50年代埃及的工厂在工艺技术上和美国工厂基本类似，但劳动生产率仅为美国的20%左右，其原因就在于埃及管理资源稀缺、管理方法落后。由于管理资源的丰缺影响到生产效率和生产成本，管理也就直接影响到一国比较优势地位和对外贸易的各个环节。

4.5.6 对国际贸易新要素学说的简评

国际贸易新要素学说对第三次科技革命所带来的世界经济的飞速发展和世界贸易格局的革命性改变，在理论上给予了新的解释，突破了生产要素的限制，赋予了生产要素以更丰富的含义，并扩展了生产要素的范围，使对国际贸易的分析更接近现实。

但是，新要素学说就其分析方法而言，只是对传统的要素学说进行了改良，仍然只从供给方面而不是从供求两个方面考察贸易问题。

本章小结

本章对第二次世界大战后影响国际贸易格局的一些新国际贸易理论作了较详细的阐述。

1. 传统的国际贸易理论虽然早已注意到技术进步的作用，但只是从静态角度进行分析，直到技术差距理论和产品生命周期理论产生后，才将技术的动态变化作为国际贸易的单独因素，从动态的角度分析说明贸易格局的变化。

2. 产品生命周期模型的一个重要特征是，在产品生命周期变化的过程中所使用的要素比例发生了规律性的变化。在产品的研发阶段，产品属技术密集型产品；在产品成长时期，属于资本密集型；到了产品成熟期，进行标准化生产时，该产品就带有劳动密集型的特征。

3. 需求重叠理论从需求方面分析了造成产业内贸易的原因。在需求方面，消费者的偏好具有多样性，而且各国之间的消费需求常常存在着互相重叠的现象。产业内贸易理论是对传统贸易理论的批判，是对比较优势理论的补充。

4. 企业要取得规模经济利益，就必须扩大生产规模，而扩大生产规模又必须以广阔的国内市场为条件。由于规模经济能够导致单位产品成本下降，因此，规模经济和资源禀赋一样也应该是国际贸易的基础。规模经济和产品差异的存在，使企业走向专业化、大型化，获得经济上的规模效益的同时又为各个企业提供了竞争市场，使消费者能够有多种选择。由此可见，规模经济为产业内贸易提供了基础。

5. 新要素理论试图从更宽的视野解释里昂惕夫之谜，将生产要素扩大到不仅包括土地、劳动和资本，而且还包括技术、人力资本、研究与开发、信息、管理甚至规模经济等新型生产要素，并从新要素的角度说明国际贸易的基础和贸易格局的变化。同时，试图从要素的国际移动、要素密集性的转变等方面来分析要素功能增加和整合升级，从而使要素增长理论更加充实。

复习思考题

1. 简答题

（1）什么是产品生命周期学说？

（2）什么是技术差距理论？

（3）什么是需求偏好重叠？有何意义？

（4）规模经济与古典和新古典经济学说的假设前提有何本质的区别？

（5）什么是新生产要素？

2. 分析题

（1）试比较重叠需求理论与要素禀赋理论的异同。

（2）你认为重叠需求理论适合解释发展中国家之间的贸易吗？为什么？

（3）结合重叠需求理论和产品周期理论，试解释为什么美国始终是世界汽车生产和出口大国？

第 5 章 国际贸易政策

本章要点
- 国际贸易政策的含义、特征及类型
- 自由贸易政策
- 保护贸易政策
- 进口替代战略与出口导向战略

国际贸易政策是从世界范围考察的贸易政策，它是世界各国贸易政策措施的总和，是国际贸易理论的具体运用和国际贸易利益得以实现的重要手段和方式。国际贸易政策对各国以及世界经济的发展都起到至关重要作用，因此，它是各国政府最关心的问题，也是国际贸易学研究的主要领域之一。

广义的国际贸易政策是指在国际贸易发展过程中所形成的，为各国认同的并共同遵守的国际贸易政策，广义的国际贸易政策是以国际经济贸易条约、公约、协定等形式体现的。各国在发展对外经济贸易过程中，通过协商达成双边或多边共同认可。

本章所阐述的国际贸易政策是狭义的国际贸易政策，主要是指一国的对外贸易政策。主要包括四个方面的内容：一是对外贸易总政策，即与一定时期国民经济发展总目标相关的外贸发展目标和基本措施；二是出口贸易政策、进口贸易政策，是为适应国民经济发展总体需要，参与国际商品交换的政策；三是出口商品政策、进口商品政策，是为适应国内产业结构变化而采取的有关进出口商品生产、销售、采购等的政策；四是国别贸易政策、地区贸易政策、市场贸易政策，即针对不同国家、不同地区、不同市场的特点而采取的区别对待政策。除此之外，对外贸易政策作为经济政策的一个组成部分，需由一国的经济总政策决定，并与国家的其他经济政策密切配合，才能使对外贸易充分发挥促进国民经济发展的作用。例如，对外贸易政策与产业调整政策，外汇管理政策、外资与先进技术引进政策等，应相互协调，才能使对外贸易活动与国民经济活动相适应。这些与对外贸易政策息息相关的政策不作为本章要阐述的内容。

5.1 国际贸易政策概述

5.1.1 对外贸易政策的含义

贸易政策从一个国家出发就是对外贸易政策,是指一个国家一定时期内影响其进出口贸易的政策措施的总和,是一国根据一定时期内政治经济的基本发展态势和国民经济的总体发展目标出发,结合本国的资源禀赋、产业结构、经济发展水平,所制定的在较长时期内普遍适用的对外贸易原则、方针、策略。体现对外贸易总政策的各种政策措施包括:进出口商品政策,国别政策或地区政策等方面,涉及国家对外贸活动的经营管理体制、法律制度和行政干预三个方面的内容。是一国政府所进行的一系列有组织的干预和调节行为,我们把一国的对外贸易政策称为狭义的国际贸易政策。

理解对外贸易政策的含义,可以从以下几个概念间的关系及区别来把握。

(1) 对外贸易政策与贸易措施的关系。对外贸易政策需要各种贸易措施来贯彻和实现,二者既密不可分,又有根本的区别:对外贸易政策在对外贸易管理中处于决定的、主导的地位,贸易措施是根据对外贸易政策的目标和内容确定的,是贸易政策的载体和工具,处于从属地位;对外贸易政策是决策机构的主观选择,形成过程中渗透着许多非经济因素,有明显的方向性,而贸易措施是按照经济规律、市场经济法则发挥作用,本身是中性的,可以对贸易活动进行不同方向的调节。

(2) 对外贸易政策与国内经济政策的关系。一国的经济活动包括国内经济贸易活动和对外经济贸易活动,这二者之间是相互依存的。这导致政府调节经济贸易活动的对外贸易政策和国内经济政策也相互关联,不仅具有统一的政策目标,在某些政策手段方面也具有共同性。但二者也有非常显著的区别,对外贸易政策与国内经济政策在调节对象、调节手段、政策地位及影响因素等方面都存在许多差异。

5.1.2 对外贸易政策的特征

尽管世界各国的社会经济制度不同,但对外贸易政策都是各国国内经济政策的延伸,目的都是为了保持本国国民经济持续、稳定、协调发展,提高本国经济发展水平和人民的物质福利水平。因此,对外贸易政策与国内经济政策有不可分割的内在联系。另一方面，由于对外贸易是国家之间的经济交往活动，涉及整个国家的政治主权和经济利益。因此，对外贸易政策与国内经济政策又有较大的区别，并使对外贸易政策具有如下几个特征。

（1）对外贸易政策的目标双重性。一国的对外贸易政策目标包括经济性目标和政治性目标。经济性目标如保护国内产业、推动经济增长等；政治性目标如维护国家安全、配合外交活动等。对外贸易活动必须为实现这一双重政策目标服务。在当前以和平与发展为主题的国际形势下，各国奉行的外交策略，或是以政治外交为经济交往打开道路，或是以经济交往为政治外交服务，对外贸易政策与外交政策的关系十分密切。

（2）对外贸易政策的自主性和互利性。作为一个主权国家，其对外贸易政策是根据国家的整体利益独立自主制定的。而对外贸易政策的互利性，不仅是由于它涉及其他有关国家的利益，而且涉及国内各阶级、阶层、集团的利害得失。因此，制定对外贸易政策，在优先考虑本国利益、协调好国内各阶级、阶层、集团的利益关系的同时，还应当适应有关国家的利益，使对外贸易得以正常发展。

（3）对外贸易政策的灵活性和可变性。一国的对外贸易政策，是根据国内经济状况和国际经济贸易形势制定的。在不同的国家、不同的历史时期、不同的国际经济贸易形势下，所采取的对外贸易政策也就不同。对外贸易政策是通过各种手段、措施实施的，不仅对外贸易政策而且各种手段、措施都会随着经济、政治形势的变化而变化，即使是同种手段、措施，在不同的历史条件下，其意义和作用也不一样，这正是对外贸易政策灵活性和可变性的具体体现。

（4）对外贸易政策的矛盾对抗性。由于对外经济贸易活动将一国的国内生产与国外消费、国外生产与国内消费，从而将一国的国内市场与国际市场、国内经济与世界经济紧密地联系起来，因此，一国的对外经济贸易活动，必然会对国内的社会经济政治产生重大影响。而各国从维护本国利益出发而制定和实施对外贸易政策，因此，各国的对外贸易政策之间充满矛盾对抗性，在开展对外经济交往活动中，经常引起激烈的纷争与摩擦。

5.1.3 对外贸易政策的类型

如前所述，狭义的国际贸易政策是一国经济政策和对外政策的重要组成部分，反映了占统治地位阶级的利益和意志。一国的对外贸易政策，一般由国家立法机构或授权政府制订。从国家对对外经济贸易活动的干预程度上看，对外贸易政策可分为两种基本形式，即自由贸易政策和保护贸易政策。

（1）自由贸易政策（Free Trade Policy）是自由放任经济政策的一个重要组

成部分。实行自由贸易政策，就是政府对贸易行为不加任何干预，即既不鼓励出口，也不限制进口，使商品自由进出口，在国际市场上自由竞争。自由贸易政策产生于18世纪初，是18世纪新生资产阶级"自由放任"思想在对外经济关系上的延伸。国际贸易几百年的历史表明，完全意义上的自由贸易政策是不存在的，当今的自由贸易政策表现为国家取消对进出口贸易的限制和障碍，取消对本国进出口商品的各种特权和优惠的自由化过程。

（2）保护贸易政策（Protective Trade Policy）通常是指使用限制进口、扶持出口的办法，旨在保护国内产业的政策。实行保护贸易政策，就是政府直接或间接干预对外贸易活动，在进口方面设置各种贸易壁垒，限制国外商品进入本国市场；在出口方面采取多种措施，促进和扩大本国商品进入国外市场，以达到保护国内产业、刺激国内产业发展的政策目标。

5.2 自由贸易政策

从资本主义原始积累到今天 WTO 推动下的全球化浪潮，资本主义世界在其发展过程中实施过不同的贸易政策。在资本主义发展不同时期所采取的对外贸易政策，以及在世界经济不同的发展阶段所盛行的对外贸易政策，都表现为在对外贸易发展史上的保护贸易政策与自由贸易政策相互转换、更替、并存，从而不断扩充各自内涵的过程。

自由贸易政策形成于资本主义竞争时期，始于当时经济最为发达的英国。之后，随着其他国家经济发展水平的提高以及经济发展的需要也开始接受并实施自由贸易政策。两次世界大战之间，自由贸易发展受阻。第二次世界大战之后，贸易政策总的发展趋势是自由化，虽然中间有些停滞，但大方向没有改变。随着1995年世界贸易组织的成立，以及经济全球化进程的加快，贸易自由化成为世界各国贸易政策的主流。

5.2.1 资本主义自由竞争时期的自由贸易政策

早期的自由贸易政策始于英国。工业革命之后，英国的工业迅速发展起来，但重商主义奖出限入的做法，妨害了新兴工业阶层对粮食、原料和市场的获得，因此，要求废除重商主义政策的呼声渐高。1846年《谷物法》被废除，标志着英国进入了自由贸易政策时期。

这些通向自由化的贸易政策主要包括：

1. 废除谷物法

1838年英国棉纺织业资产阶级组成"反谷物法同盟"，然后又成立全国性的反谷物法同盟，展开了声势浩大的反谷物法运动，经过斗争，终使国会于1846年通过废除谷物法的议案，并于1849年生效。

2. 降低关税税率减少纳税商品数目

在19世纪初，经过几百年的重商主义实践，英国有关关税的法令达1 000项以上。1825年英国开始简化税法，废止旧税率，建立新税率。进口纳税的商品项目从1841年的1 163减少到1853年的466种，1862年减至44种，1882年再减至20种。税率大大降低，禁止出口的法令完全废除。

3. 废除航海法

航海法是英国限制外国航运业竞争和垄断殖民地航运事业的政策。从1824年逐步废除，到1849年和1854年，英国的沿海贸易和殖民地全部开放给其他国家，至此，重商主义时代制定的航海法全部废除。

4. 取消特权公司

在1831年和1834年东印度公司和中国贸易的垄断权分别被废止，从此对印度和中国的贸易开放给所有的英国人。

5. 改变对殖民地贸易政策

在18世纪，英国对殖民地的航运享有特权，殖民地的货物输入英国享受特惠关税和待遇。大机器工业建立以后，英国竞争力增强，对殖民地的贸易逐步采取自由放任的态度。1849年航海法废止后，殖民地已可以对任何国家输出商品，也可以从任何国家输入商品。通过关税法的改革，英国废止了对殖民地商品的特惠税率，同时准许殖民地与外国签订贸易协定，殖民地可以与任何外国建立直接的贸易关系，英国不再加以干涉。

6. 与外国签订贸易条约

1860年签订了英法条约，即"科伯登"条约。根据这项条约，英国对法国的葡萄酒和烧酒的进口税予以减低，并承诺不禁止煤炭的出口；法国则保证对从英国进口的一些制成品征收不超过价格30%的关税。"科伯登"条约是以自由贸易精神签订的一系列贸易条约的第一项，列有最惠国待遇条款。在19世纪60年代，英国就缔结了8项这种形式的条约。

当时的自由贸易政策给英国带来了明显的经济利益，根据英国学者的统计发现，与对外贸易有关部门的生产增长率高于英国经济的增长率，更高于与贸易无关部门的经济增长率。由此他们得出结论，对外贸易是英国经济增长的发动机。正是由于对外贸易对英国经济增长的积极作用，英国一直主张自由贸易。在英国自由贸易政策的影响下，法国、荷兰、德国等欧洲国家在基本完成产业革命的基础上，也先后实行自由贸易政策，使欧洲进入自由贸易时代，极大地促进了国际贸易的增长。

5.2.2 第二次世界大战之后的自由贸易政策

第二次世界大战后,美国成为世界上经济实力最强的国家,为扩充实力,巩固其世界霸主地位,竭力鼓吹"贸易自由化",主张降低关税,取消数量限制,实行无差别待遇的互惠原则。在美国的影响下,建立起以"关税与贸易总协定"和"国际货币基金协定"为中心的国际贸易体制。随着西欧、日本等国家经济的恢复和发展,为扩大出口,实现资本与商品在国际间自由流动,也在不同程度上削减关税,放宽进口限制,逐步推行贸易自由化。

发达国家在相互提供贸易优惠的同时,还向发展中国家提供了贸易的便利,为战后一些发展中国家经济的发展提供了良好的国际空间。关贸总协定的缔约国既有发达国家,又有发展中国家。关贸总协定的普惠制待遇协定要求发达国家向来自发展中国家的工业制成品和半制成品提供普遍的、非互惠的优惠待遇。但发达国家在受惠国的选择上往往会附加很多复杂苛刻的条件。

第二次世界大战后期到20世纪70年代这段时间里,为实现贸易自由化所采取的贸易措施可概括为:

1. 大幅度削减关税

(1) 在关税与贸易总协定成员方范围内大幅度地降低关税。从1947年到1986年以来的八次多边贸易洗礼中,各缔约国的平均进口最惠国待遇税率以从50%左右降到5%左右。

(2) 欧洲经济共同体实行关税同盟,对内取消关税,对外通过谈判,达成关税减让的协议,导致关税大幅度下降。

(3) 通过普遍优惠制的实施,发达国家对来自发展中国家的制成品和未制成品的进口给予普遍的非歧视和非互惠的关税优惠。

2. 降低或撤销非关税壁垒

第二次世界大战后初期,发达国家对许多商品进口实行严格的进口限额,进口许可证和外部管制等措施,以限制商品出口。随着经济恢复和发展,这些国家在不同程度上放宽了进口数量限制,扩大了进口自由化,增加进口自由的商品;放宽或取消了外部管理,实行货币自由关税,促进了贸易自由化的发展。

5.2.3 20世纪90年代以来的管理贸易

进入20世纪90年代以来,西方发达国家逐渐走出经济低谷,在国际经济联系日益加强而新贸易保护主义重新抬头的双重背景下,为了既保护本国市场,又不伤害国际贸易秩序,保证世界经济的正常发展,各国政府纷纷加强了对外贸易的管理和协调,从而逐步形成了管理贸易政策或者说协调贸易政策。

1. 管理贸易产生的经济背景

(1) 以世界贸易组织为核心的全球多边贸易体制得到增强,贸易自由化和开放贸易体制成为全球贸易的主流。经济一体化迅猛发展,成为全球浪潮,推动了经济一体化组织内部贸易及投资的自由化。

(2) 对外贸易政策与对外关系相结合的趋势加强。各国把对外贸易看成处理国家关系越来越重要的手段,将贸易政策与其他经济政策和非经济领域的政策更大程度的融合,使其向着综合性方向发展。

(3) 强调"公平贸易"、"互惠主义"。近年来,西方国家一方面反对贸易保护主义,一方面强调贸易的公平性。这种公平贸易是指在支持开放性的同时,以寻求"公平"的贸易机会为主旨,主张贸易互惠的公平与对等原则。

(4) 多种多样的非关税壁垒成为新的贸易保护工具。除了数量限制、反倾销、反补贴、保障措施、卫生检验等传统的非关税壁垒外,技术壁垒、绿色壁垒、知识产权壁垒、劳工标准、环境保护等贸易壁垒已经成为发达国家对付发展中国家的重要工具。

2. 管理贸易的主要内容

(1) 通过多边政府协定和组织对参加方的贸易关系进行协调管理。WTO的建立使得世界贸易体制的职能和管辖范围向纵深发展,从关贸总协定的货物贸易延伸到服务贸易和与贸易有关的投资措施、知识产权等领域,使多边贸易体系的约束和处理贸易争端的能力进一步增强。

(2) 区域性经贸集团通过实行共同的外贸政策对地区贸易进行协调管理。20世纪90年代以来,区域性经贸集团发展迅猛。区域性经贸集团通过条约、协定和建立超国家机构对地区贸易进行协调管理,统一成员方的贸易政策与行为,促进经贸集团内部货物、生产要素和服务的自由流动。同时对外统一贸易政策,以联合的经济实力和共同的对外贸易政策来提高对外谈判能力,争取更好的经贸环境。目前世界上主要的区域性经贸集团有欧盟、北美自由贸易区、亚太经济合作组织、东南亚国家联盟等。

(3) 通过国际会议对贸易进行意向性协调管理。通过各种国际会议来调整发达国家与发展中国家及各自内部之间的经贸关系,但国际会议对贸易的管理主要起导向和意向作用,没有强制性。

(4) 各国政府加强对贸易活动的宏观干预。在管理贸易的背景下,各国首先通过贸易立法,约束他国或地区的贸易行为;其次是通过贸易法规与国际接轨,协调贸易管理。比如美国贸易立法中的超级 301 条款，即以公平贸易的名义约束与协调同其他国家或地区的经贸关系；日本的有选择的管理贸易，根据产业和国际竞争力的状况，精心地、有步骤地制定各种计划和选择实行自由化的商品；还有发展中国家防御性的管理贸易。

总之，管理贸易是在战后贸易自由化大趋势下，面对新贸易保护主义的压力而出现的贸易政策。其目标是在自由贸易原则的基础上，协调相互之间的贸易关系，均分贸易利益，促进各方发展。作为一种全新思路的贸易政策，它必将对世界经济贸易的发展产生巨大的影响。

5.3 保护贸易政策

保护贸易政策源于 16 世纪至 18 世纪中期资本原始积累时期的重商主义，各国为维护国内市场的垄断价格和夺取国外市场，通过运用高额关税及许可证制、外汇管制等贸易措施限制进口，防止外国商品的竞争。保护贸易政策在资本主义的发展过程中经历了不同的发展时期，从资本原始积累时期的保护贸易政策，到自由竞争时期发展幼稚工业的保护贸易政策，到第二次世界大战之前的超贸易保护政策，以及 20 世纪 70 年代以来的新贸易保护主义和战略性贸易政策，形成了不同的各具特色的保护贸易政策内容。

5.3.1 资本主义原始积累时期的保护贸易政策

正处在资本主义生产方式形成时期的西欧各国普遍实行保护贸易政策。在资本主义生产方式准备时期，为了促进资本的原始积累，西欧各国广泛实行重商主义下的强制性的贸易保护政策，通过限制货币（贵重金属）出口和扩大贸易顺差的办法扩大货币的积累，以英国实行的最为彻底。

概括起来，重商主义贸易政策的发展大致经历了三个阶段。

(1) 货币差额阶段。国家采取强制措施，限制或禁止金银出口，增加金银进口、追求进大于出的有利货币差额。

(2) 贸易差额阶段。国家采取奖励出口、限制进口的措施，保持出超。奖出限入的目的，在于增加金银的净流入，通过有利的贸易差额实现有利的货币差额。

(3) 保护工业阶段。国家除继续奖励制成品出口外，还限制国内工业所需而供给不足的原料出口；除继续限制与国内工业处于竞争地位的外国制成品进口外，还鼓励国内工业所需而供给不足的外国原料进口。即凡有利于国内工业建立和发展的商品,既鼓励出口又鼓励进口;凡不利于国内工业建立和发展的商品,既限制出口又限制进口,一改过去一味奖出限入的做法。贸易政策目标从追求金银的净流入转变为培育国内工业的发展。

(4)重商主义贸易政策的其他措施。

①保护农业。英国在1660~1689年间,通过若干法令限制谷物的进口,产生了《谷物法》;

②英国政府通过职工法,鼓励外国技工的移入,以行会法奖励国内工场手工业的发展;

③1651年英国通过重要的航海法案。按该法案规定,一切输往英国的货物必须用英国船载运或原出口国船只装运,对亚洲、非洲及北美的贸易必须利用英国或殖民地的船只;

④奖励人口繁殖,充裕劳工来源,降低劳工成本。

由于重商主义理论与政策体系只是局限于从流通领域而不是从生产领域去认识社会经济运行规律,因而不可能成为科学的理论。但是,在当时的历史条件下,重商主义的对外贸易政策,对于增加货币资本积累,开拓国外市场,促进国内工业发展,推动封建制度向资本主义制度过渡,促进资本主义生产方式的建立,具有积极作用。

5.3.2 资本主义自由竞争时期的保护贸易政策

当自由贸易政策在英国全面推行并在欧洲占主导地位的时期,由于德国、美国的资本主义工业尚处于成长阶段,发展水平较低,在世界市场上竞争力弱,因而德国、美国的工业资产阶级主张实行保护贸易政策,不允许国外商品自由占领其国内市场,以培育国内产业。主张实行保护贸易政策的代表人物是美国首任财政部长汉密尔顿(A. Hamilton)和德国的经济学家李斯特(F. List)。

根据美国独立后的客观环境,美国的第一任财政部长亚历山大·汉密尔顿认为,自由贸易不适用于美国,坚决主张实行保护贸易政策,措施为不断提高关税。汉密尔顿认为,与先进国家进行平等贸易,结果会使美国的产业被限制在农业上,妨碍工业制造业的发展,这将是美国经济的重大损失,他因此提出在政治上建立强有力的全国政府,实现国家统一;在经济上实行保护贸易政策,维护经济独立的主张。

在欧洲,面对英国廉价产品的竞争,德国、法国也相继采取了贸易保护政策。1879年,德国首相俾斯麦改革关税,对钢铁、纺织品、化学品、谷物等征收进口关税,并不断提高,同时与法国、奥地利、俄国等展开关税竞争。1898

年，又通过修正关税法，对贸易进行高度保护。

德国这个时期的贸易政策，明显的受李斯特的保护幼稚产业理论所影响。李斯特在1841年发表的代表作《政治经济学的国民体系》（The National System of Political Economy）中，把汉密尔顿关于保护国内幼稚工业的观点，综合发展为一个完整的理论体系，成为后进国家实施保护贸易政策的主要理论依据。

李斯特从维护德国资产阶级利益出发，认为贸易政策应从各国历史和经济的特点出发，服从发展生产力的需要，服从国家利益的需要。他根据国民经济完成程度，提出各国经济发展必须经历五个阶段的观点，即从经济方面看，任何国家的经济发展都必须经过原始未开化时期、畜牧时期、农业时期、农工业时期和农工商时期。各国经济发展处于的阶段不同，所采取的贸易政策也就不同。

（1）在农业时期实行自由贸易，自由输出农产品，自由输入工业品，一面促进农业发展，另一面培育工业基础；

（2）在农工时期实行保护贸易，对有发展前景的工业，采取措施防止国外竞争，保护国内产业的建立和发展；

（3）在农工商时期实行自由贸易，用先进的工业打入国外市场，以获取最大的贸易利益。

李斯特积极主张正处于农工业时期的德国，应实行国家干预下的保护贸易政策。李斯特虽然主张实行保护贸易政策。但他认为，他的理论并不排斥自由贸易，而是与之相互补充、互为促进，只要落后国家的生产力发展了，经济实力增强了，最终会实现自由贸易的。

5.3.3 第二次世界大战之前的超贸易保护政策

19世纪90年代到第二次世界大战前，是自由贸易衰亡、保护贸易更为强化时期。这一时期是自由竞争资本主义向垄断资本主义过渡并最终形成时期。由于垄断取代了自由竞争，国际经济制度发生了巨大变化，但资本主义经济制度的固有矛盾依然存在并逐步激化，导致资本主义各国在1929～1933年爆发了空前严重的世界性经济危机，市场竞争日趋激烈，市场问题进一步尖锐化，资本主义各国的对外贸易政策发展为超保护贸易政策。

1. 超贸易保护主义的理论基础

超保护贸易政策是在20世纪30年代提出的凯恩斯主义影响下形成的，它试图把对外贸易和就业理论联系起来。

（1）非充分就业的假设前提。凯恩斯主义与古典学派的贸易理论最大的区别就是现实社会存在着大量的失业现象。其次，传统理论只用国际收支自动调节机制来证明贸易顺差、逆差的最终均衡过程，忽视了在调节过程中对一国国民收入和就业的影响。

（2）外贸乘数理论。为了证明增加了新投资对就业和国民收入的好处，凯恩斯提出了"乘数理论"。

凯恩斯把反映投资增长和国民收入扩大之间的依存关系，称为乘数理论。凯恩斯认为，新增加了的投资引起对生产资料的需求增加，从而引起从事生产资料的人们（企业主和工人）的收入增加；他们收入的增加又引起消费品需求增加，从而又导致从事消费品生产的人们收入增加。如此推演下去，结果由次增加的国民收入总量会等于原增加投资量的若干倍。

2. 超贸易保护政策

以刺激经济扩大就业为目的的超贸易保护政策与保护幼稚产业为目的的保护政策有着很大的区别，表现在：

（1）保护的对象由幼稚产业转向一般产业甚至夕阳产业；

（2）由单纯的对本国市场的保护转向对外国市场的扩张；

（3）保护的措施多样化，美国进入20世纪后几次提高关税，1931年平均关税率高达53.2%，同时，许可证、进口配额、外汇管制、出口信贷等做法也已经开始使用。

超贸易保护政策并没有取得期望的效果。各国以邻为壑的做法使世界经济在危机中越陷越深。1933年罗斯福上台执行新政，美国开始放弃这种保护政策。罗斯福提出以"建设一个世界贸易的多边体系"作为对外经济政策的基本目标，提出"睦邻政策"，倡导遏制关税保护大战，并且根据国会通过的《互利贸易协定法案》，先后与29个国家签订贸易协定和关税互惠协定，这些措施在一定程度上刺激了资本主义生产，缓和了当时的美国经济危机。

5.3.4 20世纪70年代后期的新贸易保护主义

第二次世界大战之后，在西方发达国家和关税与贸易总协定等国际组织的推动下，贸易自由化取得了一定进展，关税壁垒有所削弱、数量限制有所放宽，20世纪70年代中期以后，西方国家经济陷入了严重的"经济滞胀"，标志着资本主义国家经济发展"黄金时代"的结束。特别是进入80年代以来，世界经济衰退和各国货币汇价严重失调持续发展，贸易不平衡日益加剧，为转嫁危机，争夺市场的贸易战愈演愈烈，发达国家从自身的利益出发，采取了很多奖出限入的做法，这一时期的政策带有明显的"新重商主义"色彩。

1. 新贸易保护主义下的贸易政策的特点

由于关贸总协定的协调和管理以及各国之间的相互制约，这种贸易保护政策

和传统的做法有很大的区别,具体表现为:

(1) 被保护的对象不断增多、范围也更加广泛。在国际贸易中,被保护的商品从传统的工业品、农产品,扩展到高新技术产品和劳务,被保护的产业扩展到陷入结构性危机的纺织业,服装鞋帽业、钢铁业、电视机制造业、造船业、汽车制造业等。在发达国家的制成品消费中,受限制的制成品占30%~50%。

(2) 关税仍是限制进口的重要手段。发达国家在关税上加强了对有效关税的研究与设置,加强了"反倾销税"和"反补贴税"的征收。通过普惠制对受惠国家、受惠商品范围以及减税幅度的限制,使一些商品继续维持较高的关税率,并经常以关税作为限制进口的报复性措施。

(3) 非关税壁垒作用明显增强,施用范围不断扩大。据关税与贸易总协定的专家估计,各种名目的非关税壁垒已达1 000多种,世界贸易约有48%受到非关税壁垒的阻碍。各国还纷纷对高新技术产品实行严格的限制出口政策,建立防止尖端技术资料、产品外流的海关关卡,对一些商品进口采取技术性贸易壁垒。

(4) 保护措施更为隐蔽。发达国家把限制进口的措施,通过"自动出口配额制"、"有秩序地销售安排"、"管理贸易"、"有组织的自由贸易"等方式进行,出现了绕开关税与贸易总协定、在"灰色区域"签订贸易协定的倾向。

(5) 转向系统的管理贸易体制。20世纪70年代中后期,贸易自由化的趋势和贸易保护主义交织在一起,形成一种新的管理贸易体制,即有组织的自由贸易体制。这种贸易体制既争取本国对外贸易的有效发展,又一定程度兼顾他国利益,力争达成多方均能接受的贸易方案,避免极端形式的贸易冲突,以维护国际经贸关系的相对稳定和发展。

(6) 区域经济一体化的发展。以欧共体为代表的区域经济一体化组织迅速发展并不断提高一体化组织的水平,在区域内实行自由贸易政策,在对区外的贸易中,保护性则加强。

2. 新贸易保护主义对国际贸易发展的影响

(1) 保护的程度不断地提高,在整个发达国家制成品的消费中,受限制商品从1980年的20%提高到1983年30%;

(2) 保护措施扭曲了贸易流向;

(3) 贸易限制推动价格上涨,歧视性的数量限制使被保护市场产生了价格提高的压力;

(4) 新贸易保护主义使发达国家付出了巨大的代价;

(5) 新贸易保护主义伤害了发展中国家和社会主义国家;

(6) 新贸易保护主义正在减少发达国家和发展中国家的国内生产总值。

总之，新贸易保护政策的日益加强，破坏了正常的国际经济贸易秩序，进一步加剧了国际间的贸易摩擦与矛盾，各种保护措施扭曲了贸易流向，造成了贸易价格上涨，不仅严重地影响了发展中国家的商品出口，导致出口收入减少，国内生产总值下降，债务负担沉重，而且也使发达国家付出了高昂的代价。

5.3.5 战略性贸易政策

20 世纪 80 年代以来，世界产业结构和贸易格局发生了巨大变化。现实中，多数企业面临着不完全竞争的市场结构，市场竞争变成了一场少数几家企业之间的"博弈"，谁能占领市场，谁就能获得超额利润。因此在很多学者看来，当其他国家普遍采取贸易保护主义时，单个国家采取自由贸易政策将不利于本国的经济利益。一国的对外贸易政策不仅要着力于本国获取一定的经济利益和保护本国工业的成长与发展，还在于通过政府的干预措施，改变企业的战略行为，发展本国产品的出口，使本国企业在国际竞争中获胜。这种情况下，一种新的要求国家干预，通过对某些战略产业扶持以刺激经济增长的新的理论和政策，即战略贸易政策出台了。

1. 战略性贸易政策的内涵

战略性贸易政策是指一国政府在不完全竞争和规模经济条件下，可以凭借生产补贴、出口补贴或保护国内市场等政策手段，扶持本国战略性工业的成长，增强其在国际市场上的竞争能力，从而谋取规模经济之类的额外收益，并借机劫掠他国的市场份额和工业利润。即在不完全竞争环境下，实施这一贸易政策的国家不但无损于其经济福利，反而有可能提高自身的福利水平。

战略性贸易政策是 20 世纪 80 年代由布兰德（J. A. Brander）、斯潘塞（B. J. Spencer）、克鲁格曼（P. R. Krugman）等人发展起来的一种新的贸易政策理论。该理论以不完全竞争和规模经济理论为前提，以产业组织中的市场结构理论和企业竞争理论为分析框架，突破了以比较优势为基础的自由贸易学说，强调了政府适度干预贸易对于本国企业和产业发展的作用。

2. 战略性贸易政策的内容

目前来看，发达国家的战略性贸易政策主要包括三方面内容：战略出口政策、战略进口政策和保护进口鼓励出口的政策。

（1）战略出口政策。在不完全竞争情况下，政府对国内企业出口补贴可以帮助其在国际竞争中获胜，并使企业获得的利润大大超过政府所支付的补贴，其实质是把外国生产者的垄断利润转移到国内生产者手中，从而增加本国福利。战略出口政策是政府根据国外的市场结构所采取有利于本国企业的出口政策，包括对本国产品的出口采取的补贴政策、征税政策或不干预政策。

（2）战略进口政策。战略进口政策指进口国通过关税或非关税等限制进口的保护措施分享国外企业的垄断利润，以保护本国企业进入市场或将外国企业逐出本国市场，使本国获得最大限度的利益。其实质是"新幼稚产业保护理论"。

（3）保护进口鼓励出口政策。保护进口鼓励出口的贸易政策，实际是政府通过进口限制使本国获得某种规模优势，进而形成竞争优势、促进出口的政策。克鲁格曼认为，政府通过贸易保护，全部或局部的封闭本国市场，阻止国外产品进入本国市场，可使国外竞争者由于市场份额的缩小而边际成本上升，达不到规模经济；与此同时，使得本国原本处于追随地位的厂商快速扩大市场份额，达到规模经济而降低边际成本，从而增强进军国际市场的竞争力，达到"以保护进口市场而扩大出口"的目的。

3. 战略性贸易政策的有效性

战略性贸易政策理论虽然论证了贸易保护的必要性，但是自提出伊始就受到多方面的质疑与批评。首先，战略性贸易政策的成功必须以利润转移部分超过补贴额或关税保护成本为先决条件。如果超额利润不大就会得不偿失，所以只有在市场超额利润足够大的情况下，战略性贸易政策才会有效。

其次，战略性贸易政策的成功运用是以对手不采取行动为前提的。但在不完全竞争市场结构下，利润转移效果很容易就会被竞争对手觉察出来，这样一来，竞争对手也会要求其政府采取同样的政策来对付对方，从而爆发补贴战或关税战。因此，在现实中战略性贸易政策易招致外国报复，与实行自由贸易相比，会导致两国更大的损失，可谓两败俱伤。也就是说，也许能得一时之逞，但从长期角度来考虑，并不是最佳选择。特别是在"以牙还牙"的威慑足够大的情况下，战略性贸易政策可能根本就不会单方面实施。

5.4 发展中国家和地区的贸易战略

发展中国家对外贸易政策与其经济发展战略是密切相关的。各国根据自己的具体情况，借鉴别国的成功经验，制订自己的经济发展战略，并随着经济发展水平的提高而不断调整其贸易政策。战后，广大发展中国家在谋求经济发展的过程中，几乎都把实现大规模工业化作为首要目标，国际经济学界一般把发展中国家围绕工业化而采取的经济发展战略和贸易政策分为两大类：进口替代战略（有时又称为内向型经济）和出口导向战略（有时又称为外向型经济）。

5.4.1 进口替代战略

进口替代（Import Substitute）是指通过发展本国的工业，实现用本国生产的产品逐步代替进口品来满足国内需求，最终实现本国的全面工业化的战略。战后的一些拉美国家，受两位来自发展中国家的经济学家普雷维什和辛格的影响，将其发展战略称为进口替代战略。中国在改革之前的自力更生战略在实质上也是一种典型的进口战略。

1. 进口替代的类型

第二次世界大战后的发展中国家都不同程度的实施过进口替代战略。但是在进口替代的产业的选择上各个国家却不尽相同，大体可以归结为两类：

（1）顺应比较优势的进口替代。韩国等"亚洲四小龙"经济体在20世纪60年代中期之前曾短期的实施过进口替代战略。它们从非耐用消费品入手，发挥其丰富而廉价的劳动力资源优势，在竞争力增强后政策转向鼓励出口，出口积累的资本能够为次级进口替代打下基础，促进了产业继续向耐用消费品、中间产品和资本品的升级。这样的贸易战略是顺比较优势的，因而可以在短期内放弃对市场的保护。

（2）悖逆比较优势的进口替代。中国、巴西等国家的进口替代是从重工业开始的，这些国家在资金严重短缺的情况下，发展钢铁、制造业等资金密集型重工业。由于这些产业距本国拥有比较优势的产业段较远，所以必须依靠政府长期的保护，如关税和非关税措施，进口限制、外汇管制及汇率高估等。

顺应比较优势的进口替代尽管也强调以国产品替代进口品，但进口替代只是其经济发展过程中的短暂阶段，一旦形成出口优势则会放弃保护实行自由贸易政策，其战略发展仍然以比较优势为引导。而悖逆比较优势的进口替代由于远离本国的比较优势产业段，因而需要更严格的保护措施和更长的保护期限，这必然会导致价格的扭曲及资源配置的扭曲。典型的进口替代以后一种为代表。除非特别表明，本书中所指的进口替代均指后一种，即悖逆比较优势的进口替代。

2. 实施进口替代战略的国家的特点

一个国家在资金短缺、技术落后的情况下实施进口替代战略实现工业化的目标，必须要求有大量的资源，如原材料、劳动力等可供调遣，同时还必须有较大的国内市场来吸纳本国质次价高的工业制成品，这决定了一个国家要想在较长的时间内实施进口替代战略，必须具备这样的条件：

（1）丰富的国内资源。实施进口替代的国家通常拥有较丰富的自然资源和劳动力供应，因为进口替代部门通常生产效率较低，资源消耗量大，如果没有丰富的自然资源作保证，这种战略不可能长期实施。这可以解释为什么战后中国、印度、巴西等资源大国一直实施进口替代战略，而国土狭小的东亚国家却较早的放弃这种战略。

（2）较大的国内市场。由于进口替代战略需要一国集中本国资源发展本国并不具有比较优势的产业，生产的成本往往大大高于国际市场的平均价格，因此出口的机会较少，产品必须要在本国市场消化。较大的国内市场也是这种战略得以实施的重要条件。

（3）二元经济结构。所谓二元经济，是指在一个发展中国家内，比较先进的资本密集型且工资水平相对较高的工业部门和传统的落后的农业并存的经济结构。大多数的发展中国家，在独立后经济都具有二元经济特征，殖民地时期遗留下来的工业基础与占国民经济主体的落后农业并存，为进口替代战略的实施提供了起步的平台以及大量廉价的劳动力和资源。

3. 进口替代战略的政策措施

进口替代战略要求将有限的资金集中于被替代的产业，通常需要有相关的政策措施来保证这种战略的实施。

（1）关税、非关税壁垒。为了对国内工业进行保护，避免外国工业品的竞争，实行进口替代的国家在高关税保护之外，还设立大量的非关税壁垒，如许可证、配额，甚至采取直接的贸易管制，限制企业的进出口经营权，提出限制和禁止进口商品目录等。

（2）外汇管制。实行进口替代的国家，由于出口部门得不到充分发展，因而外汇短缺，为了把有限的外汇资源集中用于本国的进口替代部门，往往采取严格的外汇管制。

（3）汇率高估政策。对本币币值高估可以降低进口替代部门的成本，使其获得发展必需的设备、技术等。

4. 对进口替代战略的评价

关于进口替代战略的绩效学者们一直在进行争论。采取或采取过进口替代战略的国家，如拉美的阿根廷、巴西、墨西哥以及亚洲的印度、中国等国家的发展经验表明，进口替代战略在这些国家工业化的过程中确实发挥了重要的作用。如巴西通过进口替代战略，发展了本国的汽车工业、飞机制造、钢铁工业等，印度的重工业也有了较大的发展。但是，进口替代战略给发展中国家带来的一系列的问题正在越来越清晰的被人们所认识。

首先，进口替代战略的实施并没有达到当初各国设想的效果，实行进口替代的发展中国家并没有实现经济的高速增长，也没有成为新兴的工业化强国。相反，与实施开放政策的东亚国家相比，实行进口替代的发展中国家经济增长的速度大大落后。1960～1981年人均国民生产总值的年平均增长率，印度为1.4%，菲律宾为2.8%，巴西为5.1%，阿根廷为1.9%，乌拉圭为1.6%，除巴西外，全都低于各自所属收入组别的平均增长水平。

其次，进口替代战略导致发展中国家国内价格和宏观政策的扭曲。发展中国家面临的共同问题是资金短缺劳动过剩，在这种情况下，优先发展工业必然需要政府进行大量的财政补贴或者进行直接的公共投资，造成巨额财政赤字，为了弥补资金缺口，不得不大量借用外债，最后陷入债务危机，20世纪80年代后期发生于拉美地区的金融危机，大都与此有关。除了直接的财政补贴外，发展中国家还常常采用压低利率的办法来解决工业发展资金不足的问题，造成国内的价格扭曲及整个宏观政策的扭曲。

再其次，进口替代战略会导致生产的低效率和社会福利流失。对国内市场的保护会使本国企业缺乏竞争意识和创新精神，经营效率低下，生产成本过高，从而造成社会资源的严重浪费。另外，由于政府通过发放许可证、设置限额、低息贷款以及价格干预等方式对各产业实行差别待遇，企业一旦取得这些优惠条件或补贴便可以获利，因而会投入大量的人力、物力、财力进行寻租，造成资源的浪费和国民福利的净损失。

最后，进口替代战略会加重外汇短缺、农业落后及就业压力。实施进口替代的国家，必须将有限的资金应用于被替代部门，这样出口部门和农业部门会面临更严重的资金短缺，在生产中不得不选择更落后的技术，结果造成出口能力低下，外汇短缺，也使农业长期摆脱不了落后的局面。资金密集型的进口替代部门在吸纳就业的能力上大大低于劳动密集型的出口部门和农业部门，因此进口替代战略的实施会增加就业的压力，导致许多国家的失业率居高不下，人民生活长期贫困。

总之，许多学者认为，进口替代战略的核心问题是它违背比较优势原则，通过人为地干预将资源或生产要素转向处于比较劣势的部门或产业，因而经济发展的速度不但不会加快，反而会减缓。

5.4.2 出口导向战略

出口导向（Export-lead）战略是指发展中国家通过促进本国产品的出口，积累发展资金，发展经济的战略。

1. 出口导向战略的理论基础

出口导向战略是建立在比较优势的理论基础上的。比较优势理论认为，一个国家不论处于何种经济发展水平，按照比较优势参与国家分工，总能使它们获利。发展中国家拥有丰富而廉价的劳动力，因而生产和出口劳动密集型产品拥有比较优势。实施出口导向战略的国家产业发展的重点都在劳动密集型的产业上。

2. 实施进口替代战略的国家的特点

选择出口导向的国家一般具有这样的特点：

（1）国内资源贫乏。采取出口导向的国家国内自然资源普遍贫乏，生产制成品所需的原材料必须进口，如果实施进口替代，对市场进行保护，则不利于原材料进口。

（2）国内市场狭小。采取出口导向的国家一般国土狭小，人口较少，国内市场不足以吸收掉本国生产的制成品，因而必须依靠出口。

（3）劳动力价格低廉。采取出口导向的国家具有廉价的劳动力优势，生产的劳动密集型制成品在国际市场上具有较强的竞争力。

采取出口导向战略的国家，在最初并没有有意的选择这种发展战略，后来在自身条件的限制之下，才走上了出口导向的道路。如韩国，最初确定的贸易战略是进口替代，但进口替代所必需的过量的资源消耗以及吸收本国产品的巨大市场韩国并不具备的，因而很早就放弃了这种战略，转向出口导向。

3. 出口导向战略的政策措施

出口导向战略需要外部市场来提供原材料吸纳制成品，这种大进大出的贸易战略需要稳定、便利的贸易环境。进口替代所必需的贸易壁垒在出口导向中则要废除。具体到贸易政策，主要表现为：

（1）较低的关税壁垒和非关税壁垒。如韩国1967年加入关贸总协定后总体关税税率下调到14%，制造业产品的关税税率下调到12%，初级产品的名义关税税率下调到17%。各种非关税措施的使用也大大减少。

（2）出口补贴及其他鼓励出口的措施。中国台湾地区在1963~1972年的10年间采取各种措施积极发展出口工业，如实行工业投资租税减免、关税和间接税退还、利息补贴、汇制改革及建立出口加工区等等，极大地推动了产品出口。

（3）货币贬值。本国货币的贬值可以降低出口成本，增强本国产品的出口竞争力。韩国发展战略由进口替代转向出口导向后，货币一再贬值。1961~1963年，韩元先后三次贬值，1964年由130多兑1美元贬值为255∶1，并规定汇率每隔一段时间就贬值一次；中央银行在此间加强持续干预，以保持相对稳定的实际汇率。

（4）放松外汇管制。例如中国台湾地区，在进口替代时期，制定并实行多种严格的外汇管理法规，包括复式汇率、实绩制度和进口配汇限额等。20世纪50

年代末台湾地区由进口替代向出口导向转型，进行了大幅度的汇制改革，一方面将新台币大幅贬值；另一方面将多元汇率简化为官定汇率和结汇证两种。70年代后，又简化了复杂的汇率结构，把十几种复式汇率统一为单一汇率，建立了外汇市场，采行管理浮动汇率制度。80年代以来，又进一步放开金融管制，扩大企业和个人持有外汇，取消结汇证制度。

4. 对出口导向战略的评价

从总的情况来看，与实行进口替代的国家和地区相比，采取出口导向战略的国家和地区在实现本地区经济的发展上是比较成功的。20世纪60年代中期以后，一些发展中国家和地区相继采取了出口导向战略，结果这些国家和地区经济出现了迅速的发展。其中，韩国、中国香港、新加坡和中国台湾是最有典型意义的国家和地区，由于它们在过去30年里经济持续高速增长，故被誉为"亚洲四小龙"，其经济持续高速增长的实事也被称之为"东亚奇迹"。其经验被许多的发展中国家所效仿，一些长期实行进口替代的国家也开始放弃传统的发展战略，走上出口导向之路。

但是应该看到，亚洲国家和地区出口导向战略的成功与特定的历史条件分不开。20世纪50~60年代，国际政治经济环境为出口导向战略的实施提供了便利的条件。首先，战后的重建、科学技术的飞速发展、全球经济的高速增长及发达国家人均收入的大幅度提高为劳动密集型产品提供了巨大的市场空间；其次，全球贸易自由化的趋势减少了发展中国家进入发达国家市场的障碍；再次，中国、拉美国家仍然致力于通过进口替代来实现工业化，劳动密集型产品的国际竞争压力小；最后，美国出于自身目的对这些国家和地区在政治、经济上的扶持也促进了它们的发展。

20世纪80年代，当众多的发展中国家纷纷转向出口导向战略的时候，这种战略的绩效便发生了改变。许多学者从不同的角度指出了这种战略的缺陷，主要包括：

（1）采取出口导向战略的国家进口原料出口成品，因而对国际市场的依赖严重，一旦发达国家对进口产品的需求有所变化，势必波及其制成品的出口，进而影响其经济正常、持续的发展；

（2）近年来发达国家贸易保护主义抬头，使发展中国家的产品进入发达国家市场的难度增加，发展中国家借助国外市场推动本国经济发展的愿望可能受挫；

（3）越来越多的发展中国家同时选择进口替代战略，并且出口结构类似的时候，势必造成激烈的国际竞争，发展中国家的比较优势不一定能转化竞争优势。如果在竞争中失败，势必对其经济造成沉重的打击。

5.4.3 进口替代和出口导向战略的比较

战后很长的时期里，进口替代和出口导向战略在不同的发展中国家中被分别实施，各发展中国家经济发展的不同状况似乎表明，出口导向战略更优于进口替代，所以80年代后，许多曾经实行进口替代的国家也纷纷放弃进口替代转向出口导向。但是每个国家在不同的历史时期对贸易战略的选择，是受多种因素影响的，这些因素既有经济的，又有政治的、文化的。简单地判定谁是谁非则显然过于武断。

进口替代和出口导向在具体的政策选择上千差万别，但最本质的区别是是否遵循比较优势原则。进口替代战略违背比较优势，以牺牲国民福利为代价换取国家工业的发展，而出口导向则顺应比较优势，追求由国际分工中所获取的国民福利的增加。

在现实中，绝对的遵循比较优势总是很少见的，许多执行出口导向战略的国家为了发展某些特殊的行业往往会对这些行业进行保护，出现进口替代与出口导向政策的混合。20世纪70年代，巴西等国曾经推行一种混合型的贸易战略，试图集合两种战略的优点，既扩大出口又发展国内的进口替代工业。在这种战略的引导下，1970~1981年期间，巴西依靠高度的保护和补贴政策刺激制成品的出口扩张，达到了较高的增长速度。但由于出口扩张主要是靠政府补贴和外国资本起作用，进口替代战略下的资源配置效益低企业经营竞争力差的状况并没有得到改变，一旦外国资本和政府补贴减少，经济增长则失去了动力。巴西在这一时期之后，经济增长速度骤减，1980~1991年国内生产总值的年平均增长率仅为2.5%。中国在20世纪80年代也实施过混合型的贸易政策，在不减少进口保护的情况下依靠大量的补贴和优惠来扩大出口，但进口替代和出口导向作为两种取向的发展战略，在政策上有许多不能融合的地方，对进口的保护意味着对出口的惩罚，进口替代要求高关税和非关税壁垒、汇率高估、外汇管制等，出口导向则要求宽松自由的贸易环境、本国货币贬值等。混合型贸易战略一般最终向自由化程度更高的贸易战略来过渡。

本章小结

1. 国际贸易政策就是从世界范围考察的贸易政策，它是世界各国贸易政策措施的总和，体现了世界贸易体制和贸易政策系统。本章所阐述的国际贸易政策是狭义的国际贸易政策，主要是指一国的对外贸易政策。包括四个方面的内容：对外贸易总政策；出口贸易政策、进口贸易政策；出口商品政策、进口商品政策以及国别贸易政策、地区贸易政策、市场贸易政策。

2. 对外贸易政策可分为两种基本形式，即自由贸易政策和保护贸易政策。从资本主义原始积累到今天 WTO 推动下的全球化浪潮,资本主义世界在其发展过程中实施过不同的贸易政策。在资本主义发展不同时期所采取的对外贸易政策,以及在世界经济不同的发展阶段所盛行的对外贸易政策,都表现为在对外贸易发展史上的保护贸易政策与自由贸易政策相互转换、更替、并存国际贸易政策演变的历史也是不同发展程度的国家采取有利于本国经济发展政策的历史。发达国家的贸易政策在不同时期有不同的特点。

3. 从历史上看,自由贸易政策盛行的时期主要有两个阶段:一是 19 世纪 20 年代至 70 年代初的资本主义自由竞争时期,发源于英国的自由贸易政策;二是 20 世纪 50 年代到 70 年代初期,出现了全球范围的贸易自由化。

4. 进入 20 世纪 90 年代,在国际经济联系日益加强而新贸易保护主义重新抬头的双重背景下,逐步形成了管理贸易政策或者说协调贸易政策。其目标是在自由贸易原则的基础上,协调相互之间的贸易关系,均分贸易利益,促进各方发展。作为一种全新思路的贸易政策,它必将对世界经济贸易的发展产生巨大的影响。

5. 两次世界大战之间,出现了以凯恩斯主义贸易保护论为依据的超保护贸易政策。与以往的保护贸易不同,凯恩斯主义贸易保护是从宏观经济稳定出发的,更多的强调政府干预的作用。但是超保护贸易政策并没有取得期望的效果,各国以邻为壑的做法使世界经济在危机中越陷越深。

6. 战略性贸易政策是指一国政府在不完全竞争和规模经济条件下,可以凭借生产补贴、出口补贴或保护国内市场等政策手段,扶持本国战略性工业的成长,增强其在国际市场上的竞争能力,从而谋取规模经济之类的额外收益,并借机劫掠他国的市场份额和工业利润。即在不完全竞争环境下,实施这一贸易政策的国家不但无损于其经济福利,反而有可能提高自身的福利水平。战略性贸易政策主要包括三方面内容:战略出口政策、战略进口政策和保护进口鼓励出口的政策。

7. 发展中国家对外贸易政策与其经济发展战略是密切相关的。各国根据自己的具体情况,借鉴别国的成功经验,制订自己的经济发展战略,并随着经济发展水平的提高而不断调整其贸易政策。目前,国际经济学界一般把发展中国家围绕工业化而采取的经济发展战略和贸易政策分为两大类:进口替代战略(有时又称为内向型经济)和出口导向战略(有时又称为外向型经济)。

复习思考题

1. 简答题

(1) 对外贸易政策的特征有哪些?
(2) 自由贸易政策的主要内容是什么?
(3) 保护贸易政策的主要内容是什么?
(4) 发达国家在什么情况下一般会采取贸易保护政策?试举例说明。
(5) 战略性贸易政策的基本内容及其评价。
(6) 进口替代战略与出口导向战略各有什么优缺点?

(7) 管理贸易产生的背景是什么？

2. 分析题

(1) 重商主义的哪些政策措施今天还在使用，试举例说明。

(2) 进口替代和出口导向战略的特征是什么？结合实际对这两种战略的绩效进行评价。

(3) 试对改革开放之前中国资源禀赋与发展战略之间的矛盾进行分析，说明进口替代战略、生产效率低下、外汇短缺、生活品缺乏等一系列现象之间的关联。

(4) 请对两次世界大战之间的超保护贸易政策与19世纪的保护贸易政策进行比较。

(5) 作为发展中国家，中国应该选择何种贸易政策？

第6章 关税措施

本章要点
- ◇ 关税的种类与特点
- ◇ 关税的经济效应分析
- ◇ 海关税则与通关手续

6.1 关税及其特点

6.1.1 关税及其征收

1. 关税的含义与发展历程

关税（Customs Duties；Tariff）是指进出口商品进入一国关境时，由海关代表国家并依据本国的海关法和海关税则向进出口商品征收的一种税赋。目前，世界上绝大多数国家只对进口商品征收关税，所以没有特殊的说明，人们所指的关税主要是指进口关税。

长期以来关税一直是各国主要的国际贸易政策之一，也是最古老的贸易政策。早在欧洲古希腊、雅典时代就有征收关税之说。当时的希腊在爱琴海、黑海两岸一带有许多属地，对来往于这些属地的进出口货物按货值征收1%~5%的税收。在罗马王朝时代也对通过其海港、桥梁等的货物征收2.5%的税收。这些税收是在货物通过一定地区时征收，带有关税的性质。《大英百科全书》里记载，古时商人进出市场交易要向当地的领主缴纳一种例行的常规入市税 Customary Tool，后来把 Customs 和 Customs Duty 作为关税和海关的英文名称。

2. 关税的主要作用

关税起到调节进出口贸易发展的作用，许多国家通过制定和调整关税税率来调节进出口贸易。一方面，对国内能大量生产或暂时不能大量生产但将来可能发展的产品,征收较高的进口关税,限制进口,以保护国内同类商品的生产和发展;另一方面,对本国不能或生产不足的原料、半制成品和生活必需品或生产上的急需品的进口、降低税率或免税,鼓励进口,以满足国内生产和生活需要。关税对进口商品的调节作用,主要表现在以下几方面:

(1) 对于国内能大量生产或者暂时不能大量生产但将来可能发展的产品,规定较高的进口关税,以削弱进口商品的竞争能力,保护国内同类产品的生产和发展;

(2) 对于非必需品或奢侈品的进口制定更高的关税,达到限制甚至禁止进口的目的;

(3) 对于本国不能生产或生产不足的原料、半制成品、生活必需品或生产上的急需品的进口,制定较低税率或免税,鼓励进口,满足国内的生产和生活需要;

(4) 通过关税调整贸易差额。当贸易逆差过大时,提高关税或征收进口附加税以限制商品进口,缩小贸易逆差。当贸易顺差过大时,通过减免关税、缩小贸易顺差,以减缓与有关国家的贸易摩擦与矛盾。

3. 海关与关税征收

征收关税是海关的重要任务之一。海关征收关税的领域叫关境或关税领域。它是海关所管辖和执行有关海关各项法令和规章的区域。国境是一个国家行政主权管辖的范围,通常指一国领土范围。一般说来,关境和国境是一致的,但有些国家在国境内设有自由港、自由贸易区或海关保税仓库等经济特区。这些地区不属于关境范围之内,这时关境小于国境。如香港和澳门作为中华人民共和国特别行政区,属于我国国境内领土。但香港和澳门分属单独关税区,这样我国关境小于国境。此外,有些国家缔结成关税同盟,参加关税同盟的国家的领土即成为统一的关境,这时关境大于国境。如欧洲联盟,欧盟成员方之间,对内取消关税,对外执行统一的对外贸易关税税率,它的关境就大于成员方的国境。

6.1.2 关税的主要特点

关税发展到今天,在其各个不同的发展阶段有不同的特点。归纳起来,主要有以下几个共同特点:

(1) 关税的征收对象是进出口的货物和商品。

(2) 关税是一种间接税。关税属于间接税。因为关税主要是对进出口商品征税,其税负可以由进出口商垫付税款,然后把它作为成本的一部分加在货价上,在货物出售给买方时收回这笔垫款。这样,关税负担最后便转嫁给买方或消费者承担。

（3）关税具有强制性、无偿性和固定性。与其他税收一样，关税具有强制性、无偿性和固定性特点。强制性是指关税是凭借法律的规定强制征收的，而不是一种自愿，凡要交税的，都要按照法律规定无条件地履行自己的义务，否则就要受到国家法律的制裁。无偿性是指海关征收的关税都是国家向进口商无偿取得的国库收入，国家不需付出任何代价，也不必把税款直接归还给纳税人。固定性是指国家事先规定一个关税的征税的比例或征税数额，征、纳双方必须共同遵守执行，不得随意变化和减免。

（4）关税具有透明性、稳定性、市场调节性。关税具有透明性，关税一经公布，各个相关的利益主体都能够获悉关税税率水平及其征收方式。在征收时，政府也必须按照已经公布的关税税率征收，不得改动。另外，关税一旦制定下来，其修改调整需要经过立法予以确定，未经过法律程序，关税不得随意修改变动。

（5）关税具有涉外性，是对外贸易政策的重要手段。关税的种类与税率高低直接影响国际贸易价格，因此关税经常被主权国家运用为对外政治、经济斗争的手段。

（6）非歧视性。与配额等其他非关税措施相比，关税具有更强的非歧视性，对进出口国境或关境货物或物品实行统一征税。进出关境的货物在进出境环节一次性征收关税后，在国内流通的任何环节均不再征收关税。关税规则相比较而言更加透明、公平，能够在一定程度上防止寻租行为的产生。

6.2 关税的主要种类

6.2.1 按照征收的对象或商品流向分类

1. 进口税（Import Duties）

进口税是进口国家的海关在外国商品输入时，根据海关税则对本国进口商所征收的关税。进口税一般在外国货物直接进入关境或国境时征收，或者外国货物由自由港、自由贸易区或海关保税仓库等提出投入进口国的国内市场征收。进口税是当前世界各国征收最主要的一种关税，许多国家不征收出口税和过境税情况下，它成为唯一的关税，因而又称为一般进口税。

根据进口税税率不同，进口税分为普通税和最惠国税两种：普通税和最惠国税。

（1）普通税。如果进口国未与该进口商品的来源国签订任何关税互惠贸易条约，则对该进口商品按普通税率征税。普通税率通常为一国税则中的最高税率，一般比优惠税率高1~5倍，少数商品甚至高达10倍、20倍。目前仅有个别国家对极少数（一般是非建交）国家的出口商品实行这种税率，大多数只是将其作为其他优惠税率减税的基础。因此，普通税率并不是被普遍实施的税率。

（2）最惠国税。最惠国税是一种优惠税率，适用于与该国签订有最惠国待遇条款的贸易协定的国家或地区所进口的商品。最惠国税率是互惠的且比普通税率低，有时甚至差别很大。

2. 出口税（Export Duties）

出口税是指当本国货物和物品出境时，海关对出口货物和物品征收的一种关税。由于征收出口关税会增加出口货物的成本，不利于本国货物在国际市场的竞争，许多国家纷纷削减或废除出口关税。

征收出口税的目的主要有以下五个方面。第一，对本国资源丰富、出口量大的商品征收出口税，以增加财政收入。第二，为了保证本国的生产，对出口的原料征税，以保障国内生产的需要和增加国外商品的生产成本，从而加强本国产品的竞争能力。例如，瑞典、挪威对于木材出口征税，以保护其纸浆及造纸工业。第三，为保障本国市场的供应，除了对某些出口原料征税外，还对某些本国生产不足而又需求较大的生活必需品征税，以抑制价格上涨。第四，控制和调节某些商品的出口流量，防止盲目出口，以保持在国外市场上的有利价格。第五，为了防止跨国公司利用"转移定价"逃避或减少在所在国的纳税，向跨国公司出口产品征收高额出口税，维护本国的经济利益。

3. 过境税（Transit Duties）

过境税又称通过税。是指对通过本国关境运输的货物所征收的一种关税。过境税在重商主义时代较盛行，如果一个国家的地理位置处于交通枢纽或交通要道，征收过境税成为该国最方便而又充裕的税源。1947年签订的《关税与贸易总协定》第5条明文规定："缔约国对通过其领土的过境运输……不应受到不必要的耽延或限制，并应对它免征关税、过境税或有关过境的其他费用。"目前大多数国家已不再征收过境税，只征收少量的准许费、印花费、登记费和统计费等。

6.2.2 按照征税的目的分类

1. 财政关税（Revenue Tariff）

财政关税又称收入关税，是指以增加国家的财政收入为主要目的而征收的关税，其特点是税率较低。财政关税在资本主义发展初期占有重要的位置。由于当时经济不够发达，其他税源有限，财政关税便成为一国财政收入的重要组成部分。随着资本主义的发展，财政关税在财政收入中的重要性已相对降低，这一方面由于其他税源增加，以及国际贸易多边谈判下关税减让的成果显现，关税收入在各国财政收入中的比重已经下降。还有一原因就是资本主义国家广泛地利用关税调节对外贸易，通过高关税限制外国商品进口，保护国内生产和国内市场，于是财政关税就为保护关税所代替。

2. 保护关税（Protective Tariff）

即为保护本国市场和本国生产发展为主要目的而征收的关税，其特点是税率较高。保护关税政策始于重商主义。重商主义时期，各国纷纷推行严格奖出限入措施，以扩大资本积累，增加国民财富。现代各国关税保护与重商主义时期有所不同。保护关税最初的目的是保护国内的幼稚产业，但20世纪30年代初经济大萧条以来，保护关税也逐步应用到一般成熟产业上来。

6.2.3 接差别待遇和特定的实施情况划分

1. 进口附加税（Import Surtaxes）

进口国海关对进口商品，除了征收一般进口税外，临时根据某种目的再加征进口税，就叫做进口附加税。进口附加税通常是一种特定的临时性措施，是限制商品进口的重要手段。其目的主要有：应付国际收支危机；或维持进出口平衡；或防止外国商品低价倾销；或对某国实行歧视或报复政策等。因此，进口附加税又称特别关税。其主要有以下两种：

（1）反补贴税（Counter-vailling Duty）。反补贴税又称抵消税或补偿税，是对于直接或间接地接受奖金或补贴的外国商品进口所征收的一种进口附加税。征收反倾销税目的在于增加进口商品的成本，抵消出口国对该项商品所做补贴的鼓励作用，确保进口国市场和生产的稳定。进口商品如果在生产、制造、加工、买卖、输出过程中接受了直接或间接的奖金或补贴，并使进口国生产的同类产品遭受重大损害即构成征收反补贴税的重要条件。

（2）反倾销税（Anti-dumping Duty）。反倾销税是对实行商品倾销的进口商品所征收的一种进口附加税。倾销指进口商品以低于正常价格甚至成本价格在进口国市场上推销的行为。由于商品价格低于正常价格，从而对进口国的同类产品造成重大损害，出于保护本国工业和市场需要，须对倾销商品征收反倾销税，抵制不正当的销售行为。

反倾销税征收的关键是"正常价格"的确定。"正常价格"是指相同产品在出口国用于国内消费时在正常情况下的可比价格。如果没有这种国内价格，则是相同产品在正常贸易情况下向第三国出口的最高可比价格；或产品在原产国的生产成本加合理的推销费用和利润。

2. 差价税

差价税又称差额税。当某种产品国内外都能生产，且国内价格高于同类的进口商品价格时，为了保护国内生产和国内市场，削弱进口商品的竞争能力，按国内价格与进口价格之间的差额征收关税，就叫差价税。由于差价税是随着国内外价格差额的变动而变动的，因此它是一种滑动关税（Sliding Duty）。差价税的征收方法有两种，一种规定按价格差额征收，一种规定在征收一般关税以外，另行征收变动不定的差价税，这种差价税实际上属于进口附加税。

3. 特惠税（Preferential Duties）

特惠税是指对从某个国家或地区进口的全部商品或部分商品，给予特别优惠的低关税或免税待遇。使用特惠税的目的是为了增进与受惠国之间的友好贸易往来。特惠税有的是互惠的，有的是非互惠的。税率一般低于最惠国税率和协定税率。但它不适用于从非优惠国家或地区进口的商品。

4. 普遍优惠制（Generalized System of Preferences，GSP）

普遍优惠制简称普惠制，是发展中国家在联合国贸易与发展会议上进行长期斗争，在1968年通过建立普惠制决议之后取得的。该决议规定，发达国家承诺对从发展中国家或地区输入的商品，特别是制成品和半制成品，给予普遍的、非歧视的和非互惠的关税优惠待遇。这种税称为普惠税。

普惠制的主要原则是普遍的、非歧视的、非互惠的。所谓普遍的，是指发达国家应对发展中国家或地区出口的制成品和半制成品给予普遍的优惠待遇。所谓非歧视的，是指应使所有发展中国家或地区都不受歧视、无例外地享受普惠制的待遇。所谓非互惠的，是指发达国家应单方面给予发展中国家或地区关税优惠，而不要求发展中国家或地区提供反向优惠。

6.2.4 按照征税的一般方法分

1. 从量税

从量税是以商品的重量、数量、容量、长度和面积等计量单位为标准计征的关税。例如美国在1981年对进口羊肉每磅征收50美分关税，即为从量税。从量税的计算非常简单，计算公式如下：

$$从量税额 = 商品数量 \times 单位从量税$$

各国征收从量税，大部分以商品的重量为单位来征收，但各国对应纳税的商品重量计算的方法各有不同。一般有三种：毛重法、半毛重法和净重法。

（1）毛重法（Gross Weight）。毛重法又称总重量法，即包括商品内外包装在内的总重量计征税额。

（2）半毛重法（Demi-gross Weight）。半毛重法又称半总重量法，即对商品总重量扣除外包装后的重量计征其税额。这种办法又可分为两种：一是法定半毛重法，即从商品总毛重中扣除外包装的法定重量后，再计征其税额；二是实际半毛重法，即从商品总毛重中扣除外包装的实际重量后计算其税额。

（3）净重法（Net Weight）。净重法又称纯重量法，即在商品总重量中扣除内外包装的重量后，再计算其税额。这种办法也分为两种：一是法定净重法（LegalNet Weight）。即从商品总重量中扣除内外包装的法定重量后，再计算其税额；二是实际净重法（Real Net Weight）。即从商品总重量中扣除内外包装的实际重量后，再计算其税额。

从量税的优点是：①手续简便，无须审查货物的规格、价格和品质，费用成本低；②进口品价格跌落时，仍有适度保护；③可以防止进口商谎报价格。

从量税的缺点是：①不能区别等级、品质及价格差异的货物，税负不合理；②税率固定，没有弹性，税额不能随物价涨落而增减，失却市场的价格机能。③对部分不能以数量计算的商品不能适用：如古董、字画、钟表、钻石等。

2. 从价税（Ad Valorem Duties）

从价税是以进口商品的价格为标准计征的关税，其税率表现为货物价格的百分率。例如美国对羽毛制品的进口征收从价税，普通税率为60%，最惠国税率为4.7%。从价税额的计算公式如下：

从价税额 = 商品总值 × 从价税率

从价税征收关税税额随着商品价格的变动而变动，商品价格上涨，从价税额增加；价格下跌，从价税额相应减少。所以它的保护作用与价格有着密切的关系。

在一般说来，征收从价税有以下几个优点：(1) 从价税的征收比较简单，对于同种商品，可以不必因其品质的不同，再详加分类；(2) 税率明确，便于比较各国税率；(3) 税收负担较为公平，因从价税额随商品价格与品质的高低而增减，较符合税收的公平原则；(4) 在税率不变时，税额随商品价格上涨而增加，既可增加财政收入，又可起到保护关税的作用。

从价税的缺点表现在以下几点：(1) 估价繁难，须有专门人才才能胜任，因此费用成本高；(2) 通关不易，在估定货物价格时，海关与业者容易引起争议；

(3) 调节作用弱，保护性不强，税额随物价涨落而增减，对物价不能产生调节作用。另一方面保护作用则显不足。当国外市场价格上涨时，国内产业所需的保护要求降低，但实际上进口税额是随物价上涨而增加；反之，国外市场价格跌落时，国内生产所需的保护增强，但关税却随之减少。

3. 混合税（Mixed or Compound Duties）

混合税又称复合税，是对某种进口商品，采用从量税和从价税同时征收的一种方法。混合税额的计算公式如下：

$$混合税额 = 从量税额 + 从价税额$$

混合税可分为两种：一种是以从量税为主加征从价税。例如，美国进口小提琴每把征税1.25美元，另加征35%的从价税。另一种是以从价税为主加征从量税。我国进口征税以从价税为主，1999年起对部分商品征收复合税。混合税兼有从价税和从量税的优点，增强了关税的保护程度。目前世界上大多数国家都使用混合税，如主要发达国家美国、欧盟、加拿大、澳大利亚、日本等，以及一些发展中国家如印度、巴拿马等。

4. 选择税（Alternative Duties）

选择税是对于一种进口商品同时订有从价税和从量税两种税率，在征税时选择其税额较高的一种征税。但有时为了鼓励某种商品进口，也会选择其中税额低者征收。选择税具有灵活性的特点，可以根据不同时期经济条件的变化、政府征税目的以及国别政策进行选择。选择税的缺点是征税标准经常变化，令出口国难以预知，容易引起争议。

6.2.5 按照关税保护的程度和有效性分类

1. 名义关税（Nominal Tariff）

名义关税是指某种进口商品进入该国关境时海关根据海关税则所征收的关税税率。名义关税衡量的是一国对某一类商品的保护程度。在其他条件相同和不变的条件下，名义关税税率愈高，对本国同类产品的保护程度也愈高。

2. 有效关税（Effective Tariff）

有效关税是指对某个工业每单位产品"增值"部分的从价税率，其税率代表着关税对本国同类产品的真正有效的保护程度。例如，棉布的名义关税税率为30%，而纺织业的最终产品"增值"部分为40%，则该种产品的有效关税保护率应为75%。其计算公式如下：

$$E = T/V$$

式中：E——有效关税保护率；

T——进口的最终产品的名义关税税率；

V——该业的最终产品的增值比率。

如果一个进口国由于本国原材料不足，而必须进口原材料进行加工制造成最终产品，在这种情况下，进口原材料的名义关税税率高低及其最终产品中所占比重也影响着有效关税保护率。这可以用以下的公式计算：

$$E = \frac{T - P_t}{1 - P}$$

式中：E——有效关税保护率；

T——进口最终产品的名义关税税率；

t——进口原材料的名义关税税率；

P——原材料在最终产品中所占的比重。

例题：

甲国对小轿车的进口征收180%的进口关税，但该国国内生产的小轿车需从国外进口汽车发动机，该发动机的进口成本每台300美元，每辆小轿车的总成本是2 000美元，汽车发动机的进口关税税率为20%，请问其有效关税保护率为多少？

解：T = 180%　　P = 300/2 000 = 3/20　　t = 20%

ERP = (T - P × t)/(1 - P) = (180% - 3/20 × 20%)/(1 - 3/20) = 182%

有效关税保护率将会出现以下的变化：

（1）当进口最终产品的名义关税税率高于所用的进口原材料的名义关税税率时，有效关税保护率超过最终产品的名义关税税率，即 E > T；

（2）当进口最终产品的名义关税税率等于所用的进口原材料的名义关税税率时，有效关税保护率将等于最终产品的名义关税税率，即 E = T；

（3）当进口最终产品的名义关税税率小于所用的进口原材料的名义关税税率时，并且所用的原材料价值在最终产品中所占的比重很小时，有效关税保护率可能大大低于最终产品的名义关税税率，即 E < T，甚至出现负有效关税保护率，即 E < O。

由此可见，有效关税保护率受到进口国最终产品的名义关税税率、进口原材料的名义关税税率和所用的原材料在最终产品中所占比重大小的影响。因此，各种进口商品的名义关税税率虽然相同，但这些进口商品的有效关税保护率则有所不同。表6-1为美国、日本和欧洲共同体的名义关税税率和有效关税税率。

表6-1　美国、日本和欧洲共同体的名义关税税率和有效关税税率（%）

	欧共体		日本		美国	
	名义税率	有效税率	名义税率	有效税率	名义税率	有效税率
牛奶、奶酪和黄油	22.0	59.9	37.3	248.8	10.8	36.9
可可产品和巧克力	12.8	34.6	22.8	80.7	4.2	16.2
棉籽油	11.0	79.0	25.8	200.3	59.6	465.9
豆油	11.0	148.1	25.4	286.3	22.5	252.9
烟草和香烟	87.1	147.3	339.5	405.6	68.0	113.2

资料来源：王俊宜、李权：《国际贸易》，中国发展出版社2006年版。

6.3　海关税则与通关手续

6.3.1　海关税则

1. 海关税则含义与内容

海关税则（Customs Tariff）又称关税税则，是一国对进出口商品计征关税的规章和对进出口的应税与免税商品加以系统分类的一览表。

海关税则一般包括两个部分：一部分是海关课征关税的规章条例及说明；另一部分是关税税率表。关税税率表主要包括三个部分：税则号码（Tariff No. 或 Heading No. 或 Tariff Item），简称税号；货物分类目录（Description of Goods）；税率（Rate of Duty），是关税政策的具体体现。

2. 海关税则的货物分类

关税税则的货物分类主要是根据进出口货物的构成情况，对不同商品使用不同的税率以及便于贸易统计而进行系统的分类。各国关税税则分类不尽相同，主要有以下几种：①按货物的自然属性分类：例如动物、植物、矿物等；②按货物的加工程度或制造阶段分类；例如原料、半制成品和制成品等；③按货物的成分分类或按同一工业部门的产品分类：例如钢铁制品、塑料制品、化工产品等；④按货物的用途分类：例如食品、药品、染料、仪器、乐器等。为了统一各国的商品分类，减少税则分类的矛盾，曾先后形成三种商品分类目录。

（1）关税合作理事会税则目录（Customs Co-operation Council Nomenclature, CCCN），由欧洲关税同盟研究小组于1952年12月制定。因其在布鲁塞尔制定的，故又称"布鲁塞尔税则目录"（Brussels Tariff Nomenclature, BTN）。它的商品分类划分原则是以商品的自然属性为主，结合加工程度等，将全部商品分成

21类（Section）、99章（Chapter）、101项税目号（Headings No.）。1~24章为农畜产品，25~99章为工业制成品。

（2）国际贸易标准分类（Standard International Trade Classification，SITC）简称《标准分类》，1950年由联合国经社理事会下设的统计委员会编制并公布。主要用于贸易统计，它的商品分类主要为适应经济分析的需要，是按照商品的加工程度由低级到高级进行编排，同时也适当考虑商品的自然属性。《标准分类》把所有的贸易商品划分为从0~9的十大类、63章、233组、766分组。其中435个分组又细分为1 573个附属目，共有1 924项基本统计项目。十类商品分别为：⓪食品及主要供食用的活动物；①饮料及烟类；②燃料以外的非食用粗原料；③矿物燃料、润滑油及有关原料；④动植物油油脂；⑤未列名化学品及有关产品；⑥主要按原料分类的制成品；⑦机械及运输设备；⑧杂项制品；⑨没有分类的其他商品。联合国在统计中，一般将0~4类商品列为初级产品，把5~8类列为制成品。

（3）协调商品名称和编码制度（The Harmonized Commodity Description and Coding System，HS）简称《协调制度》，它是在"海关合作理事会分类目录"和联合国"国际贸易标准分类"基础上编制的，是一种新型的、系统的、多用途的商品分类制度，于1988年1月1日正式生效。由于上述两种分类分别用于海关税则和贸易统计，海关合作理事会成立专门研究小组，研究并形成了能够满足海关、统计、运输、贸易等各个方面共同需要的商品编码协调制度。

《协调制度》目录分21类、97章（其中第77章是空章）共5 019项商品组，每项以6位数编码的独立商品组组成。《协调制度》基本上是按社会生产的分工（或称生产部类）分类，按商品的属性或用途分章。1~83章（其中64~66章除外）按商品的自然属性（如动物、植物、矿物）为序；64~66章、84~86章按货物的用途或功能划分。税目排列一般也是按属性或加工程度排列，先原料后成品，先初级加工后深加工产品。

3. 海关税则的主要种类

（1）单式税则和复式税则。

①单式税则（Single Tariff）。单式税则又称一栏税则。这种税则，一个税目，只有一个税率，适用于来自任何国家的商品，没有差别待遇。

②复式税则（Complex Tariff）。复式税则又称多栏税则。这种税则，在一税目下订下两个或两个以上的税率。对来自不同国家的进口商品，适用不同的税率。发达资本主义国家规定差别税率的目的在于实行差别待遇和贸易歧视政策。为了反对发达国家的歧视待遇，保卫本国的民族权益，许多发展中国家也实行复

式税则。现在绝大多数国家都采用这种税则。这种税则有二栏、三栏、四栏不等。我国目前采用二栏税则，美国、加拿大等采用三栏税则，欧盟采用四栏税则。

（2）自主税则和协定税则。根据各国税则制度制定方式的不同的类型有以下几种：

①自主税则（Autonomous Tariff），又称国定税则（National Tariff System）或通用税则（General Tariff System），是指一国立法机构根据本国经济发展状况，独立自主的关税税法和税则。自主税则可分为自主单式税则和自主复式税则。

自主单式税则（Automatic Single Tariff System）是一国对一种商品自主地制定一个税率，这个税率适用于来自任何国家或地区的同一种商品。

自主复式税则（Automatic Complex Tariff System）是一国政府自主地对每一税目的商品制订两种或两种以上税率的复式税则制度。自主多重税则制度相对于自主单一税则制度具有灵活性，不同的税率可分别适用于来自不同国家或地区的同一种商品，更能够适应当代国际经济贸易发展的特点。

最高和最低税则（Maximum and Minimum Tariff System）是自主复式税则的一种形式。即由国家立法机构自行制定最高与最低税率，在此范围内由管理当局斟酌决定。这种制度的最高税率可表示国家保护本国产业的最高限度；而最低税率是表示本国与外国订立条约时的最大限度的让步，也即本国产业可获得的最低限度的保护。

②协定税则（Conventional Tariff）是指一国政府通过与其他国家订立贸易条约或协定的方式确定关税税率。这种税则是在本国原有的固定税则基础上，通过关税减让谈判，另行规定一种税率，不仅适用于该条约或协定的签字国，而且某些协定税率也适用于享有最惠国待遇的国家。

6.3.2 通关手续

通关手续又称报关手续，是指出口商或进口商向海关申报出口或进口，接受海关的监督与检查，履行海关规定的手续。办完通关手续，结清应付的税款和其他费用，经海关同意，货物即可通关放行。通关手续通常包括货物的申报、查验、征税和放行环节。现以进口为例：

1. 货物的申报

货物的申报是指货物运抵进口国的港口、车站或机场时，进口商向海关提交有关单证和填写由海关发出的表格，向海关申报进口。一般说来，除提交进口报关单（Import Declaration）、提单、商业发票或海关发票外，还往往根据海关特殊规定，提交原产地证明书、进口许可证或进口配额证书、品质证书和卫生检验证书等。

2. 单证的审核

当进口商填写和提交有关单证后，海关按照海关法令与规定，查审核对有关单证。审核有关单证的具体要求是：

（1）应交验的单证必须齐全、有效；
（2）报关单填报的内容必须正确、全面；
（3）所报货物必须符合有关政策与法规的规定。

审核单证发现有不符合上述各项规定时，海关通知申报人及时补充或更正。

3. 货物的查验

海关查验货物主要有两个目的：一是看单据是否相符，即报关单是否与合同批文、进口许可证、发票、装箱单等单证相符；二是看单货是否相符，即报关所报内容是否与实际进口货物相符。查验货物一般在码头、车站、机场的仓库、场院等海关监管场所内进行。

4. 货物的征税与放行

海关在审核单证、查验货物后，照章办理收缴税款等费用。进口税款用本国货币缴纳，如使用外币，则应按本国当时汇率折算缴纳。货物到达时，如发现货物"缺失"（Short Landed）一部分，可扣除缺失部分的进口税。当一切海关手续办妥以后，海关即在提单上盖上海关放行章以示放行，进口货物即此通关。

6.4 关税对国际贸易的影响

6.4.1 关税对世界贸易发展的影响

关税作为最重要的国际贸易政策手段，其对世界贸易的发展具有重要的影响。当世界市场的主要贸易国大幅度提高关税、推行保护贸易政策时，国际贸易的发展速度将趋向放缓；反之，当主要贸易国家普遍地大幅度降低关税时，国际贸易的发展速度将明显加快。1929~1933年资本主义世界发生的世界性经济大危机，危机发生后，发达资本主义国家纷纷提高关税，以此限制商品进口，保护国内工商业，结果提高关税的浪潮遍及全球。高关税、奖出限入的贸易保护主义在各国极其盛行，严重阻碍了国际贸易正常发展。据估计，1929~1933年间，国际贸易额下降了2/3，国际贸易量减少1/3。世界贸易总值从1929年的686.2亿美元，下降到1934年的33.1亿美元。第二次世界大战后，随着资本主义世界经济的恢复和发展，从50年代至70年代初，以美国为主导的发达资本主义国家开始推行贸易自由化政策，大幅度降低关税，结果促进了国际贸易的迅速发展。从1950年到1973年期间，国际贸易额年平均增长率为10.3%，国际贸易量年平均增长率为7.2%。这期间国际贸易额或国际贸易量的年平均增长率都高于战前。

6.4.2 关税对商品结构与地理方向的影响

关税不仅影响到国际贸易的发展，而且影响到国际贸易商品结构和对外贸易地理方向的变化。从20世纪50年代到70年代初，发达资本主义国家对工业制成品进口关税下降幅度超过农产品。发达资本主义国家之间的关税下降幅度超过它们对发展中国家和社会主义国家的下降幅度。其结果是国际贸易商品结构发生显著变化。第二次世界大战前，初级产品在国际贸易商品结构中所占比重一直高于工业制成品，它们之间的比重是6∶4。第二次世界大战后，这种比重发生明显变化。1950年年初级产品所占比重为59%，而工业制成品的比重只有41%，到1970年年初级产品比重将为35%，同期工业制成品上升至65%，进入90年代初级产品在国际贸易中的比重不断下降，目前初级产品与工业制成品的比重是2∶8左右。不仅如此，第二次世界大战后随着区域经济一体化的蓬勃发展，经济集团内部关税下降幅度超过其对集团外的下降幅度，使某些集团内部贸易的增长超过了其对集团外的贸易增长。以欧盟为例，从50年代至70年代，共同体内部贸易额占成员方贸易总额的比重从30%提高至50%，1990年这一比例升至62%。

6.4.3 关税对商品价格、生产和销售的影响

关税与商品的价格、生产、销售有着密切的关系。一般说来，进口货物课征关税后，会导致进口国的国内价格上涨，进口数量下降，在一定条件下起到了保护和促进本国产品的生产和销售的作用。以下以国际市场上小国为例，说明关税是如何影响商品价格、生产和销售的。图6-1所示，HD和IS是小国对产品的需求曲线和供给曲线。P是世界市场价格，即从别国进口的价格。从价格线和小国供给曲线的相交处中看出产品Q为小国生产量，小国的消费量是Q_2，而Q_2-Q_1则是小国的进口量。

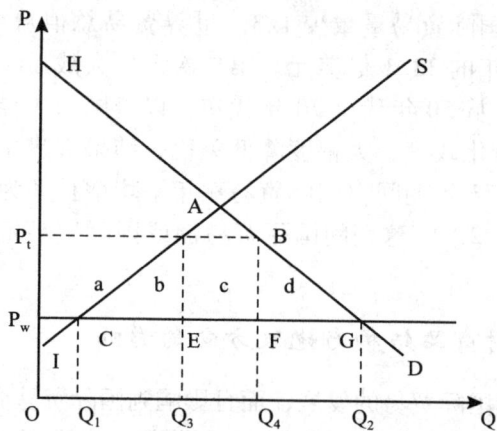

图 6-1 关税对商品价格、生产和销售的影响

假设小国对每单位进口货课以关税 P_wP_t，进口商除了必须按世界市场价格付款外，还需加上关税，因此，该进口商不得不在小国国内按 P_t 出售产品。通过 D 曲线可知小国对该产品消费从 Q_2 降到 Q_4，而该国生产从 Q_1 增加到 Q_3，这就显示了关税对商品价格、生产和销售的一般影响。

由以上分析可知，当一国政府提高进口商品的关税时，该商品的国内价格就会相应的上涨，商品的生产增加，销售下降；反之，当一国政府降低进口商品的关税时，该商品的国内价格就会相应的下降，商品的生产减少，消费增加。但关税的影响程度如何，还取决于关税税率之高低，进、出口国的价格变化以及进、出口国各自的需求和供给弹性不同。需要说明的是，虽然关税在一定程度上起着保护和促进进口国同类产品的生产和销售的作用，但如果关税税率长期偏高，保护期限过长，不仅会严重损害消费者利益，而且往往会阻碍这些产品技术改进和成本下降，削弱产品的竞争能力，最终反而影响其生产和销售的发展。

6.4.4 关税对贸易差额与国际收支的影响

当一国出现严重的贸易逆差和国际收支差额时，如果通过采取提高进口关税等限制进口措施，短期内可能会暂时抑制进口，缩小贸易逆差和改善国际收支。但从长期来看，提高进口关税是否确实可起到这种作用，则难以定论。因为征收高额进口税，虽然限制了国外商品进口，但通过前面分析得知，提高关税会引起国内价格上涨，导致某些产品的生产成本提高，削弱出口产品的竞争能力，导致出口下降，贸易差额进一步扩大，国际收支危机进一步恶化，从而将产生更加严重的后果。此外，由于一国提高关税，将可能引起有关国家连锁反应，竞相提高关税，高筑关税壁垒，限制对方的商品进口，结果会相互抵消关税对于缩小贸易入超和改善国际收支的作用。

综上所述，关税是影响国际贸易的重要因素之一。但必须指出上述的各种影响是在假设其他条件相同或不变的情况下发生的。如其他条件不同，或情况发生变化，关税对国际贸易的影响也会随之发生变化。

6.4.5 关税的经济效应分析

征收关税将产生一系列的经济效应。从经济学角度看，征收关税会影响到资源配置的效率，并可能对征税国、其贸易伙伴国乃至世界的经济福利水平产生影响。一般来说，征收关税的经济效应与自由贸易产生的经济效应相反。征收关税增加政府的财政收入，导致资源配置效率的降低，导致收入在各国间和各国内的不同成员之间的再分配。

1. 关税的价格效应

对进口产品征税首先会使进口产品的国内价格上升，假设国内进口替代部门的产品与进口产品是完全同质的，则征收关税后，整个国内市场该产品的价格都会上涨，使得国内消费者和生产者面对的价格上升。不过，国内市场价格上涨的幅度如何，则要视关税征收国对世界市场价格的影响力。

如果关税征收国是一个小国，即其对世界市场价格没有任何影响力，那么征收关税后，虽然该国会因进口产品价格上涨而减少对进口商品的购买，但这一变动不会对世界市场价格产生任何影响，因此征收关税之后，国内市场价格的上涨部分就等于所征收的关税，即关税全部由国内消费者来承担，此时国内市场价格等于征收关税前的世界价格（自由贸易下的价格）加上关税；如果关税征收国是一个大国，即其国内供求的变化足以影响世界市场价格，那么征收关税后，由于价格的上涨，该国对进口产品的需求量要下降，从而引起世界市场价格的下降。在这种情况下，关税负担实际上由国内消费者和国外出口商共同承担，征收关税后的国内市场价格等于征收关税后的世界价格（低于征收关税前或自由贸易下的世界价格）加上关税。关税通过价格的变动，来影响各种经济活动，以下利用图示方法说明关税的其他经济效应。

2. 关税的生产效应

征收关税后，国内市场价格上升，国内进口替代部门的生产厂商现在面对较高的销售价格，从而能够补偿因产出增加而提高的边际成本，于是国内生产增加，这便是征收关税所带来的生产效应。

这里以小国为例来说明关税的生产效应。在图6-2中，曲线SI、HD分别表示国内供给和需求曲线；P_w 表示征收关税前的世界价格，即自由贸易下的价格；P_t 表示征收关税后的国内价格；假设关税为从量税，t 表示对单位进口商品所征收的关税，则征收关税后国内价格可表示为：$P_t = P_w + t$。

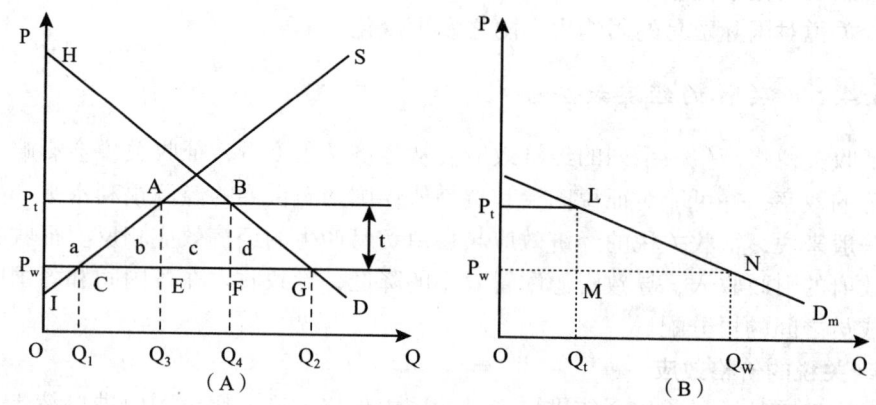

图 6-2 小国关税效应的局部均衡分析

在自由贸易下，对应于世界价格 P_w，国内生产为 OQ_1；征收关税之后，国内价格由原来的 P_w 上升至 P_t，此时，国内生产提高到 OQ_3。也就是说，征收关税后，国内生产增加了 Q_1Q_3，所以关税保护了国内生产者。国内生产者因关税而获得的利益可用生产者剩余的变动来衡量。生产者剩余是指生产者为一定量某种商品实际收取的价格和他愿意收取的价格之间的差额。从图 6-2 中看到，征收关税前，生产者的剩余为三角形 $\triangle ICP_w$ 的面积所示；征收关税后，生产者剩余为三角形 $\triangle IAP_t$ 的面积所示，那么征收关税前后，生产者剩余增加了，增加部分为梯形 CAP_tP_w 的面积 a，此即为征收关税后生产者福利所得。

3. 关税的消费效应

征收关税使国内市场价格提高，只要国内的需求弹性大于零，国内价格提高必然导致消费量的减少，此即关税的消费效应。图 6-2 中，征收关税后，国内消费量为 OQ_4，与征收关税前的消费量 OQ_2 相比，消费量减少了 Q_4Q_2。消费量的下降意味着消费者的福利的减少，征收关税前后，消费者剩余分别为三角形 $\triangle HGP_w$ 和三角形 $\triangle HBP_t$ 的面积所示，所以消费者福利的损失为梯形 GBP_tP_w 的面积（a+b+c+d）。综合生产效应和消费效应，便可得到关税的贸易效应，即：生产效应 + 消费效应 = 贸易效应。在图 6-2 中，征收关税后进口的减少 = $Q_1Q_2 - Q_3Q_4 = Q_1Q_3 + Q_4Q_2$，此即为关税的贸易效应。

4. 关税的税收效应

所谓税收效应是指政府由于征收关税而获得的财政收入。征收关税所获得的收入＝进口量×关税率，在图 6-2 中，关税收入为 $Q_3Q_4 \times t$，即等于矩形 AEFB 的面积 c。至于对福利的影响，则要看政府如何使用这部分税收而定，如果政府将关税收入全部用于补贴消费者，则可以抵消消费者的部分损失。

5. 关税的贸易条件效应

如果征收国是一个大国的话，那么除了上述各种影响外，关税还会产生贸易条件效应，因为在大国情形下，征收关税会降低世界市场价格，即本国进口商在世界市场上购买进口商品的价格要降低，如果出口价格保持不变，则进口价格的下跌意味着本国贸易条件的改善，也就是说，征收关税后，在国际市场上，征税国用一个单位的本国商品现在可以换取更多的外国商品。所以，贸易条件的改善对征税国有利。

图 6-3 对应于大国情形，征收关税后，国内价格由原来的 P_w 升至 P_t，与此同时，世界价格也由 P_w 降至 P'_w，征税后的国内外价格之间的关系为：$P_t = P'_w + t$，与图 6-2 相比，可以发现，对应于一相同的关税，征税后国内价格在大国情形下的上涨幅度要小于小国情形下的上涨幅度。国外价格的下降部分抵消了关税的影响，减弱了关税对国内生产和消费的影响效应。

如图 6-3 所示，征收关税后，世界市场价格的下降幅度等于 EH 或 FI；征税后的进口量 Q_3Q_4。现在以新的价格 P'_w 进口 Q_3Q_4 的代价为矩形 AEFB 的面积所示，而征税前同样多的商品的代价为矩形 AHIB 的面积所示，因此征税后在同等情况下图中 EHIF 的面积 e 表示征税国因贸易条件改善而获得的利益。

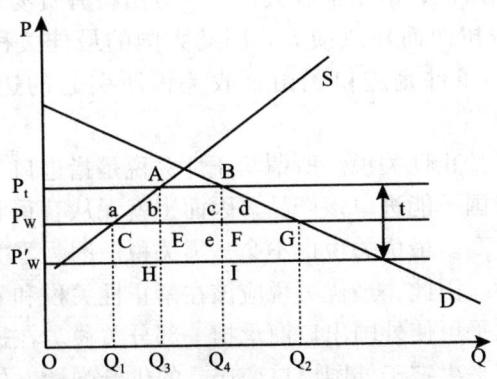

图 6-3 大国关税效应的局部均衡分析

6. 关税的净福利效应

由上所述，关税的影响是多方面的，而且各种影响对征税国的福利会产生不同的效应，要判断关税的好坏，必须综合考虑关税各种影响的福利效应。以下分两种情况分析关税的净福利效应。

（1）小国情形：由图6-2可知，关税各种福利效应的净值＝生产者福利增加－消费者福利损失＋政府财政收入＝$a-(a+b+c+d)+c=-(b+d)<0$。所以，对于小国而言，关税会降低社会福利水平，社会福利的净损失为$(b+d)$，其中，b称为生产扭曲（Production Distortion），它表示征税后国内成本高的生产替代原来来自国外成本低的生产，而导致资源配置效率下降所造成的损失；d称为消费扭曲（Consumption Distortion），它表示征税后因消费量下降所导致的消费者满意程度的降低，在扣除消费支出的下降部分之后的净损失。

（2）大国情形：由图6-3可知，关税的净福利效应＝生产者福利增加－消费者福利损失＋政府财政收入＝$a-(a+b+c+d)+(c+e)=e-(b+d)$。当$e>(b+d)$时，本国社会福利增加；当$e<(b+d)$时，本国社会福利则减少。所以，在大国情形下，关税的净福利效应不确定，取决于贸易条件改善程度。

6.4.6 最优关税

由上述分析可知，在大国情形下，关税可改善本国的贸易条件，这意味着关税有可能改善本国的福利水平，即实施贸易保护可获得更多的利益，这也是最优关税理论的核心思想。

最优关税是指使本国福利达到最大的关税水平。对小国而言，其最优关税是零关税。但对于大国来说，由于征收关税，一方面将有贸易条件得益，但同时又因为生产扭曲和消费扭曲而导致损失。因此大国的最佳关税将取决于两者的比较。确定最优关税的条件是进口国由征收关税所引起的边际损失与边际收益相等。

最优关税不会是禁止性关税。所谓禁止性关税是指进口为零的关税水平。在禁止性关税下，进口国不能进口该产品，因而也就无从获得收益。因此，进口关税高并不意味着收益高。最优关税也不会是零关税。因为零关税也不能给大国带来任何贸易条件得益。因此，最优关税应该在禁止性关税和零关税之间。在这个范围内的进口关税水平可使外国出口商承担一部分关税。在进口需求弹性一定的情况下，最优关税水平决定于外国出口商产品的供给弹性。外国出口产品供给弹性越大，最优关税水平就越低；反之，最优关税水平就越高。因此，进口国政府确定的最优关税水平与出口国厂商向进口国提供产品的供给弹性成反比。

由上述分析可知，在进口国的需求弹性较大且出口国的供给弹性较小的情况下，征收关税可明显改善本国的贸易条件，从而可能使本国福利增加。而所谓最优关税就是指在零关税和禁止性关税之间存在某一最佳点，在这一点因贸易条件改善而额外获得的收益恰好抵消了因征税而产生的生产扭曲和消费扭曲所带来的额外损失。

本章小结

1. 关税是一国政府针对进出本国关境的商品向其经营者即进出口商所征收的一种税收，它是一国调节进出口贸易和实施本国贸易政策的重要手段。关税的作用主要有两个方面：一是增加本国财政收入；二是保护本国的产业和国内市场。

2. 进口关税的征收对一国的生产者有利，但不利于国内消费者。

3. 在小国情形下，征收关税会降低征税国的整体福利水平，而对贸易伙伴国不会产生影响。小国关税导致世界整体福利的净损失。

4. 在大国情形下，征收关税对征税国的净福利效应不确定，如果关税的贸易条件效应比较显著，则有可能改善本国福利，反之则降低本国福利水平；大国关税会使伙伴国贸易条件的恶化，导致其社会福利损失。大国关税导致世界整体福利净损失。

5. 关税的有效保护率与名义保护率都反映一国对某一商品的保护程度，但二者往往不一致。如果一国的政策目标是保护最终产品部门，则在关税结构安排上，应对中间产品和原材料少征或免征进口关税。

6. 小国的最优关税的零关税，大国的最优关税是进口国由征收关税所引起的额外损失（边际损失）与额外收益（边际收益）相等之时的关税水平。

复习思考题

1. 名词解释

关税、从价税、从量税、名义保护率、实际保护率、最优关税、进口配额、出口补贴、工业补贴、直接补贴、间接补贴、倾销、持续性倾销、掠夺性倾销、偶发性倾销

2. 简答题

（1）画图分析小国实施进口配额的经济效应。
（2）对实施进口配额和征收等额关税进行比较分析。
（3）画图说明出口补贴的经济分析。
（4）什么是普惠制？普惠制方案一般有哪些规定？
（5）关税的有效保护率和名义保护率的联系和区别。

3. 分析题

（1）画图说明小国征收进口关税的局部均衡。
（2）画图说明大国征收进口关税的局部均衡。
（3）画图说明大国征收进口关税的一般均衡。

第7章 非关税措施

本章要点
- ◇ 非关税壁垒含义及其特点
- ◇ 非关税壁垒的主要种类
- ◇ 非关税壁垒对国际贸易影响分析

7.1 非关税壁垒及其特点

7.1.1 非关税壁垒含义与分类

非关税壁垒是指一切利用非关税手段限制商品进口的各种措施。第二次世界大战后,在关贸总协定主持下举行多轮多边贸易谈判,各国关税壁垒大幅度下降,但非关税壁垒却与日俱增,名目繁多,已演变成为国际贸易冲突的主要来源。非关税壁垒在当代国际贸易中正逐渐取代关税成为限制进口的主要手段,这在发达国家的进口贸易中表现尤为明显。

非关税壁垒名目繁多,内容复杂,联合国贸易与发展会议(UNCTAD)将非关税壁垒措施分成三种类型,每种类型分为 A、B 两组,其中 A 组为数量限制,B 组为影响进口商品的成本(参见表7-1)。传统的分类方法是将非关税壁垒分为配额、外汇控制、政府参与贸易、海关与海关手段及对产品的技术性规定五大类。而从其限制进口的方法来看,非关税壁垒分为直接壁垒和间接壁垒两类。前者是指进口国直接规定商品进口的数量或金额,或者通过施加压力迫使出口国自己限制商品的出口,如进口配额制、"自动"限额出口制、进出口许可证、市场秩序协定等。后者是指进口国不是直接限制进口商品的数量或金额,而是利用行政机制,对进口商品制定苛刻的条例和技术标准,从而间接限制进口,如外汇管制、海关估价制度、歧视性政府采购政策及有关健康、卫生、安全、环境等过于苛刻繁复的标准等。

7.1.2 非关税壁垒的特点

1. 与关税壁垒比较起来非关税壁垒更具有隐蔽性

一般来说，关税税率制定后，各国政府须通过法律的形式对外公布，并严格执行。出口商通常通过查阅进口国海关税则，即可获得关税税率的相关信息，透明度高。非关税壁垒则完全不同，其措施往往不公开，或者规定极为烦琐复杂的标准和手续，使出口商难以对付和适应。它既能以正常的海关检验要求的名义出现，也可借用进口国的有关行政规定和法令条例，使之巧妙地隐藏在具体执行过程中而无须作公开的规定。以国际市场流行的技术性贸易壁垒为例，进口国对进口商品质量、规格、性能和安全等规定了极为严格的技术标准，并附加烦琐复杂的手续，使得出口商无从适应，有时只因一个规定不符，即被限制进入对方国内市场，从而达到间接限制进口的目的。

表7-1　　　　　联合国贸易与发展会议对非关税壁垒的分类

Ⅰ. 为保护国内生产不受外国竞争而采取的商业性措施	Ⅱ. 除商业性政策以外的用于限制进口和鼓励出口的措施
A组：（1）进口配额 （2）许可证 （3）"自动"出口限制 （4）禁止出口和进口 （5）国营贸易 （6）政府采购 （7）国内混合规定 B组：（8）最低限价和差价税 （9）反倾销税和反补贴税 （10）进口押金制 （11）对与进口商品相同的国内工业生产实行优惠 （12）对与进口商品相同的国内工业实行直接或间接补贴 （13）歧视性的国内运费 （14）财政部门对于进口商品在信贷方面的限制	A组：（15）运输工具的限制 （16）对于进口商品所占国内市场份额的限制 B组：（17）包装和标签的规定 （18）安全，健康和技术标准 （19）海关检查制度 （20）海关估价 （21）独特的海关商品分类 Ⅲ. 为促进国内替代工业的发展而实行的限制进口措施 （22）政府专营某些商品 （23）政府实行结构性或地区性差别待遇政策 （24）通过国际收支限制进口

资料来源：陈宪等：《国际贸易——原理·政策·实务》，立信会计出版社2004年版，第281页。

2. 非关税壁垒具有灵活性和针对性

各国关税税率制定必须通过立法程序，并要求具有一定的延续性和稳定性。

如遇税率调整或更改，需经过较为烦琐的法律程序和手续。同时关税税率的调整直接受到GATT（WTO）的约束，各国海关不能随意提高关税以应付紧急限制进口的需要，因此关税壁垒的灵活性很弱。但在制定和实施非关税壁垒措施上，通常采用行政程序，制定手续简单，其制定的程序也较迅速、简便，伸缩性大，能随时针对某种进口商品采取或更换相应的限制措施，表现出更大的灵活性和时效性。

3. 非关税壁垒具有差别性和歧视性

一个国家在实施非关税壁垒时，往往针对某个国家采取相应的限制性的非关税措施，其结果大大加强了非关税壁垒的差别性、歧视性。例如，英国曾禁止进口法国牛奶，原因在于法国牛奶以公升为单位，不符合英国习惯使用的品脱；德国曾禁止进口英国的割草机，因为英国的割草机达不到德国的噪音标准。这些限制进口的措施，实际上都是变相的保护主义措施。

4. 非关税壁垒更能达到限制进口的目的

关税壁垒是通过征收高额关税，提高进口商品成本和价格，削弱其竞争能力，间接地达到限制进口之目的。但是当面对国际贸易中越来越普遍出现的商品倾销和出口补贴等鼓励出口的措施时，关税作用就会显得乏力。同时，外国商品凭借生产成本的降低，如节省原材料、提高生产效率、甚至降低利润率等，也能冲破高关税的障碍而进入对方国家。但有些非关税壁垒对进口的限制是绝对的，比如用进口配额等预先规定进口的数量和金额，超过限额就禁止进口。这种方法在限制进口方面更直接、更严厉，因而也更有效。

综上所述，非关税壁垒在限制进口方面比关税壁垒更有效、更隐蔽、更灵活和更有歧视性。正由于这些特点，非关税壁垒取代关税壁垒成为贸易保护主义的主要手段，有其客观必然性。

7.2 非关税壁垒的主要种类

7.2.1 进口配额制

进口配额制（Import Quotas System）又称进口限额制，是一国政府在一定时期（通常为一年）以内，对某些商品的进口数量或金额加以直接的限制。在规定的期限内，配额以内的货物可以进口，超过配额不准进口，或者征收更高的关税或罚款后才能进口。它是资本主义国家实行进口数量限制的重要手段之一。进口配额制，主要有两种：绝对配额和关税配额。

第7章 非关税措施

1. 绝对配额（Absolute Quotas）

绝对配额是在一定时期内，对某些商品的进口数量或金额规定一个最高额数，达到这个额数后，便不准进口。绝对配额按照其实施方式的不同，又有全球配额、国别配额和进口商配额三种形式。

（1）全球配额（Global Quotas）。全球配额属于世界范围的绝对配额，即对某种商品的进口规定一个总的限额，对来自任何国家或地区的商品一律适用。主管当局通常按进口商的申请先后或过去某一时期的实际进口额批给一定的额度，直至总配额发放完为止，超过总配额就不准进口。由于全球配额不限定进口国别或地区，在配额公布后，进口商竞相争夺配额并可从任何国家或地区进口。同时，邻近国家或地区因地理位置接近的关系，到货较快，比较有利，而较远的国家或地区就处于不利的地位。这种情况使进口国家在限额的分配和利用上难以贯彻国别政策，因而不少国家转而采用国别配额。

（2）国别配额（Country Quotas）。即政府不仅规定了一定时期内的进口总配额，而且将总配额在各出口国家和地区之间进行分配。与全球配额不同的是，实行国别配额可以很方便地贯彻国别政策，具有很强的选择性和歧视性。实行国别配额可以使进口国家根据它与有关国家或地区的政治经济关系分配给予不同的额度。为了区分来自不同国家和地区的商品，通常进口国规定进口商必须提交原产地证明书。

（3）进口商配额（Importer Quota）。进口商配额是对某些商品进口实行的配额。进口国为了加强垄断资本在对外贸易中的垄断地位和进一步控制某些商品的进口，将某些商品的进口配额在少数进口厂商之间进行分配。比如日本食用肉的进口配额就是在29家大商社间分配的。

2. 关税配额（Tariff Quotas）

关税配额是对商品进口的绝对数额不加限制，而对在一定时期内，在规定配额以内的进口商品，给予低税、减税或免税待遇；对超过配额的进口商品则征收较高的关税，或征收附加税或罚款。

关税配额按商品进口的来源，可分为全球性关税配额和国别关税配额。受禽流感等因素影响，2002~2008年，中国禽肉熟制品出口遭受欧盟禁令，数量大减。另一方面，欧盟方面先后于2009年和2013年修改了关税减让表、并对进口禽肉产品引入和实施新关税配额。新关税配额方案将96%的低关税配额分配给巴西和泰国，包括中国在内的其他国家和地区只能分享4%的全球配额，超出配额部分需缴纳高额关税。欧盟新关税配额方案的实施，严重影响了中国输欧禽肉生产企业的生产和经营。按征收关税的目的，可分为优惠性关税配额和非优惠性关税配额。前者是对关税配额内进口的商品给予较大幅度的关税减让，甚至免税，而对超过配额的进口商品即征收原来的最惠国税率。后者是在关税配额内仍征收原来的进口税，但对超过配额的进口商品，则征收极高的附加税或罚款。

资本主义国家通常利用进口配额作为实行贸易歧视政策的手段。最初进口配额是作为防御手段而被采用的，到后来便发展成为进攻性的保护贸易措施。在举行贸易谈判时，配额制曾被广泛地利用来作为迫使其他国家让步的武器。他们用提供配额、扩大配额或缩小配额作为向对方施加压力的手段，使之成为贸易歧视的一种手段。比如，从1994年7月到1995年5月这段时间里，美国政府在未提供充分证据和未经充分磋商的情况下，先后两次扣减我国总量达252万打的纺织品配额，严重损害了我国的利益。2014年日本的红小豆大获丰收，为了保护日产红小豆，日本2015年下半年大幅度削减了红小豆的关税配额。

7.2.2 自愿出口配额制

"自愿"出口配额（Voluntary Export Quota），又称"自愿"出口限制，是指出口国家或地区在进口国的要求和压力下，"自愿"规定某一时期内某些商品对该国的出口限额，在该限额内自行控制出口，超过限额即禁止出口。事实上，自愿出口限制并非出自"自愿"，它是在进口国的压力下实施的限量出口的措施，因而它与配额有相似之处。不过，前者是一种主动配额。

"自愿"出口配额制和进口配额制虽然从实质上来说都是通过数量限制来限制进口，但仍有许多不同之处。这表现在：第一，从配额的控制方面看，进口配额制由进口国直接控制进口配额来限制商品的进口，而"自愿"出口配额制则由出口国直接控制配额，限制一些商品对指定进口国家的出口，因此是一种由出口国家实施的为保护进口国生产者而设计的贸易政策措施。第二，从配额表现形式看，"自愿"出口配额制表面上好像是出口国自愿采取措施控制出口，而实际上是在进口国的强大压力下才采取的措施，并非真正出于出口国的自愿。进口国往往以某些商品的大量进口威胁到其国内某些工业，即所谓的"市场混乱"（Market Disruption）为借口，要求出口国实行"有秩序增长"（Orderly Growth），"自愿"限制出口数量，否则将采取报复性贸易措施。第三，从配额的影响范围看，进口配额制通常应用于一国大多数供给者的进口，而"自愿"配额制仅应用于几个甚至一个特定的出口者，具有明显的选择性。那些未包括在"自愿"配额制协定中的出口者，可以向该国继续增加出口。第四，从配额适用时限看，进口配额制适用时限相对较短，往往为1年，而"自愿"出口配额制较长，往往为3～5年。

"自愿"出口配额制主要有两种形式：

一是非协定的"自愿"出口配额。它是指出口国政府并未受到国际协定的约束，自愿单方面规定对有关国家的出口限额，出口商必须向政府主管部门申请配额，在领取出口授权书或出口许可证后才能出口。也有的是出口厂商在政府的督导下，"自愿"控制出口。比如，1975年，在日本政府的行政指导下，日本6家大钢铁企业，将1976年对西欧的钢材出口量"自愿"限制在120万吨以内，1977年又限制在122万吨。

二是协定的"自愿"出口配额。它是指进出口双方通过谈判签订"自限协定"（Self-restriction Agreement）或"有秩序销售协定"（Orderly Marketing Agreement），规定一定时期内某些商品的出口配额。出口国据此配额发放出口许可证或实行出口配额签证制（Export Visa），自愿限制商品出口，进口国则根据海关统计进行监督检查。目前，"自愿"出口配额大多属于这一种。比如，1957年，美国的纺织业因日本纺织品输入激增而受到损害，要求日本限制其对美国出口，否则即实行更为严厉的进口限制。在强大的压力下，日本和美国签订了一个为期5年的"自愿限制协定"，"自愿"地把对美国的棉纺织品出口限制在2.55亿平方码之内，从而由美国在总协定之外，开创了第一个对纺织品出口进行限制的先例。2005年11月8日中美两国政府签订《中华人民共和国政府与美利坚合众国政府关于纺织品和服装贸易的谅解备忘录》。根据备忘录，中国协议出口产品2006年基数基本上是2005年有关产品美国从中国的实际进口量，2007年和2008年基数均为上一年度全年协议量。协议产品2006年的增长率为10%~15%，2007年的增长率为12.5%~16%，2008年的增长率为15%~17%。

20世纪70年代以来，随着新保护主义的兴起，用自愿出口限制进行保护的趋势日益加强，并表现出以下特点：一是受其影响的贸易覆盖率呈增长趋势。70年代初期，自愿出口限制协定还不到12个，到1980年，其数量增加到80个，如果把《多种纤维协定》下实施的自愿出口限制包括进去，到目前为止总数已达200多个。二是受自愿出口限制影响的国家更多地为发展中国家，并有增长的势头。三是受自愿出口限制影响的产品开始从农业、纺织品与服装等传统领域转移至钢铁、汽车及高新技术行业。比如欧共体（欧盟）不仅对来自日本的钢铁、汽车采用"自愿"出口限制，还对来自日本一半以上的高新技术电子产品进行"自愿"出口限制。

"自愿"出口限制之所以成为较流行的贸易保护措施，究其原因，与GATT（WTO）的有关条款和运行机制有直接关系。第一，由于GATT（WTO）缔约方的多边谈判已大大降低了关税，而传统的非关税壁垒措施，如进出口数量限制、海关估价制度、进出口许可证制度等，也在多边谈判的基础上达成协议，它们的使用必然受到国际社会的监督。因此，要更有力地限制进口，必须转而寻求其他措施。第二，"自愿"出口限制协议一般由两国政府部门采取不公开或半公开的方式私下达成，透明度很低，由于这种出口限制是"自愿"的，其法律地位不明确，处在不合法与合法之间的模糊区域，是"灰色区域措施"。第三，由于国际贸易中不断出现反补贴、反倾销指控，作为出口国，采用"自愿"出口限制措施来解决争端比其他方法在经济上来得有利，且能不伤和气，继续发展与进口国的经贸关系。从进口国的角度看，选择"自愿"出口限制比提高关税或规定配额能更好地避开GATT（WTO）的规则，依自己的意愿针对某个国家采取限制措施，而不涉及出口同类产品的其他国家，不必担心受到这些国家的报复而使本国的出口遭受损害。而一些受限国家，往往怕遭到更强硬的制裁，只好"自愿"限制出口。因而，"自愿"出口限制作为灰色区域措施的一种主要形式而迅速蔓延。

7.2.3 进口许可证制

进口许可证制（Import License System），是指一国政府规定某些商品的进口必须申领许可证，否则一律不准进口的制度。它实际上是进口国管理其进口贸易和控制进口的一种重要措施。许可证通常与配额、外汇管理等结合使用。

1. 进口许可证按照其与进口配额的关系分类

（1）有定额的进口许可证。即进口国预先规定有关商品的进口配额，然后在配额的限度内，根据进口商的申请对每笔进口货物发给一定数量或金额的进口许可证，配额用完即停止发放。可见，这是一种将进口配额与进口许可证相结合的管理进口的方法，通过进口许可证分配进口配额。若为"自动"出口限制，则由出口国颁发出口许可证来实施。例如，德国对纺织品的进口便是通过有定额的许可证进行管理的。德国有关当局每年分三期公布配额数量，然后据此配额数量发放许可证，直到进口配额用完为止。

（2）无定额的进口许可证。这种许可证不与进口配额相结合，即预先不公布进口配额，只是在个别考虑的基础上颁发有关商品的进口许可证。由于这种许可证的发放权完全由进口国主管部门掌握，没有公开的标准，因此更具有隐蔽性，给正常的国际贸易带来困难。

2. 进口许可证按照进口商品的许可程度分类

（1）公开一般许可证（Open General License，OGL），又称公开进口许可证，一般许可证或自动进口许可证。它对进口国别或地区没有限制，凡列明属于公开一般许可证的商品，进口商只要填写公开一般许可证后，即可获准进口。因此，这一类商品实际上是可"自由进口"的商品。填写许可证的目的不在于限制商品进口,而在于管理进口。比如海关凭许可证可直接对商品进行分类统计。

(2) 特种商品进口许可证(Specific License, SL),又称非自动进口许可证。对于特种许可证下的商品,如烟、酒、军火武器、麻醉品或某些禁止进口的商品,进口商必须向政府有关当局提出申请,经政府有关当局逐笔审查批准后方能进口。特种进口许可证往往都指定商品的进口国别或地区。

进口许可证的使用已经成为各国管理进口贸易的一种重要手段。它便于进口国政府直接控制进口,或者方便地实行贸易歧视,因而在国际贸易中越来越被广泛地用作非关税壁垒措施。有的国家为了进一步阻碍商品进口,故意制定烦琐复杂的申领程序和手续,使得进口许可证制度成为一种拖延或限制进口的措施。

关税与贸易总协定为了简化缔约国实施进口许可证的手续,防止进口许可证被滥用而妨碍国际贸易的正常发展,在"东京回合"达成了《进口许可证手续协议》,希望简化国际贸易中所运用的管理手续和做法,使之具有透明性,并确保公平合理地应用和施行这些手续和做法。在此基础上,"乌拉圭回合"又提出了一项新的《进口许可证手续协议(草案)》,规定签字国必须承担简化许可证程序的义务,确保进口许可证本身不会构成对进口的限制,并保证进口许可证的实施具有透明性、公正性和平等性。

我国自20世纪50年代初开始实施进出口许可证制度,持续到1957年。之后,对外贸易全部由国家垄断,国家计划成为调节外贸经营的杠杆。改革开放后,为了加强对进出口货物额控制,国务院于1979年决定恢复对进出口商品的许可证管理制度,并先后颁布了一系列法规。自此,外经贸部多次对实施进口许可证管理的商品范围予以调整。在我国现行实施进口许可证商品中大体分为如下几大类:实行进口配额制度的商品,这些配额在2005年以前基本取消,这些商品的许可证制度也将逐步取消;实行指定进口的产品;保护国内幼稚工业的产品;保护知识产权,防止侵权盗版的产品;遵守国际有关公约,保护人类安全的产品。

7.2.4 外汇管制

外汇管制(Foreign Exchange Control)也称外汇管理,是指一国政府通过法令对国际结算和外汇买卖加以限制,以平衡国际收支和维持本国货币汇价的一种制度。负责外汇管理的机构一般都是政府授权的中央银行(如英国的英格兰银行),但也有些国家另设机构,如法国设立外汇管理局担负此任。一般来说,实行外汇管制的国家,大都规定出口商须将其出口所得外汇收入按官方汇率(Official Exchange Rate）结售给外汇管理机构，而进口商也必须向外汇管理机构申请进口用汇。此外，外汇在该国禁止自由买卖，本国货币的携出入境也受到严格的限制。这样，政府就可以通过确定官方汇率、集中外汇收入、控制外汇支出、实行外汇分配等办法来控制进口商品的数量、品种和国别。

外汇管理和对外贸易密切相关，因为出口必然要收汇，进口必然要付汇。因此，如果对外汇有目的地进行干预，就可直接或间接地影响进出口。利用外汇管制来限制进口的方式有三种。

一是数量性外汇管制。即国家外汇管理机构对外汇买卖的数量直接进行限制和分配。其目的在于集中外汇收入，控制外汇支出，实行外汇分配，以达到限制进口商品品种、数量和国别的目的。一些国家实行数量性外汇管制时，往往规定进口商必须获得进口许可证后，方可得到所需的外汇。

二是成本性外汇管制。即国家外汇管理机构对外汇买卖实行复汇率制（System of Multiple Exchange Rates），利用外汇买卖成本的差异来间接影响不同商品的进出口，达到限制或鼓励某些商品进出口的目的。所谓复汇率，也称多重汇率，是指一国货币对外汇率有两个或两个以上，分别适用于不同的进出口商品。其作用是，根据出口商品在国际市场上的竞争力，为不同商品规定不同的汇率以加强出口；根据保护本国市场的需要为进口商品规定不同的汇率以限制进口等。

三是混合性外汇管制。即同时采用数量性和成本性外汇管制，对外汇实行更为严格的控制，以影响商品进出口。

一国外汇管制的松紧，主要取决于该国的经济、贸易、金融及国际收支状况。1931年资本主义世界金融危机爆发后，许多资本主义国家实行了外汇管制。第二次世界大战后初期，由于国际收支长期失衡，黄金外汇储备短缺，许多资本主义国家继续实行外汇管制。进入50年代后半期以后，发达资本主义国家的国际收支平衡有所改善，"美元荒"日趋缓和，逐步放宽了外汇管制，最后实行了货币自由兑换。20世纪80年代以来，随着世界范围内的金融自由化，大部分国家都已经取消了贸易项下的外汇管制，所以目前实施外汇管制的国家并不是很多。不过在一国国际收支急剧恶化或发生金融危机的情况下，实行暂时性的外汇管制是解决危机的有力措施。

我国是发展中国家，长期以来，对外汇实行较为严格的集中管理、统一经营的方针。但是，随着改革开放的不断深入，我国的外汇管制逐渐朝宽松的方向前进，从外汇统收统支制到外汇留成制，再到银行结汇售汇制，并实现了人民币在经常项目下的可自由兑换，为人民币的完全可自由兑换打下了基础。同时，在汇率方面，实行汇率并轨，建立了以市场为基础的、单一的、有管理的浮动汇率制,并成立了全国统一的外汇市场。这些改革使我国外汇管理体制逐步与国际接轨。但也要看到,我国外汇管理仍然统得过多,政策法规的统一性和透明性仍不够高。根据关贸总协定及现在的世界贸易组织关于外汇管理要适度、透明和公正的原则,仍然有许多工作要做。

7.2.5 进出口的国家垄断

进出口的国家垄断(State Monopoly)也称国营贸易(State Trade),是指对外贸易中,某些商品的进出口由国家直接经营,或者把这些商品的经营权给予某些垄断组织。经营这些受国家专控类垄断的商品的企业,称为国营贸易企业(State Trading Enterprises)。国营贸易企业一般为政府所有,但也有政府委托私人企业代办。

各国国家垄断的进出口商品主要有四大类。(1)烟酒。由于可以从烟酒进出口垄断中取得巨大的财政收入,各国一般都实行烟酒专卖。(2)农产品。对农产品实行垄断经营,往往是一国农业政策的一部分,这在欧美国家最为突出。如美国农产品信贷公司,是世界上最大的农产品贸易垄断企业,对美国农产品国内市场价格能保持较高水平起到了重要作用。当农产品价格低于支持价格时,该公司就按支持价格大量收购农产品,以维持价格水平,然后,以低价向国外市场大量倾销,或者"援助"缺粮国家。(3)武器。它关系到国家安全与世界和平,自然要受到国家专控。(4)石油。石油是关系一国经济命脉的战略物资,因此,不仅是出口国家,而且主要的石油进口国都设立了国营石油公司,对石油贸易进行垄断经营。

中国原有的贸易制度是国家专营进出口,因此当时所有的进出口产品都是国营贸易产品。改革开放以后,许多中资企业和外商投资企业都获得了进出口经营权,为此国家实行了进出口商品分类管理的制度,即在出口贸易中把所有商品分为三大类,一、二类商品只限于国家外贸专业总公司和外经贸部批准的少数工贸公司和生产企业经营,绝大多数进出口企业只能经营三类商品,1993年1月起国家取消上述限制除国家规定的产品外,企业均可放开经营;在进口贸易中规定有关国计民生的以及在国际市场上垄断性强、价格敏感的商品列入控制目录,由政府指定的国营贸易企业经营,一般企业只能经营目录以外的商品。具体规定为:

出口方面:国家统一出口产品(即国营贸易)为大米、大豆、玉米、茶叶、棉花、煤炭、钨、锑、原油、成品油、棉纱、棉涤纶纱、棉坯布、棉涤纶坯布、蚕丝、坯绸等13种产品。

禁止出口的产品是按照国家的法律和国际规定的下列产品:

(1) 危及国家安全的；

(2) 法律法规禁止出口的，如文物、濒危灭绝的动植物、劳改产品等；

(3) 违反国家承担的国际义务的，如生产原子武器的原材料、生产生化武器的原材料、生产导弹的零部件、易致毒化学生产等；

(4) 国内紧缺物资，如麝香、天然牛黄、铜及铜基合金、白金等。

进口方面：国家核定公司进口的商品包括小麦、原油、成品油、化肥、天然橡胶、钢材、木材、胶合板、羊毛、腈纶、棉花、烟草及制品、植物油、食糖等。

7.2.6 歧视性政府采购政策

政府采购，亦称公共采购，是指各级政府为了开展日常政务活动或为公众提供公共服务的需要，在财政的监督下，以法定的方式、方法和程序，从市场上为政府部门或公共部门购买商品或服务的行为。歧视性政府采购政策（Discriminatory Government Procurement Policy），是指国家通过法令和政策明文规定政府机构在采购商品时必须优先购买本国货。有的国家虽未明文规定，但优先采购本国产品已成惯例。这种政策实际上是歧视外国产品，起到了限制进口的作用。

美国从1933年开始实行、并于1954年和1962年两次修改的《购买美国货物法案》是最为典型的政府采购政策。该法案规定，凡是美国联邦政府采购的货物，都应该是美国制造的，或是用美国原料制造的，商品的成分有50%以上是本国生产的。以后又作了修改，规定只有在美国自己生产数量不够或国内价格过高，或不买外国货有损美国利益的情况下，才可以购买外国货。显然，这是一种歧视外国产品的贸易保护主义措施。该法案直到关贸总协定的"东京回合"，美国政府签订了政府采购协议后才废除。英国、日本等国家也有类似的制度。

由于政府采购市场一直是个高度保护的市场，再加上缺乏有关政府采购的国际规则，所以，政府采购走向国际化之初，各国在政府采购中随处可见歧视政策与手段，且有不断强化之势，这样就限制了政府采购国际竞争的范围，阻碍了政府采购的国际化，并对世界贸易的发展形成障碍。因此，制定政府采购的国际规则问题被提到了关贸总协定东京回合多边贸易谈判桌上，经过谈判，最终于1979年4月12日达成了《政府采购协议》，它将关贸总协定的一些基本原则，如最惠国待遇、国民待遇和透明度原则延伸到政府采购领域。1980年1月1日协议生效。此后，各地区经济组织和国际经济组织相继在有关的贸易政策中明确了政府采购准入的条款，或者专门制定政府采购协议。在这些条款或者协议中规定，缔约方应该给予同等机会的市场准入，建立公平竞争和非歧视性的政府采购机制。在关贸总协定乌拉圭回合谈判时，又扩大了政府采购的范围，并最终达成了新的

《政府采购协议》，作为一个诸边协议成为世界贸易组织协议的组成部分。2008年1月，时任财政部部长谢旭人代表中国政府签署了中国加入世界贸易组织（WTO）《政府采购协议》申请书。中国常驻WTO代表团当日将申请书和中国加入《政府采购协议》初步出价清单递交给WTO秘书处。

7.2.7 国内税

国内税（Internal Taxes）是指一国政府对本国境内生产、销售、使用或消费的商品所征收的各种捐税，如周转税，零售税、消费税、销售税、营业税；等等。任何国家对进口商品不仅要征收关税，还要征收各种国内税。

在征收国内税时，可以对国内外产品实行不同的征税方法和税率，以增加进口商品的纳税负担，削弱其与国内产品竞争的能力，从而达到限制进口的目的。办法之一是对国内产品和进口产品征收差距很大的消费税。例如，美国，日本和瑞士对进口酒精饮料的消费税都大于本国制品。国内税的制定和执行完全属于一国政府，有时甚至是地方政府的权限，通常不受贸易条约与协定的约束，因此，把国内税用作贸易限制的壁垒，会比关税更灵活和更隐蔽。

7.2.8 进口押金制

进口押金制（Advanced Deposit）又称进口存款制或进口担保金制，是指进口商在进口商品前，必须预先按进口金额的一定比率和规定的时间，在指定的银行无息存储一笔现金的制度。这种制度无疑加重了进口商的资金负担，起到了限制进口的作用。它同外汇管制操作所遵循的理论如出一辙，即设法控制或减少进口者手中的可用外汇，来达到限制进口的目的。例如，意大利政府从1974年5月到1975年3月曾对400多种进口商品实行进口押金制度。它规定，凡项下商品进口，进口商都必须预先向中央银行交纳相当于货值一半的现款押金，无息冻结半年。据估计，这项措施相当于征收5%以上的进口附加税。又比如巴西政府规定，进口商必须预先交纳与合同金额相等的为期360天的存款才能进口。

进口押金制对进口的限制有很大的局限性。如果进口商以押款收据作担保，在货币市场上获得优惠利率贷款，或者国外出口商为了保证销路而愿意为进口商分担押金金额时，这种制度对进口的限制作用就微乎其微了。

7.2.9 进口最低限价制和禁止出口

1. 最低限价制

最低限价制（Minimum Price）是指一国政府规定某种进口商品的最低价格，

凡进口商品的价格低于这个标准,就加征进口附加税或禁止进口。这样,一国便可有效地抵制低价商品进口或以此削弱进口商品的竞争力,保护本国市场。

美国就曾经为了抵制欧洲、日本等国的低价钢材和钢制品的进口,在1977年制定实施了启动价格制(Trigger Price Mechanism,TPM)。其实这也是一种最低限价制。主要包括以下几个方面的内容。(1)它规定了进口到美国的所有钢材及部分钢制品的最低限价,即启动价格。(2)对所有进口钢材和部分钢制品的进口,进口商必须向海关提交由国外出口商填写的"钢品特别摘要发票"。如果发票上的价格低于启动价格,进口商必须对价格进行调整,否则就要接受调查,并有可能被征收反倾销税。(3)继续收集和分析对美国出口的主要外国生产者的国内钢材和部分钢制品的价格和生产成本的资料以及美国国内钢铁工业的有关资料,以便随时调整最低价格。

欧共体(欧盟)为保护其农产品而制定的"闸门价(Sluice Gate Price)"是又一种形式的最低限价。它规定了外国农产品进入欧共体的最低限价,即闸门价。如果外国产品的进口价低于闸门价,就要征收附加税,使之不低于闸门价,然后在此基础上再征收调节税。

2. 禁止进口

禁止进口(Prohibitive Import)是进口限制的极端措施。当一国政府认为一般的限制已不足以解救国内市场受冲击的困境时,便直接颁布法令,公开禁止某些商品进口。仍以欧共体为例,1975年3月,欧共体决定自1975年3月15日起,禁止3千克以上的牛肉罐头及牛肉下水罐头从欧共体以外市场进口。1990年10月,美国政府发布命令,禁止从墨西哥进口金枪鱼,包括鲜金枪鱼及其制品,原因是墨西哥没有实行保护海豚的作业规范。2014年8月7日,俄罗斯总理梅德韦杰夫在内阁会议上表示,俄罗斯禁止从欧盟和美国进口所有牛肉、猪肉、禽肉、水果和蔬菜;禁止从欧盟和美国进口所有乳制品、奶酪和鱼肉。此外,俄罗斯还禁止从澳大利亚、加拿大和挪威进口食品。一般而言,在正常的经贸活动中,禁止进口的极端措施不宜贸然采用,因为这极可能引发对方国家的相应报复,从而酿成愈演愈烈的贸易战,这对双方的贸易发展都无好处。

7.2.10 专断的海关估价

海关为了征收关税而确定进口商品的完税价格的制度称为海关估价制(Customs Valuation)。专断的海关估价是指某些国家为了达到增加进口货的关税负担,阻碍商品的进口的目的,根据某些特殊规定,人为地提高某些进口货的海关完税价格。

在各国专断的海关估价制度中，以"美国售价制"最为典型。所谓美国售价制是指美国海关按照进口商品的外国价格（进口货在出口国国内销售市场的批发价）或出口价格（进口货在来源国市场供出口用的售价）两者之中较高的一种进行征税。这实际上提高了缴纳关税的税额。

为防止外国商品与美国同类产品竞争，直到 GATT 东京回合签订《海关估价守则》之前，美国海关当局对煤焦油产品、胶底鞋类、蛤肉罐头、毛手套等四种国内售价很高的商品，一直是依"美国售价制"（American Selling Price System）征税，使这些商品的进口税率大幅度的提高，有效地限制了外国货的进口。

为了消除各国海关估价制度的巨大差异，并减少其作为非关税壁垒措施的消极作用，关贸总协定于"东京回合"达成了《关于实施关税与贸易总协定第七条的协议》（又称《海关估价协议》），形成了一套统一的海关估价制度。《海关估价协议》确立了主要以商品的成交价格为海关完税价格的新估价制度，目的在于为签字国的海关提供一个公正、统一、中性的货物估价制度，不使海关估价成为国际贸易发展的障碍。《海关估价协议》现已成为 WTO 框架下的多边协议之一。

7.2.11 技术性贸易壁垒

技术性贸易壁垒（Technical Barriers to Trade，TBT）是指进口国通过颁布法律、法令和条例，对进口商品建立各种严格、繁杂、苛刻而且多变的技术标准、技术法规和认证制度等方式，对外国进口商品实施技术、卫生检疫、商品包装和标签等标准，从而提高产品技术要求，增加进口难度，最终达到限制外国商品进入，保护国内市场的目的。技术性贸易壁垒是目前各国使用得最为广泛的一种非关税壁垒措施。

1. 技术性贸易壁垒的类别

WTO《技术性贸易壁垒协议》将技术性贸易壁垒分为技术法规、技术标准和合格评定程序。

（1）技术法规。技术法规是规定强制执行的产品特性或其相关工艺和生产方法，包括可适用的管理规定在内的文件，如有关产品、工艺或生产方法的专门术语、符号、包装、标志或标签要求。

（2）技术标准。技术标准是经公认机构批准的、规定非强制执行的、供通用或反复使用的产品或相关工艺和生产方法的规则、指南或特性的文件。可见技术法规与技术标准性质不同，其关键区别是前者具强制性，而后者是非强制性的。

（3）合格评定程序。合格评定程序是指按照国际标准化组织（International Organization for Standardization，ISO）的规定，依据技术规则和标准，对生产、产品、质量、安全、环境等环节以及对整个保障体系进行全面监督、审查和检验，合格后由国家或国外权威机构授予合格证书或合格标志，以证明某项产品或服务是符合规定的标准和技术规范。合格评定程序包括产品认证和体系认证两个方面：产品认证是指确认产品是否符合技术规定或标准的规定；体系认证是指确认生产或管理体系是否符合相应规定。当代最流行的国际体系认证有 ISO9000 质量管理体系认证和 ISO14000 环境管理体系认证。

2. 技术性贸易壁垒的主要措施

综观世界各国（主要是发达国家）的技术性贸易壁垒，其限制产品进口方面的技术措施主要有以下几种。

（1）严格、繁杂的技术法规和技术标准。利用技术标准作为贸易壁垒具有非对等性和隐蔽性。在国际贸易中，发达国家常常是国际标准的制定者。他们凭借着在世界贸易中的主导地位和技术优势，率先制定游戏规则，强制推行根据其技术水平定出的技术标准，使广大经济落后国家的出口厂商望尘莫及。而且这些技术标准、技术法规常常变化，有的地方政府还有自己的特殊规定，使发展中国家的厂商要么无从知晓、无所适从，要么为了迎合其标准付出较高的成本，削弱产品的竞争力。

（2）复杂的合格评定程序。在贸易自由化渐成潮流的形势下，质量认证和合格评定对于出口竞争能力的提高和进口市场的保护作用日益突出。目前，世界上广泛采用的质量认定标准是 ISO9000 系列标准。此外，美、日、欧盟等还有各自的技术标准体系。

（3）严格的包装、标签规则。为防止包装及其废弃物可能对生态环境、人类及动植物的安全构成威胁，许多国家颁布了一系列包装和标签方面的法律和法规，以保护消费者权益和生态环境。从保护环境和节约能源来看，包装制度的确有积极作用，但它增加了出口商的成本，且技术要求各国不一、变化无常，往往迫使外国出口商不断变换包装，失去不少贸易机会。

资料 7.1

技术标准导致的贸易壁垒

各国采用不同的技术标准，提高了商品贸易的成本，对各国商品的自由贸易形成了一定程度的障碍，一些国家甚至有意通过不同标准来设置贸易壁垒。以下是几个技术标准不同导致贸易障碍的典型例子。

第7章 非关税措施

1. 法国建筑瓷砖

在欧洲各国中,建筑瓷砖的标准是不同的。法国政府规定,非法国标准的瓷砖不得用于公共建筑物(约占整个建筑业市场的40%)。私人建筑虽然可以用非标准瓷砖,但人们也不愿意用,因为保险公司要求建筑物符合行业标准,否则不给予保险。因此,外国同类瓷砖即使价格很低(如西班牙生产的瓷砖)也很难进入法国市场。

2. 意大利空心粉

在意大利有一个"空心粉纯度法",要求空心粉的制作原料必须是硬质小麦,而这种硬质小麦主要产于意大利南部。欧洲其他国家的空心粉大多由混合种类的小麦制成,不符合"空心粉纯度法",很难进入意大利市场。

3. 日本滑雪板

日本有很多滑雪场,本国也生产滑雪板。日本滑雪场对滑雪板有严格的技术标准要求,除了日本生产的滑雪板以外,外国的滑雪板基本都达不到这种标准,因为日本强调他们的雪质特殊,所以必须使用适应日本雪的滑雪板。如果使用不合标准的滑雪板,日本保险公司也不给予保险,出现伤害事故自己负责。因此,日本不会轻易进口外国产的滑雪板。

4. 欧盟肉类进口

1988年1月,欧盟对于食用牲畜制定了禁止使用催肥激素物质的规定,这一禁令影响了美国对欧盟的肉类出口。根据美国官方估计,此项规定如果全面实施的话,将使美国向欧盟的肉类出口量每年减少1.15亿美元。为此,双边出现了贸易摩擦。美国认为这是欧盟利用动植物检疫措施设置的技术壁垒,而欧盟则强调此规定的目的是保护人体健康。无论出于什么目的,此项卫生检疫规定对外国肉类进入欧盟市场起到了明显的阻碍作用。

5. 中国的小麦进出口检验

美国太平洋西北部的七个州小麦产区有一种称为"矮腥黑穗病"(TCK)的小麦病害,小麦感染TCK病害后会造成减产和商量价值损失。中国并没有这种小麦病害,为了防止TCK传入中国,从1972年开始中国一直对美国七州生产的小麦实行进口禁运,直到1999年11月的《中美农业合作协议》才对这项严格的禁运措施作出了调整。

资料来源:海闻、P. 林德特、王新奎:《国际贸易》,上海人民出版社2003年版,第285~286页。

7.2.12 绿色壁垒

随着经济发展所带来的环境污染加剧、某些资源的日益枯竭以及人类环境意识、健康意识的提高，环境保护、可持续发展成为各国特别是发达国家关注的话题，这本是人类发展进步的表现。但在这种"绿色潮流"中，发达国家假借环保之名，对其他国家特别是发展中国家设置"绿色壁垒"，并逐步成为它们在国际贸易中使用的主要技术壁垒。这些壁垒主要有以下表现形式。

1. 环境标志形式的绿色壁垒

环境标志也称绿色标志、生态标志，它由各国政府管理部门或民间团体按照严格的程序和环境标准颁发给厂商，附印于产品及包装上，以向消费者表明：该产品或服务从研制、开发到生态、使用直至回收利用的整个过程均符合生态和环境保护要求。环境标志制度对于调动全社会各阶层人们积极参与环境保护有着独特的作用，是一种有效的环境管理手段。但由于环境标志制度所确立的环境标准相当高，厂商为达到环境标志的要求，其产品的生产须改变原材料成分及生产工艺才能打开市场。因此，环境标志制度在一定程度上就成为一种变相的贸易壁垒。

2. 绿色关税形式的绿色壁垒

绿色关税又称"环境进口附加税"，是指以保护环境为由，对一些影响生态环境的进口产品除征收一般关税外，再加征额外的关税。"绿色检疫"是发达国家为达到限制进口外国产品的目的而制定的严格的卫生检疫标准。

3. 环保包装形式的绿色壁垒

目前世界各国在环保包装方面采取的措施主要有以下几个方面。第一，以立法的形式规定禁止使用某些包装材料，例如立法禁止使用含有铅、汞和硝等成分的包装材料，不能再利用的容器，没有达到特定的再循环比例的包装材料等。第二，建立存储返还制度。许多国家规定，啤酒、软性饮料和矿泉水一律使用可循环使用的容器，消费者在购买这些物品时，向商店交存一定的保证金，以后退还容器时由商店退还保证金。有些国家还将这种制度扩大到洗涤剂和油漆等的生产和销售上。第三，制定强制包装物再循环或利用的法律，如日本的再利用法、新废弃物处理法等。第四，税收优惠或处罚，即对生产和使用包装材料的厂商，根据其生产包装的原材料或使用的包装中是否全部或部分使用可以再循环的包装材料而给予免税、低税优惠或征收较高的税负，以鼓励使用可以再生的资源。

4. 绿色保护形式的绿色壁垒

绿色保护就是通过各种法律对环境进行保护，使之达到食物天然化、环境绿色化、空气水源纯净化的绿色要求。目前国际上已签订了150多个多边环保协定，其中有将近20个含有贸易条款，旨在通过贸易手段达到实施环保法规的目的。各国对进口产品也竞相制定越来越复杂且严格的环保技术标准。其中食品的环境技术标准是最高的，各国政府尤其是日本、欧盟、美国等发达国家对食品中的农药残留量和有毒物质含量标准的规定到了近乎苛求的地步。近年来，人们对纺织品的环保要求也越来越严格，尤其是对丝绸料的化学成分有明确的规定和严格的检测手段。

7.3 非关税壁垒对国际贸易的影响

非关税壁垒措施种类繁多，涉及面较广，既包括各国国内经济政策又包括他们的对外贸易政策。非关税壁垒措施作为世界各国实施贸易保护的主要手段，其对当今国际贸易和有关的国家进出口贸易产生了深远影响，现从以下几个方面简述。

7.3.1 对世界贸易的影响

1. 对国际贸易发展的影响

非关税壁垒对国际贸易影响与关税壁垒相似，一般来说，非关税壁垒对国际贸易发展起着重大的阻碍作用。在其他条件不变的情况下，世界性的非关税壁垒加强的程度与国际贸易增长的速度成反比关系。当非关税壁垒趋向加强，国际贸易的增长将趋向下降；反之，当非关税壁垒趋向缓和或逐渐拆除时，国际贸易的增长速度将趋于加快。第二次世界大战后的 20 世纪 50 年代到 60 年代初，在关税大幅度下降的同时，发达资本主义国家还大幅度地放宽和取消了进口数量限制等非关税措施，因而在一定程度上促进了国际贸易的发展。但从 70 年代中期以后，非关税壁垒进一步加强，形形色色的非关税壁垒措施层出不穷，形成了一个以直接进口数量限制为主干的非关税壁垒网，严重地阻碍着国际贸易的发展。

2. 对商品结构和地理方向的影响

非关税壁垒还在一定程度上影响着国际贸易商品结构和地理方向的变化。第二次世界大战后，特别是 20 世纪 70 年代中期以来，农产品贸易受到非关税壁垒影响的程度超过工业制成品，劳动密集型产品贸易受到非关税壁垒影响的程度超过技术密集型产品；同时，发展中国家或地区和社会主义国家对外贸易受到发达资本主义国家非关税壁垒影响的程度超过发达资本主义国家本身。这种情况在一定程度上影响着国际贸易商品结构与地理方向的变化，阻碍和损害着发展中国家和社会主义国家对外贸易的发展。

7.3.2 对进口国的影响

非关税壁垒和关税壁垒一样,起到限制进口、引起进口国国内市场价格上涨和保护本国的市场和生产的作用。例如,美国通过"自限协定",限制日本汽车进口,结果在美国市场上每辆日本汽车价格在1981~1983年间分别提高185美元、359美元和831美元,美国国内生产的汽车价格也上涨了。

在保护关税的情况下,国内外价格仍维持着较为密切的关系,进口数量将随着国内外价格的涨落而有所不同。但是如果进口国采取直接的进口数量限制措施,情况就不同了。如实行进口数量限制,固定了进口数量,超过绝对进口配额的该种商品不准进口。当国外该种商品价格下降时,进口国对该商品的进口数量不会增长。在限制进口引起进口国国内价格上涨时,也不增加进口,因而两国之间的价格差距将会扩大。

由于进口数量限制等非关税措施导致进口国国内价格的上涨,成为进口国的同类产品生产重要的"价格保护伞",在一定条件下起到保护和促进本国有关产品的生产和发展的作用。

但是,非关税壁垒的加强使资本主义国家的人民付出了巨大的代价。由于国内价格上涨,进口国的消费者必须以更高价格购买所需的商品,而有关厂商,特别是资本主义的垄断组织却从中获得高额利润。同时,随着国内市场价格上涨,其出口商品成本与价格也将相应提高,削弱了出口商品竞争能力。为了扩大出口,许多资本主义国家采取了出口补贴等措施鼓励出口,增加了国家预算支出和加重了广大人民的税收负担。

7.3.3 对出口国的影响

一般来说,进口国加强非关税壁垒,特别是实行直接的进口数量限制,固定了进口数量,将使出口国的商品出口数量和价格受到严重的影响,造成出口商品增长率下降或出口数量的减少和出口价格下跌。

由于各输出国的经济结构和出口商品结构不同,其出口商品受到非关税壁垒措施的影响也可能不同。同时,各种出口商品的供给弹性的不同,其价格所受的影响也将不同。一般来说,发达资本主义国家的许多出口商品的供给弹性较大,这些商品的价格受到进口国的非关税壁垒所引起的价格下跌将较小;反之,许多发展中国家或地区的某些出口商品的供给弹性较小,其所引起的价格下跌将较大。因此,发展中国家或地区蒙受非关税壁垒限制的损失超过了发达资本主义国家。

发达资本主义国家还利用非关税壁垒对各出口国家实行差别和歧视待遇，因而各输出国所受的影响也有所不同。例如，以绝对进口配额为例，由于进口配额的实施方式不同，各输出国所受到的影响也将不同。如果进口国对某种商品实行全球性进口配额，则进口国的邻近出口国家的出口就处于较为有利的地位，可能增加该种商品出口，而距离进口国较远的国家的出口就处于较为不利的地位，可能减少该种商品出口。如果进口国对某种商品实行国别进口配额，其采用的配额分配方法不同，各出口国的商品出口所受到的影响也将不同。如配额采用均等分配法，则实施配额以前该商品出口较多的国家将可能减少出口，而过去出口较少的国家将可能增加出口；如配额参照出口国过去的出口实绩按比例分配，则各出口国所分到的新额度也将不同；如配额按双边协议分配，各出口国出口将由于协议配额的不同而各有差异。发达资本主义国家还往往采取歧视性的非关税措施严重地损害社会主义国家和发展中国家的出口利益。

在非关税壁垒加强的情况下，发达资本主义国家之间一方面采取各种措施鼓励商品出口；另一方面采取报复性和歧视性的措施限制对方商品进口，从而进一步加剧了它们之间的贸易摩擦和冲突。

本章小结

1. 非关税壁垒措施的种类十分繁多，常见的有进口配额制、"自愿"出口限制、反倾销、歧视性政府采购、进出口贸易的国家垄断、进口许可证制度、技术性贸易壁垒，等等。

2. 进口配额是一种通过对进口数量或金额的限制来保护本国生产的非关税壁垒。进口配额主要可以分为绝对配额和关税配额两种。与关税相比，配额在进口限制方面更直接、更易于控制，也更严厉。

3. 进口配额的福利效应与关税大致相同。在国内市场完全竞争的条件下，小国配额会导致本国福利的净损失，福利损失额与小国关税效应相同；与大国关税一样，大国配额的净福利效应不确定。但是，与关税相比，配额更有可能在进口国国内造成收入分配的不公平。

4. 倾销是一种低价出口行为。由于它可能给进口国相同产业造成损害，因而被视为不公正的贸易竞争行为。对于进口国来说，反倾销是一把"双刃剑"，在保护了进口竞争厂商利益的同时，可能损害到包括下游产业在内的消费者的利益。反倾销措施的滥用肯定既不利于进口国的总体利益，也不利于国际自由贸易的发展。

5. "自愿"出口限制是一种特殊形式的配额，从进口国的角度看，选择"自愿"出口限制比提高关税成规定配额能更好的避开GATT（WTO）的规则，因而，"自愿"出口限制作为灰色区域措施的一种主要形式而迅速蔓延。它对于进口国的影响基本上和进口配额一样，所不同的是，在"自愿"出口限制的条件下，配额的发放是由出口国政府分配配额给本国的出口公司。因此，出口国可能从中受益。

复习思考题

1. 名词解释

进口配额、进口许可证制、最低进口限价、进口押金制、海关估价

2. 简答题

（1）与关税相比，非关税壁垒有哪些特点？

（2）非关税壁垒对进口国与出口国的影响体现在哪些方面？

第8章 鼓励出口与出口管制措施

本章要点
- ◇ 出口信贷的含义与分类
- ◇ 出口补贴的分类及经济效应分析
- ◇ 经济特区的分类
- ◇ 出口管制的形势与措施

8.1 鼓励出口措施

各国除了利用关税和非关税措施限制进口外,还采取各种鼓励出口的措施扩大商品的出口。限制进口和鼓励出口是国际贸易政策相辅相成的两个方面。无论采取自由贸易政策还是保护贸易政策的国家,都毫无例外地会采用这种奖出限入的政策。此外,出于政治、经济或军事方面的原因,一些国家对某些主要资源和战略物资,实行出口管制、限制或禁止出口。

8.1.1 鼓励出口的政策措施

鼓励出口的措施是指出口国政府通过经济、行政和组织等方面的措施,促进本国商品的出口,开拓和扩大国外市场。

1. 出口信贷

出口信贷(Export Credit)又称对外贸易中长期贷款,是一个国家为了鼓励商品出口,加强商品的竞争能力,对本国出口厂商或外国进口厂商提供的贷款。这是一国的出口厂商利用本国银行的贷款扩大商品出口,特别是金额较大、期限较长的商品,如成套设备、船舶等出口的一种重要手段。出口信贷利率一般低于相同条件资金贷放的市场利率,利差由国家补贴,并与国家信贷担保相结合。

(1)出口信贷的种类。第一,出口信贷按时间长短分为:短期信贷(Short-term Credit),一般180天以内,主要适用于原料、消费品及小型机器设备的出口；中期信贷（Medium-term Credit），为期1~5年，常用于中型机器设备出口；长期信贷（Long-term Credit），通常是5~10年甚至更长时期，适用于重型机器、成套设备等。第二，出口信贷按借贷关系可以分为卖方信贷和买方信贷两种。

①卖方信贷（Supplier's Credit）。所谓卖方信贷，是指出口方银行向出口商（即卖方）提供贷款，再由出口商向进口商提供延期付款的信贷方式。贷款合同由出口商与银行签订。卖方信贷通常用于那些金额大、期限长的出口项目。如果采用卖方信贷成交，交易双方签订买卖合同后，进口商须先支付货款的5%~15%作为履约的保证金，在分批交货、验收和保证期满时，再分期支付10%~15%的货款，其余的货款在全部交货后若干年内分期摊还，并付给延期付款期间的利息。出口厂商把所得的款项与利息按贷款协议的规定偿还给本国的供款银行。所以，卖方信贷实际上是出口厂商从银行取得贷款后，再向进口商提供延期付款的一种商业信用。

②买方信贷（Buyer's Credit）。所谓买方信贷，是指出口方银行直接向进口商（即买方）或进口方银行提供的贷款，其附加条件是贷款必须用于购买债权国的商品，这就是所谓约束性贷款（Tied Loan）。买方信贷由于具有约束性而能达到扩大出口的目的。买方信贷的形式有两种：一种是贷给进口方银行，再由进口方银行转贷给进口商；另一种是直接贷给进口商，但通常需要进口商银行担保。如果采用买方信贷成交，当出口方供款银行直接贷款给外国进口商时，进口厂商先用本身的资金，以即期付款方式向出口厂商交纳买卖合同金额15%~20%的订金，其余货款以即期付款的方式将银行提供的贷款付给出口厂商，然后按贷款协议所规定的条件，向供款银行还本付息；当出口方供款银行贷款给进口方银行时，进口方银行也以即期付款的方式替进口厂商支付应付的货款，并按贷款协议规定的条件向供款银行归还贷款和利息等。至于进口厂商与本国银行的债务关系，则按双方商定的办法在国内结算清偿。买方信贷不仅使出口厂商可以较快地得到货款和减少风险，而且使进口厂商对货价以外的费用比较清楚，便于与出口厂商进行讨价还价。此外，对于出口方银行来说，因为银行的资信一般高于企业，贷款给国外的买方银行，要比贷款给国内企业风险更小。另外，银行提供买方信贷，既能帮助出口厂商推销产品，加强银行对该企业的控制，又能为银行资金在国外的运用开拓出路。因此，目前种方式较为流行。

(2) 出口信贷的特点。

①出口信贷资金专用于出口项目，贷款资金必须全部或大部分用于购买提供贷款国家的出口商品。

②出口信贷属政策性融资贷款，其利率较国际市场贷款的利率低，贷款银行利息损失由出口国政府以财政补贴的形式补偿。

③出口信贷的贷款金额约为买卖合同金额的85%左右，其余10%～15%由进口厂商以订金形式先行支付。

④为避免或减少信贷风险，出口信贷的发放与出口信贷担保相结合。

由于出口信贷能有力地扩大和促进出口，因此西方国家一般都设立专门银行来办理此项业务，如美国进出口银行、日本输出入银行、法国对外贸易银行、加拿大出口开发公司等。另外，一些发达国家还使用"福费廷"（Forfaiting）来鼓励本国大型生产设备等的出口，所谓"福费廷"是指在延期付款的大型生产设备贸易中，出口商把经进口商承兑的，期限在半年以上至五六年的远期汇票，无追索权的售予出口商所在地的银行或大金融公司，提前取得现金的一种资金融通的形式。由于它满足了进出口双方的需要，因此在国际贸易中这种方式也日益流行。

我国也于1994年7月1日正式成立了中国进出口银行。这是一家政策性银行，其资金来源除国家财政拨付外，主要是中国银行的再贷款、境内发行的金融债券和境外发行的有价证券，以及向外国金融机构筹措的资金等。其任务主要是对国内机电产品及成套设备等资本品货物的进出口给予必要的政策性金融支持，从根本上改善我国出口商品结构，以促进出口商品结构的升级换代。

自中国进出口银行成立以来，出口信贷业务不断发展，已经成为促进我国商品出口的重要推动力量。2010年以来，出口卖方信贷趋于稳定，2014年出口卖方信贷放款1 785.98亿元人民币，年末贷款余额4 104.12亿元人民币；出口买方信贷稳步增长，2014年出口买方信贷放款594.43亿元人民币，年末贷款余额2 222.95亿元。从商品构成来看（见图8-1），2014年出口卖方信贷涉及出口商品主要包括高新技术产品（29.86%）、船舶出口（19.8%）、境外投资（15.22%）以及一般机电产品。

图8-1　中国进出口银行出口买方信贷商品构成

资料来源：《中国进出口银行2014年年度报告》。

2. 出口信贷国家担保制

出口信贷国家担保制（Export Credit Guarantee System）就是国家为了扩大出口，对于本国出口商或商业银行向国外进口商银行提供的信贷，由国家设立的专门机构出面担保。如英国的出口担保局、美国的进出口银行、日本的输出入银行等都以不同的方式、在不同程度上为本国贷款银行承担担保责任。国家担保制保险的范围不仅包括一般的商品性风险，还包括由政治因素、外汇管制、货币贬值等引起的不能按时付款或拒绝付款的风险。通常对进口国发生政变、暴乱、战争以及政府实行禁运或限制对外支付等政治风险进行担保，担保金额为合同金额的85%～95%；对进口商或借款银行因破产倒闭无力偿付、货币贬值、通货膨胀等经济风险的担保金额为合同金额的70%～80%。这项措施实际上是国家替代出口商承担风险，是扩大出口和争夺国外市场的一个重要手段。以英国出口信贷担保署（The Export Credit Guarantee Department）为例，该署对商业银行向出口商提供的某些信贷提供担保，一旦出现贷款过期未能清偿付款时，该署可给予商业银行100%的偿付，而不问清付的原因，但保留对出口商要求偿付的追索权。可见，出口信贷国家担保制能使银行减少或避免贷款不能收回而蒙受的损失，有利于银行扩大出口信贷业务，促进商品输出。这是一种提高商品非价格竞争力的重要手段。

出口信贷国家担保制的担保对象主要有两种。

（1）对出口厂商的担保。出口厂商输出商品时所需的短期或中长期信贷均可向国家担保机构申请担保。有些国家的担保机构本身不向出口厂商提供出口信贷，但可为出口厂商取得出口信贷提供有利条件。例如，有的国家采用保险金额的抵押方式，允许出口厂商所获得的承保权利以"授权书"方式转移给供款银行而取得出口信贷，这种方式使银行提供的贷款得到安全保障，一旦债务人不能按期还本付息，银行可直接从担保机构得到补偿。

（2）对银行的直接担保。通常银行所提供的出口信贷均可申请担保。这种担保是担保机构直接对供款银行承担的一种责任。有些国家为了鼓励出口信贷业务的开展和提供贷款安全保障，往往给银行更为优厚的待遇。

随着各国出口信贷业务的发展，各国出口信贷担保制也日益加强。目前，世界上许多发达国家和发展中国家都设立了国家担保机构，专门办理出口信贷保险业务。我国的中国进出口银行除了办理出口信贷业务外，也办理出口信用保险和信贷担保业务。

3. 出口补贴

出口补贴（Export Subsidy）又称出口津贴，是一国政府为了降低出口商品的价格，增强其在国外市场的竞争力，在出口商品时给予出口商的现金补贴或财政上的优惠待遇。政府对出口商品可以提供补贴的范围非常广泛，但不外乎两种基本方式。

一是直接补贴（Direct Subsidy）。即政府在商品出口时，直接付给出口商的现金补贴，主要来自财政拨款。其目的是为了弥补出口商品国内价格高于国际市场价格所带来的亏损，或者补偿出口商所获利润率低于国内利润率所造成的损失。

二是间接补贴（Indirect Subsidy）。即政府对某些商品的出口给予财政上的优惠。其目的仍然在于降低商品价格，以便更有效地打进国际市场。按照 WTO《补贴与反补贴协议》的定义间接补贴包括以下几种：①政府为出口企业提供优惠贷款；②政府潜在的直接转让资金和债务，即提供贷款担保；③政府财政收入的放弃或不收缴，即减税、免税或退税；④政府提供货物、技术等中介服务、或购买货物；⑤政府向基金机构拨款，或委托、指令私人机构代替政府履行某些职能；⑥其他任何形式的对出口产品的价格和收入的支持。

由于各国都在实行奖出限入的外贸政策，因而纷纷采取形形色色的补贴措施以促进本国产品出口，而进口国政府往往采用反补贴以抵制和消除补贴这种行为对进口国有关产业的不利影响。因此，补贴和反补贴已成为当今国际经济贸易关系中的一个突出问题。应当看到，出口补贴行为会扭曲商品在国际市场上的价格，易于在价格竞争中获取一定优势，甚至会对进口国的商品或同类商品的生产造成损害。就此而言，出口补贴行为显然违反了国际贸易中的公平竞争原则。然而，对于经济落后的发展中国家来说，给予某些出口工业制成品以适度的补贴，仍然是减少其国际收支逆差的重要一环。鉴于此，世界贸易组织在原则上反对出口补贴行为的同时，还是允许某些发展中国家在特殊情况下可以适度运用这种做法。因此，我们应该正确对待和运用这种手段，既充分遵循国际规范，又不放弃可以增强本国出口制成品竞争力的时机。

4. 生产补贴

与保护国内进口竞争工业一样，鼓励发展出口工业除了出口补贴等贸易政策以外，也可以使用产业政策。产业政策之一是对出口产品进行生产补贴。

什么是生产补贴？根据世贸组织的规定，"除出口补贴以外的补贴"都是生产补贴。生产补贴与出口补贴的区别在于，生产补贴对所有生产的产品进行补贴，不管该产品是在国内市场销售还是向外国出口。这些补贴包括政府对商业企业的资助、税收减免、低利贷款等直接的方式，也包括对某些出口工业生产集中的地方给予区域性支持（如以优惠价提供土地或电力支持，加强交通通讯等基础设施的建设等)、资助研究与开发项目等间接的做法。所有这些政策手段虽然看上去只是对具体企业或行业的支持,但实际上降低了这些出口企业的生产成本,提高了出口竞争能力,起到鼓励促进出口的作用。

由于生产补贴的形式多种多样,不像出口补贴那么明显,所以,在出口补贴受到限制的情况下,不少政府则通过生产补贴等产业政策来支持本国的出口行业。例如,日本政府在20世纪七八十年代就投入大量资金支持计算机和半导体行业的发展,1976年至1980年的4年中,日本通产省就为富士、日立、三菱、NEC和东芝等企业的计算机集成技术开发补贴了300亿日元,占整个研究开发费用的43%。欧洲空中客车的生产从法国政府和德国政府得到的补贴,高达飞机价格的20%。出口行业的国有企业也往往直接得到政府的生产补贴,尤其是对农业的补贴。

5. 价格支持

价格支持是政府通过稳定价格来支持生产者的一种手段。为了稳定生产和保证生产者收入,政府设立一个不由市场供求决定的"支持价格"或"保证价格"。如果市场价格高于保证价格,生产者可以根据市场需求卖出高价,如果市场均衡价格下跌到低于保证价格,由政府补差,产品产量和生产者的收入都不会因价格的下跌而受到太大影响。

价格支持本身并不是一种贸易政策,但如果政府将此政策用于出口行业时,就起到了刺激出口贸易的作用。

6. 商品倾销

商品倾销(Dumping)是指商品以明显低于公平价格的价格,在国外市场上大量抛售,以打击竞争对手,占领或巩固国外市场。根据《WTO反倾销协议》的规定,如果符合以下任何一条,则可以被确定为倾销行为:(1)低于相同产品在出口国正常情况下用于国内消费时的可比价格;或(2)如果没有这种国内价格,则低于相同产品在正常贸易下向第三国出口的最高可比价格;或产品在原产国的生产成本加上合理的管理费、销售费、运输费等费用和利润。

(1) 偶然性倾销(Sporadic Dumping)。这种倾销通常是因为销售旺季已过,或因公司改营其他业务,在国内市场上不能售出"剩余货物",而以较低的价格在国外市场上抛售。

(2) 间歇性或掠夺性倾销(Intermittent or Predatory Dumping)。这种倾销是以低于国内价格甚至低于生产成本的价格在国外市场销售商品,挤垮竞争对手后再以垄断力量提高价格,以获取高额利润。掠夺性倾销的有害性主要表现在,企业降低价格的临时性,即进口国消费者只获得了暂时性的利益,一旦重新提高价格，消费者的实际收入水平非升反降，因此掠夺性倾销通常被认为是一种追求垄断地位的行为，被视为一种"不公平贸易"行为。

（3）持续性倾销（Persistent Dumping），又称长期性倾销（Long-run Dumping）。这种倾销是无限期地、持续地以低于国内市场的价格在国外市场销售商品。

商品倾销由于实行低价策略，必然会导致出口商利润减少甚至亏损。这一损失一般可通过以下途径得到补偿：（1）在贸易壁垒的保护下，用维持国内市场上的垄断高价或压低工人的工资等办法，榨取高额利润，以补偿出口亏损；（2）国家提供出口补贴以补偿该企业倾销时的亏损；（3）大企业在国外市场进行倾销，打垮了国外竞争者，占领了国外市场后，再抬高价格，攫取高额利润，弥补过去的损失。

自 WTO 成立以来，一直致力于削减关税和非关税壁垒，并为成员方提供贸易纠纷的解决平台。目前在各类非关税壁垒纠纷中，倾销与反倾销纠纷数量位居第三位，仅次于卫生与植物检疫和技术贸易措施。截至 2015 年 6 月 30 日，全世界共有 1 881 个商品项目的反倾销纠纷，其中 1 429 项已经落实，452 项尚在立项中。其中被诉反倾销最多的国家是美国（258 项已落实），其次是印度、土耳其、巴西、欧盟和中国大陆。

7. 外汇倾销

外汇倾销（Exchange Dumping），是指一国降低本国货币对外国货币的汇价，使本国货币对外贬值，从而达到提高出口商品价格竞争力和扩大出口的目的。本国货币的对外贬值从其动机看，可以分为主动贬值和被动贬值，因此外汇倾销也可以分为主动倾销和被动倾销。所谓主动外汇倾销包括两种情形：其一指本国政府有意识地使本国货币对外贬值；其二是本国政府本身不直接让本国货币贬值，而是通过各种政策影响国际外汇市场上的供求关系从而间接促使本国货币贬值。这种贬值能够直接降低本国出口企业的出口成本，有利于争夺国外市场。所谓被动外汇倾销指本国政府并未有意为之，而是因为本国经济发展出现了严重问题而导致本国货币自然贬值。1997 年亚洲金融危机中一些亚洲国家货币出现的大幅度贬值就属于这类贬值。虽然这类贬值也同样能降低本国出口产品的成本，但很多国内的其他不利因素又往往会抵消这种成本上的降低优势，所以这类贬值对本国产品的促进作用是有限的。外汇倾销作为一种作用于出口的政策，应该主要是指主动的外汇倾销。

最后，必须注意实行外汇倾销的代价十分昂贵。由于外汇倾销的实质是降低出口商品的外汇标价以换取出口数量的增加，从而达到增加外汇收入的目的。因此,外汇倾销实际上使同量出口商品所能换回的进口商品数量减少,贸易条件趋于恶化。这就是说,外汇倾销可以推动商品出口大量增加,并不等于出口额必然随之增加。另外它有时甚至会引起国内经济的混乱,出现得不偿失的结果。

8.1.2 促进出口的组织措施

第二次世界大战后,西方国家为了促进出口贸易的扩大,在制定一系列的鼓励出口政策的同时,还在不断加强出口组织措施。这些措施主要有以下几个方面。

第一,成立专门组织,研究与制定出口战略。例如,美国 1960 年成立了"扩大出口全国委员会",其任务是向美国总统和商务部长提供有关改进和鼓励出口的各项措施的建议和资料;1978 年成立了"出口委员会"和"跨部门的出口扩张委员会",附属于总统国际政策委员会,1979 年成立了"总统贸易委员会",集中统一领导美国对外贸易工作;1992 年成立了国会的"贸易促进协调委员会";1994 年 1 月又成立了第一批"美国出口援助中心"等。日本、欧盟国家也有类似的组织。

第二,建立商业情报网,加强国外市场情报工作,及时向出口商提供商业信息和资料。例如,英国的海外贸易委员会在 1970 年就设立出口信息服务部,向有关出口厂商提供信息,以促进商品出口。又如日本政府出资设立的日本贸易振兴会(其前身是 1951 年设立的"海外市场调查部"),就是一个从事海外市场调查并向企业提供信息服务的机构。

第三,设立贸易中心,组织贸易博览会,以推销本国商品。贸易中心是永久性设施,可提供商品陈列展览场所、办公地点和咨询服务等,而贸易博览会是流动性的展出,这些工作可以使外国进口商更好地了解本国商品,从而起到促销的作用。例如,意大利对外贸易委员会对由其发起的展出支付 80% 的费用,对参加其他国际贸易展览会的公司也给予其费用 30%~35% 的补贴。

第四,组织贸易代表团出访和接待来访,以加强国际上经贸联系。许多国家为了推动和发展对外贸易,组织贸易代表团出访,其费用大部分由政府支付,如加拿大。此外,许多国家还设立专门机构接待来访团体。例如,英国海外贸易委员会设立接待处,专门接待官方代表团,并协助本国公司、社会团体接待来访的外国工商界人士,以促进贸易。

第五,组织出口厂商的评奖活动,以形成出口光荣的社会风气。例如,英国从 1919 年起开始实行"女王陛下表彰出口有功企业的制度",并规定受表彰的企业在五年之内可使用带有女王名字的奖状来对自己的产品进行宣传。又比如，有的国家对有突出贡献的出口商颁发总统奖章或授予荣誉称号，或者由总理亲笔写感谢信。这样都能较有力地推动本国对外贸易的发展。

8.2 经济特区措施

经济特区是一个国家或地区在其关境以外所划出的一定范围内，建筑或扩建码头、仓库、厂房等基础设施和实行免除关税等优惠待遇，吸引外国企业从事贸易与出口加工工业等业务活动的区域。世界各国建立经济特区的目的是为了促进出口加工工业的开展，扩大转口贸易，繁荣本地区和邻近地区的经济，增加财政收入和外汇收入。因此，建立经济特区是一国实行对外开放政策和鼓励扩大出口的一项重要政策。

8.2.1 对外贸易经济特区的发展概况

经济特区的发展已有很长的历史，它与对外贸易的发展有着密切的联系。15世纪末，德意志北部的几个城市联合起来，建立自由贸易联盟，史称"汉萨同盟"，为促进同盟内部的通商贸易，选定汉堡和布莱梅两地作为自由贸易区。16世纪在欧洲已出现了自由港。

随着资本主义的不断发展，自由港与自由贸易区不断涌现。从17~19世纪，在国际贸易中占有优势地位的国家如荷兰、英国等，为了扩大对外贸易，增加外汇盈利，相继把地中海沿岸的某些港口（如直布罗陀）及中东、东南亚和加勒比海一带的某些港口辟为自由港，包括中国香港、澳门等。到了帝国主义时期，一些发达资本主义国家，不仅在殖民地附属国继续设置经济特区，而且还在本国开辟经济特区，以便借助其优势的地理位置，发挥商品集散中心的作用，增加贸易利益。例如1934年美国国会通过对外贸易区法案后，在纽约、旧金山等地设置经济特区。

20世纪50年代末60年代初，一批新型的经济特区——出口加工区开始出现。爱尔兰于1959年在香农国际机场兴建了世界上第一个出口加工区。1965年世界上第一个以出口加工区命名的经济特区在我国台湾高雄兴建起来，自此以后，出口加工区这类新型的经济特区，便在发展中国家和地区迅速涌现。

根据国际劳工组织的统计，截至2002年世界116个国家设立各类出口加工区（包括自由贸易区、经济特区、自由港、报税仓库、自由港和边境加工厂）

3 000 多个[①],就业人口 4 300 多万人。据估计,目前各类自由贸易区数量超过 1 200 个。

实践证明,经济特区在推动国别地区经济,促进对外贸易发展,增加外汇收入和财政收入方面发挥了重要的角色,凡是设有自由港或自由贸易区的国家或地区,以及自由港所处的港口和城市,经济发展水平都较高,如新加坡、中国香港等。

8.2.2 世界经济特区的类型

1. 贸易型的经济特区

传统的自由港和自由贸易区基本上是一种商业型或贸易型的经济特区,是经济特区最常见的形式。

自由港是指全部或绝大多数外国商品可以豁免关税自由进出口的港口。自由港在经济和贸易方面的基本特征是"自由",具体表现为贸易自由、金融自由、投资自由、运输自由。自由港一般具有优越的地理位置和港口条件,其开发目标和营运功能与港口本身的集散作用密切结合,以吸引外国商品扩大转口。我国香港就是典型的自由港。它的特征是:(1)对商品的输出入不征关税或仅对少数商品征税(如烟、酒等),不必办理海关手续;(2)一般准予在港内自由进行改装、加工、装卸、整理、买卖、展览、销毁和长期储存等。此外如德国的汉堡、不莱梅,丹麦的哥本哈根,意大利的热那亚,法国的敦刻尔等都是世界著名的自由港。

自由贸易区(Free Trade Zone)由自由港发展而来,它是以自由港为依托,将范围扩大到自由港的邻近地区。自由贸易区与自由港的功能基本相似,以促进对外贸易为主,也发展出口导向的加工业和工商业、金融业、旅游和其他服务。一般来说,自由港或自由贸易区可以分为两种类型:一种是把港口或设区的所在城市都划为自由港或自由贸易区,如香港整个是自由港。在整个香港,除了个别商品外,绝大多数商品可以自由进出,免征关税,甚至允许任何外国商人在那里兴办工厂或企业。另一种是把港口或设区的所在城市的一部分划为自由港或自由贸易区。例如,如德国汉堡自由贸易区是汉堡市的一部分,占地仅 5.6 平方英里。

各国设立自由港和自由贸易区的主要目的是为了方便转口和对进口货物进行简单加工,主要面向商业,并以转口邻近国家和地区为主要对象,多设在经济发

[①] Employment and social policy in respect of export processing zones (EPZs), International Labour Office, Committee on Employment and Social Policy, 286th Session, Geneva, March 2003.

达国家或地区。自由港以欧洲为最多，自由贸易区以美洲为最多。

为进一步深化对外开放，推动贸易与投资自由化，中国政府自2013年9月批准建立中国（上海）自由贸易试验区并准备推广至全国。2014年12月中国政府批准建立中国（广东）自由贸易试验区、中国（天津）自由贸易试验区和中国（福建）自由贸易试验区三个自由贸易区，同时青岛、厦门等众多城市正在积极申报中。自中国（上海）自贸试验区成立以来，园区面积从初设时的28.28平方公里扩展至120.72平方公里，范围涵盖上海市外高桥保税区、外高桥保税物流园区、洋山保税港区和上海浦东机场综合保税区、金桥出口加工区、张江高科技园区和陆家嘴金融贸易区七个区域。

2. 工业型经济特区

工业型经济特区主要指出口加工区，它是一个国家在其港口或靠近港口的地方，划出一定的区域让外国的企业在港内或区内设办工业，生产以出口为主的工业制成品的加工区域。

出口加工区是20世纪60、70年代，在一些发展中国家和地区建立和发展起来的，其源于自由港或自由贸易区，采用自由港或自由贸易区的一些做法，但它又与自由港或自由贸易区有所不同。一般来说，自由港或自由贸易区，以发展转口贸易、取得商业方面的收益为主，是面向商业的；而出口加工区，以发展出口加工工业、取得工业方面的收益为主，是面向工业的。

出口加工区一般设置在港口或邻近港口、国际机场的地方，提供基础设施以及免税等优惠待遇，主要的目的是引进国外资金、技术和经营管理方法，利用本国的劳动力资源与国际市场，发展出口加工工业，以扩大设区国的出口贸易，增加劳动就业和外汇收入，取得工业方面的收益，促进本国经济的发展。

出口加工区有综合型和专业型两种。前者在区内可经营多种出口加工工业，如菲律宾的巴丹出口加工区即属此类；后者在区内只许经营某种特定的出口加工产品，如印度孟买的圣克鲁斯电子工业出口加工区，专业发展电子产品的生产和出口。目前世界各地的出口加工区大部分是综合型出口加工区。

出口加工区的优惠政策措施主要包括两方面。（1）提供工业化所必须的一般先决条件，如提供训练有素、工资水平与生产效率和技术熟练程度相适应的劳动力；提供良好的环境，如码头、水电供给、交通设施、国际机场及通信等基础设施；精简高效的行政机构和规章制度；政策的稳定和对外投资的法律保护。（2）提供财政上的优惠和补贴，鼓励出口加工业务发展及吸引外国投资，包括：区内加工出口所需的各种进口设备、原材料一律免征进口税；加工产品出口一律免征出口税；区内外商投资企业可以减免部分国内税；按补贴性的收费率提供公用事业和基础设施服务以及工厂用地等；外商企业的经营所得的各种收入不受外汇管制的限制等。

3. 科技型经济特区

科技型经济特区则一般以大学和科研机构为依托，以科学研究为先导，拥有较雄厚的技术力量，能够创立技术密集与知识密集型的新兴产业，发展高精尖产品，具有较强的国际竞争力。这种类型的经济特区，对于东道国的科技进步和工业化起到巨大的促进作用。科学工业园区是一种科技型经济特区。

科学工业园区最早形成于 20 世纪 50 年代末、60 年代初的美国，70 年代逐渐在世界范围内兴起，80 年代以后进入发展期，90 年代进入高峰期。科学工业园区主要分布在发达国家和新兴工业化国家，以美洲为最多。科学工业园区有自主型和引进型两类。前者主要靠自有先进技术、充裕资金及高级人才来促进本国高新技术产业的发展，发达国家所设园区多属此类；后者则采取引进外资、技术、信息和人才的办法来进行合作研究与开发，发展中国家和地区所设园区多属此类。

科学工业园区的主要特点是：有充足的科技和教育设施及高校、研究机构，以一系列企业组成的专业性企业群为依托，区内企业设施先进、资本雄厚、技术密集程度高、信息渠道畅通、交通发达、政策优惠，鼓励外商在区内进行高科技产业的开发，吸引和培养高级技术人才，研究和发展尖端技术和产品。

我国高新技术产业开发区是借鉴国外高科技园区的成功经验，在适当地点划出一定区域，赋予优惠政策，集中发展高科技，以实现产业化的特定地域。它主要依托国内的科技力量和工农业基础，吸收国外资金，引进先进技术，致力于我国高新技术科研成果的商品化，产业化和国际化，促进高新技术产业的形成和发展。1988 年 5 月经国务院批准建立的北京新技术产业开发试验区是我国第一个高新技术产业开发区，北京中关村科技园是我国典型的高新技术产业开发区。

截至 2013 年底，我国共有 114 家国家级高新技术产业开发区，实现工业总产值 19.7 万亿元，实现增加值 5.8 万亿元——占全国 GDP 比重达 10% 以上，工业增加值占同期全国第二产业增加值比重的 16%，出口创汇占同期全国外贸出口总额的 16.9%，上交税额 1.1 万亿元，出口总额 3 700 亿美元。

4. 综合型经济特区

随着国际经济关系，特别是国际贸易、金融和经济技术交流的发展，经济特区以各种不同形式发展，并出现向综合化发展的趋势。综合型经济特区是一种多行业、多功能的特殊经济区域，它们除了具有一般出口加工区和自由贸易区的特点外，还有各自的特点。综合型经济特区的特点是：规模大、经营范围广，是一种多行业、多功能的特殊经济区域。它比小型的出口加工区具有更大的优势，经济效益显著。除了出口加工业和进出口贸易外，还经营农牧种植业、旅游业、金融服务业、交通电讯以及其他的行业。1979 年，我国所设立的深圳、珠海、汕头、厦门和海南省经济特区就属于这一种。

5. 保税区

保税区（Bonded Area）又称保税仓库区（Bonded Warehouse），是由海关设置的或经海关批准设置的特定地区和仓库。它的功能基本类似于自由贸易区。进入保税区的外国商品可以暂不缴纳进口税，如再出口也不必缴纳出口税。进入区内的商品也可以进行储存、改装、分类、混合、展览、加工与制造等。

保税区制度是一些资本主义国家（如日本、荷兰）在没有设立自由港或自由贸易区的情况下设立的，它实际上起到了类似自由港和自由贸易区的作用，只是其地理范围一般相对较小。保税区（仓库）的设立，有利于货主选择有利的时机交易，有利于贸易业务的顺利开展和促进转口贸易。各个国家保税区的具体规定各有不同，做法上也有差异。日本则根据职能的不同将保税区分为：（1）指定保税区（Designated Bonded Area）与保税棚（Bonded Shed），是为方便报关的短期储存场所；（2）保税仓库，储存期较长，便于贸易业务特别是转口贸易的发展；（3）保税工厂（Bonded Factory），在海关监管下进行加工、制造分类等保税业务的专门工厂；（4）保税陈列场（Bonded Exhibition），便于展览和广告宣传的场所，促进交易的开展。

截至 2015 年 9 月，经国务院批准，共设立苏州太仓综合保税区、济南综合保税区等 43 家综合保税区。

6. 自由边境区和过境区

自由边境区（Free Perimeter）也称自由贸易区域（Free Trade Area），指设在本国省市地区的某一地段，按照自由贸易区或出口加工区的优惠措施，对区内使用的机器、设备、原料和消费品，实行减税或免税，以吸引国内外厂商投资。与出口加工区不同，外国商品在自由边境区内加工制造后主要用于区内使用，仅少数用于出口。因此，设立自由边境区的目的是吸引投资开发边境地区的经济。自由边境区设置主要是少数美洲国家（如墨西哥）的鼓励措施。

过境区（Transit Zone）又称中转贸易区，指某些沿海国家为方便内陆邻国的进出口货运，根据双边协定，开辟某些海港、河港或边境城市作为过境货物的自由中转区，对过境货物简化海关手续，免征关税或只征收小额的过境费，过境货物在过境区内可短期储存或重新包装，但不得加工制造。过境区一般都提供保税仓库设施。泰国的曼谷，印度的加尔各答，阿根廷的布宜诺斯艾利斯等，都是这种以中转贸易为主的过境区。

8.3 出口管制措施

出口管制（Export Control），是指国家通过法令和行政措施，对本国出口贸易实行管理和控制。一般而言，世界各国都会努力扩大商品出口，积极参与国际贸易活动。然而，出于政治、军事和经济上的考虑，各国有可能限制和禁止某些战略性商品和其他重要商品输往国外，从而实行出口管制。

8.3.1 出口管制的目的

出口管制或称出口控制政策是指出口国政府通过各种经济的和行政的办法和措施对本国出口贸易实行管制行为的总称。管制的目的一般有政治军事和经济两个方面：

（1）政治目的。为了干涉和控制进口国的政治经济局势，在外交活动中保持主动地位，遏制敌对国或臆想中的敌对国家的经济发展，维护本国或国家集团的政治利益和安全等目标，通过出口控制手段，限制或禁止某些可能增加其他国家军事实力的物资，特别是战略物资和可用于军事的高技术产品的出口；或通过出口控制手段对进口国施加经济制裁压力等手段，迫使其在政治上妥协就范。

（2）经济目的。为了保护国内稀缺资源或再生资源；维护国内市场的正常供应；促进国内有关产业部门或加工工业的发展；防止国内出现严重的通货膨胀；保持国际收支平衡；以及稳定国际市场商品价格，避免本国贸易条件的恶化等。

8.3.2 出口管制的对象

实行出口管制的商品主要有以下几类。

（1）战略物资及其相关的尖端技术和先进技术资料。如军事设备、武器、军舰、飞机、先进的电子计算机和通信设备等。各国尤其是发达国家控制这类物资出口的措施十分严厉，主要是从所谓的"国家安全"和"军事防务"的需要出发，防止它们流入政治制度对立或政治关系紧张的国家。例如，美国对古巴实行禁运，给古巴经济造成了极为恶劣的影响。此外，从保持科技领先地位和经济优势的角度看，对一些最先进的机器设备及其技术资料也必须严格控制出口。

（2）国内的紧缺物资。即国内生产紧迫需要的原材料和半制成品，以及国内供应明显不足的商品。如西方各国往往对石油、煤炭等能源实行出口管制。这些商品在国内本来就比较稀缺，若允许自由流往国外，只能加剧国内的供给不足和市场失衡，严重阻碍经济发展。

（3）历史文物和艺术珍品。各国出于保护本国文化艺术遗产和弘扬民族精神的需要，一般都要禁止该类商品输出，即使可以输出的，也实行较为严格的管理。

（4）需要"自动"限制出口的商品。这是为了缓和与进口国的贸易摩擦，在进口国的要求下或迫于对方的压力，不得不对某些具有很强国际竞争力的商品实行出口管制。如根据纺织品"自限协定"，出口国必须自行管理本国的纺织品出口。与上述几种情况不同，一旦对方的压力有所减缓或者基本放弃，本国政府自然会相应地放松管制措施。

（5）本国在国际市场上占主导地位的重要商品和出口额大的商品。对发展中国家来讲，这类商品实行出口管制尤为重要。因为发展中国家往往出口商品单一，出口市场集中，出口商品价格容易出现大起大落的波动。当国际市场价格下跌时，发展中国家应控制该商品的过多出口，从而促使这种商品国际市场价格提高，出口效益增加，以免加剧世界市场供大于求的不利形势而使本国遭受更大的经济损失。如欧佩克（OPEC）对成员方的石油产量和出口量进行控制，以稳定石油价格。

8.3.3 出口管制的形式

出口管制的形式主要有单方面出口管制和多边出口管制两种。

1. 单方面出口管制

即一国根据本国的出口管制法案，设立专门的执行机构，对本国某些商品的出口进行审批和颁发出口许可证，实行出口管制。例如，美国长期以来就是推行这种出口管制战略。早在1917年，美国国会就通过了《1917年与敌对国家贸易法案》，以禁止所有私人与美国敌人及其同盟者在战时或国家紧急时期进行财政金融和商业贸易上的交易。第二次世界大战结束后，为了对当时存在的社会主义国家（如苏联）进行禁运，又于1949年通过了《出口管制法案》，以禁止和削减全部商品和技术资料经由贸易渠道出口。这个法案以后几经修改，直至《1969年出口管理法》出台才被取代。以后美国国会又颁布了《1979年出口管理法》、《出口管理法1985年修正案》等，这些法案或修正案一次比一次宽松，但主要规定不变。

2. 多边出口管制

即几个国家政府，出于共同的政治和经济目的，通过一定的方式建立国际性的多边出口管制机构，商讨和编制多边出口管制货单和出口管制国别，规定出口管制的办法等，以协调彼此的出口管制政策和措施。各参加国依据上述精神，自行办理出口商品的具体管制和出口申报手续。例如，过去的巴黎统筹委员会就是这样一个典型的国际性多边出口管制机构。

巴黎统筹委员会本名为输出管制统筹委员会（Coordinating Committee for Multilateral Export Contro，COCOM），它是在美国主导下，由17国（美国、英国、法国、意大利、加拿大、比利时、卢森堡、荷兰、丹麦、葡萄牙、挪威、联邦德国、日本、希腊、土耳其、西班牙、澳大利亚）组成的常设多国出口管制机构。其总部设在巴黎，故而得名巴黎统筹委员会，简称"巴统"。该机构于1949年11月成立，其目的就是共同防止战略物资和先进技术输往社会主义国家，对它们实行出口管制，以遏制社会主义的发展。然而，随着国际形势的变化，巴统逐渐放宽了对社会主义国家的出口管制，其作用日渐减小，至1994年4月1日正式解散。

8.3.4 出口管制的程序与手续

一般来说，资本主义国家有关机构根据出口管制的有关法案，制定管制货单（Commodity Control List）和输往国别分组管制表（Export Control Country Group），然后采用出口许可证制具体办理出口申报手续。现以美国为例加以说明。

美国出口管制由总统指令美国商务部执行，商务部设立贸易管理局具体办理出口管制工作，对不同国别实行出口差别待遇和歧视政策。

1. 制定出口管制货单和输往国别分组管制表

贸易管理局根据有关法案和规定，制定出口管制货单和输往国别分组管制表。在管制货单内列有各种需要管制的商品名称、商品分类号码、商品单位及其所需的出口许可证类别等。在输往国别分组管制表中，把有关输往国家或地区分成八组，进行宽严程度不同的出口管制。例如对朝鲜、越南等国家列为Z组，管制全部商业性出口，所有出口都必须领取特种出口许可证；将苏联和除波兰、罗马尼亚、原南斯拉夫以外的东欧国家列为Y组，1972年2月商务部宣布对中国出口由Z组划为Y组。对Y组国家输出的非战略物资可按一般出口许可证输出，但对于所谓战略物资，则需按特种出口许可证出口。1981年继而把中国由Y组划为P组，1983年又从P组划入V组，对该组的出口管制比对Y组、P组更为放宽。

2. 申请出口许可证

美国出口商出口受管制的商品，必须向商务部贸易管理局申请出口许可证。美国的出口许可证可以分为两类：

（1）一般许可证（General License）。根据上述的管制货单和输往国别分组管制表，如属于一般许可证项下的商品，即按一般出口许可证的程序办理出口。这类商品的出口管理较为宽松。为了便于出口，规定出口商出口这类商品，不必向商务部贸易管理局提出申请，只要在出口报关单上填明管制货单上该商品的一般许可证编号，经海关核实，就作为办妥出口许可证手续。

（2）有效许可证（Validated License）。根据管制货单和输往国别分组管制表，如属于该种许可证项下的出口商品，出口商必须向商务部贸易管理局申请有效许可证。出口商在许可证上按管制货单的项目填写商品名称、数量、商品管制编号，并详细说明输出商品的最终用途。如再出口，须注明再出口国家名称和输往目的地的说明。此外，还要附上其他有关证件一起送上审批，经批准后，方能出口。

在其他证件中与买方有关的证件，主要有两种：（1）进口证明书。即对于一些极为重要的战略物资，进口商必须提交这种证件，以证明这种商品确实输往该进口国。进口商除了提供进口证明书外，还必须向美国出口商提出交货证明书，证明这些货物确实输往所批准的国家的目的地。其目的在于防止这些商品转移到美国禁止输出的国家去。（2）最后是承销人和买主的交易说明书。即对于某些设备，规定进口商必须在说明书中填写该项设备的安装地点及其所生产的产品，必须允许卖方定期进行检查等，以及美国对这些设备和产品的用途进行监督。

3. 贸易管理局审批和颁发出口许可证

该局根据有关法案和规定，并参照当时的对外政策进行审批。其中某些可能与"国家安全"有关的商品，必须提交有关各部共同组成的出口政策咨询委员会的管理委员会进行审批。属于巴黎统筹委员会管制的商品，必须提交该委员会进行批准。当申请书获得批准后，申请书即作为有效许可证。出口商凭此证向海关报关出口。如未能批准，商务部以"拒发出口许可通知"（Notification of Rejection of Export License Application）驳回，禁止出口。

总之，出口管制是发达资本主义国家对外实行差别待遇和歧视政策的重要工具。20世纪70年代以来，一些发达资本主义国家的出口管制有所放松，但是随着一些发达资本主义国家对外政策的需要，其出口管制将出现时紧时松的变化。

8.3.5 出口管制的措施

出口管制的手段包括直接的数量管制和间接的税率调节，既可以通过发放出口许可证来控制出口商品的品种和数量，也可以通过征收出口关税或对出口工业企业的生产增加税收来减少出口。

1. 国家专营

国家专营又称国家垄断。它是指某些贸易商品的生产与交易由政府之地指定的机构和组织直接掌握。通过专营政府可以控制一些重要或敏感产品的进出口,寻求最佳的出口地理分布以及商品生产结构。对进出口商品的国家专营主要集中在三种商品上。第一类是烟和酒。由于烟和酒的税负较重,政府从烟酒贸易中可以获取较多的财政收入。第二类是农产品,有些国家把对农产品的对外垄断销售作为国内农业政策措施的一部分。第三类是武器,其贸易一般都由国家垄断。

2. 出口许可证

一般而言,西方国家发放出口许可证一般先由其有关机构根据出口管制的有关法案制定出口管制货单(Commodity Control List)和输往国别分组管制表(Export Control Country Group)。在管制货单中列有各种需要管制的商品名称、商品分类号码、商品单位及其所需的出口许可证类别等,在输往国别分组管制表中将商品输往国家或地区实行宽严不同程度的管制。列入出口管制的商品,必须办理出口申报手续,获取出口许可证后方可出口。

对出口受管制的商品,出口商必须向贸易管理局申领出口许可证。

3. 出口关税

与进口关税正好相反,出口关税是针对某些特殊商品出口征收的税赋。出口关税征收会影响商品的国内、国外价格和出口量。但这一政策要想取得成功,则取决于国内外的供求状况。如国际铝土矿协会成员方控制着世界70%以上的铝土矿生产。1974年起成员方牙买加对铝锭征收7.5%的出口税,结果牙买加的税收由2 500万美元增加到17 000万美元。

4. 出口配额

实行出口配额是政府限制出口的又一种政策,即控制出口商品的数量。有些出口配额是本国政府主动设立的,也有的配额是应进口国政府要求而设立的,即"自愿出口限制"。如中国输往欧美的纺织品出口配额就是在欧美政府的要求下设置的,因此也叫被动配额。

出口配额与出口税最大的不同是:他有一个明确的数量限制,出口达到限额以后即完全禁止出口。出口配额往往与出口许可证结合在一起。实施出口配额能否取得成功取决于国内外供求的具体情况。如1973年巴西为了维持生咖啡的国际价格,对生咖啡的出口实行配额,由于巴西的咖啡占世界总供给量的23%,实施配额后,对世界咖啡价格的影响很大,结果取得了成功。中国政府自1998年以来对稀土实行出口配额制度,但一直以来稀土走私出口严重,国际价格低迷,2014年底我国政府最终取消了对稀土实行16年之久的出口配额制度。

5. 禁止出口与贸易禁运

禁止出口一般是一国对其战略物资或急需的国内短缺物资进行严格控制的主

第8章 鼓励出口与出口管制措施

要手段。而贸易禁运（Trade Embargo）则是一些国家为了制裁其敌对国家而实行的贸易控制措施。前者往往针对所有或多数贸易伙伴，禁止只涉及本国出口原材料或初级产品，并不限制进口。而贸易禁运往往只针对某个或某些目标国家，所禁止的不仅是出口，同时还禁止从这些国家进口。

本章小结

1. 作用于出口的贸易政策，大体上可以分为鼓励出口的贸易政策、出口限制或管制方面的贸易政策。

2. 鼓励出口的政策措施主要有出口补贴、生产补贴、出口信贷、出口信贷国家担保制、外汇倾销等、促进出口的组织措施，其中以出口补贴政策为各国广泛采用。

3. 经济特区是一国或地区在其关境外所划出的一定范围内，建筑或扩建码头、仓库、厂房等基础设施和实行免除关税等优惠待遇，吸引外国企业从事贸易与出口加工工业等活动的区域。经济特区根据其功能可分为：贸易型的经济特区；工业型的经济特区；综合型的经济特区；科技型的经济特区；保税区；过境区。

4. 出口限制或管制政策是各国政府作用于出口的另一种主要政策。出口国出于维持本国短缺商品的国内供给、限制或制裁对手国家而主动控制本国短缺商品、战略物资的出口。这些政策也会给出口国、进口国乃至整个世界的生产、消费、资源配置等各方面产生影响。

复习思考题

1. 名词解释
出口信贷、出口补贴、商品倾销、外汇倾销、自由经济区

2. 简答题
（1）出口信贷含义与分类。
（2）简述出口信贷国家担保制在推动一国出口贸易中的作用。
（3）商品倾销的含义与分类。
（4）什么是经济特区？它对设立国的经济发展有什么作用？
（5）资本主义国家的出口管制形式有哪几种？

第 9 章　国际资本流动与跨国公司

本章要点
- ◇ 国际资本流动及其经济效应
- ◇ 跨国公司的定义
- ◇ 跨国公司的特征
- ◇ 跨国公司的起源和发展
- ◇ 跨国公司理论

9.1　国际资本流动及其经济效应

国际贸易中的商品移动与资本移动是不同的。由于国际间资本的移动将改变各国间生产要素的配置状态，从而对各国的生产产生影响，因此不可避免地也将对国际贸易的各个方面产生影响。

9.1.1　第二次世界大战前的国际资本移动对国际贸易的影响

国际资本移动对国际贸易产生重要影响的历史可追溯到 19 世纪上半叶。从那时到第二次世界大战之前，国际资本移动的发展可分为两个阶段。

1. 第一阶段：在 19 世纪中期到 1914 年

这一阶段主要的国际资本输出国是英国。

第一次工业革命使英国成了世界上第一个工业化国家。英国经济的快速发展一方面导致了国内资本的相对过剩，另一方面又使其对原材料的需求以及海外市场的寻求更为迫切。英国因而成了该历史阶段国际资本输出的主要国家。这一阶段国际资本移动的主要特点表现为：

（1）国际直接投资以私人对外投资为主，投资者到海外创办的企业大多为自由式的独立企业，即往往由企业家在母国筹集资本，然后携其家产移民到海外，创建新的企业。这类企业大都采用英国传统的家族集中管理方式。这一时期英国的对外投资者还常常能得到英国贸易商会分布在世界各地的网点提供的商机信息情报方面的支持，以及伦敦作为当时世界金融中心所带来的各种便利。

（2）由于这一时期各被投资国（东道国）大都还处于自由竞争的市场经济阶段，故私人的对外投资较少受到当地政府的干预和限制。

（3）以借贷资本形成和证券形式的间接投资在各国投资总额中所占比重较大。

（4）对外投资主要流向原料和农产品的主要产地、铁路业以及利率较高的外国证券。

2. 第二阶段：1914~1945年

两次世界大战期间的国际资本移动具有以下特点：

（1）美国对海外直接投资增长较快。第一次世界大战后，美国开始取代英国而成为中长期国际资本的新的来源地。

（2）国际资本流动和贸易开始受到各国政府的种种限制和干预，如外汇管制、关税壁垒等。

（3）由于世界大战，以及发生在20世纪30年代初的美国经济大萧条所导致的全球性经济不景气，这一阶段国际资本移动的增长比较缓慢。

9.1.2　第二次世界大战后国际资本移动对国际贸易的影响

1. 国际资本移动加速了战后国际贸易的发展

第二次世界大战后，国际资本移动的加快和规模的扩大是国际贸易迅速发展的一个重要原因。

第二次世界大战后初期，美国政府便开始向西欧和日本等国家和地区进行国际资本输出。美国国家进出口银行的贷款仅限于全部用于购买美国商品，并必须由美国船只装运和由美国的保险公司保险。同时，美国的跨国公司通过在海外的直接投资，把本来由于本国公司内的部门间和部门内的分工扩展到全世界范围，将这种分工扩大为各国间的相互依赖和合作。同时将机器设备的进出口和原材料、零部件等中间产品的贸易密切联系起来，从而迅速扩大了美国与西方国家的贸易，并在一定程度上加速了国际贸易的发展。

第二次世界大战后，发达国家对发展中国家的资本输出和私人出口信贷，成为扩大其大型机械设备和成套设备出口的重要手段，扩大了它和发展中国家的双向贸易。

国际资本移动成为确保原料进口的手段，第二次世界大战后至20世纪60年代，资本移动主要流向原材料采掘、冶炼行业。从而保证了发达国家经济发展所需的原材料供应。特别是有的发达国家的跨国公司与东道国先做好投资规模的研究，然后签订长期贸易合同，保证投资者在较长时间内得到稳定的、有保证的原料供应。

2. 国际资本移动对国际贸易地理分布和商品结构的影响

第二次世界大战后，发达国家集中了企业海外直接投资的75%以上，这种直接投资的地区格局致使发达国家间的分工与协作不断加强，促进了它们之间贸易的发展。

战后的国际贸易70%以上是在发达国家之间进行的。这一方面是由于发达国家经济发展水平相同，生产、消费结构相类似，另一方面则与企业的直接投资行为密切相关。

第二次世界大战以后，国际贸易商品结构发生了重大变化，工业制成品的比重超过初级产品的比重，在工业制成品中中间产品比重增长很快，这些都与国际资本移动，特别是大量的直接投资集中于制造业有着密切的联系。

中间产品比重的持续增长在一定程度上与跨国企业的经营方式有关。跨国企业是从全球的角度依照各地的具体条件进行资源配置的。其经营方式为内部企业间分工协作、定点生产、定点装配、定点销售，这样便会出现大量零部件在国家间的往返运输，由此增加了中间产品的贸易比重。

3. 国际资本移动加强了国际贸易中的竞争和垄断

国际资本移动，特别是对外直接投资，作为企业争夺国外市场的手段具有以下几个有利的因素。

（1）建立商业信息情报网络。在国外的生产和贸易部门进行投资的跨国企业可利用自身优势，及时、准确地搜集当地市场的商业信息，并于其他地区建成信息网络。这对企业根据市场状况适时地生产适销对路的产品，改进产品的销售都是极其有利的。

（2）增强产品的竞争能力。通过对外直接投资，就地生产并就地或到邻近的地区销售商品，减少了运输成本和其他销售费用，同时利用东道国廉价的劳动力，又有效地提高了商品的竞争能力。

（3）争夺市场份额。发达国家通常利用技术上的优势，通过对外直接投资的方式在国外建立使用本国专有技术或其他知识产权生产新产品的企业，在其他企业仿造或制造类似产品以前抢占对方市场，从而获得生产和销售的垄断权并获得垄断利益。

4. 国际资本移动使国际贸易方式多样化

在第二次世界大战后国际资本的移动中，跨国公司的对外投资迅速增加。跨国公司通过在海外设置自己的贸易机构或建立以贸易为主的子公司，经营进出口业务，并扩大跨国公司内部的交换范围，使跨国公司内部贸易扩大。与传统贸易相比，贸易中间商、代理商的地位则相对下降。与此同时，国际贸易的方式也多样化，出现了加工贸易、补偿贸易、租赁贸易等业务。

5. 国际资本移动使各国贸易政策发生了变化

跨国公司作为国际资本移动的载体，对国际资本移动的加速发展起着重要的作用。跨国公司倡导贸易自由化原则，要求政府为其创造良好的自由贸易环境，这必然会影响本国政府的贸易政策。所以，跨国公司及其代表的投资国不仅需要实现资本的自由移动，也更加需要实现商品的自由流动。国际资本移动加剧了发达国家贸易发展的不平衡。

9.2 跨国公司概述

9.2.1 跨国公司的定义与特征

跨国公司不仅在名称上有差异，定义也是众说纷纭，这反映人们对其含义的理解不同。关于跨国公司的定义，各派学者和各国政府都有不同的认识和解释。

1. 联合国经社理事会的定义

1978年，联合国秘书处在一份研究报告中，给跨国公司下了一个权威性的简单定义：

"凡是在两个或更多国家里控制有工厂、矿山、销售机构和其他资产的所有企业，不管是私营或是国营、股份公司或合作经营，都属于跨国公司"。但该定义对跨国公司经营活动的基本特征没有做出相应的界定。

1983年联合国跨国公司中心阐述了跨国公司定义的三种基本要素，这些要素在1986年联合国《跨国公司行为守则》中得到进一步明确。即：

The term "transnational corporation" as used in this Code means an enterprise whether of public, private or ownership, comprising entities in two or more countries, regardless of the legal form and fields of activity of these entities, which operates under a system of decision-making permitting coherent policies and a common strategy through one or more decision-making centers, in which the entities are so linked by ownership or otherwise, that one or more of them may be able to exercise a significant influence over the activities of others, and, in particular, to share knowledge, resources and responsibilities with the others.

该定义明确了跨国公司定义的三种基本要素：

第一，包括设在两个或两个以上国家的实体，不管这些实体的法律形式和领域如何；

第二，在一个决策体系中进行经营，能通过一个或几个决策中心采取一致对策和共同战略；

第三，各实体通过股权或其他方式形成的联系，使其中的一个或几个实体有可能对别的实体施加重大影响，特别是同其他实体分享知识、资源和分担责任。

这个综合性定义既点明了跨国公司的跨国性及在跨国经营条件下的独有经营和管理特征，又强调了控制力和其涉足行业的广泛性，因而被世界各国的人们所广泛接受。

2. 跨国公司划分标准的纷争

长期以来，学术界对跨国公司的理解之所以存在分歧，主要是由于对跨国公司定义的标准不同。20世纪80年代后，学术界对于衡量跨国公司的三大标准基本形成了共识。

(1) 结构性标准（Structural Criterion）。结构标准是指以企业从事生产经营活动跨越的地理区域和企业的资产所有权作为衡量跨国公司经营的标准与尺度。有学者指出，跨国公司一般应有相当广泛的地理分布，对于那些只在本国基地以外的一个或两个国家拥有子公司的企业，一般不能称之为跨国公司。从企业所有权来看，一般认为，一个企业只有拥有国外企业一定比例的股份所有权才能构成跨国公司。

目前普遍使用的权威性标准是国际货币基金组织提出的，这一标准规定跨国公司控制境外企业所有权的合理比例应不低于25%。

(2) 行为特性标准（Behavioral Characteristics Criterion）。"行为"是指企业在经营和决策时的心态、思维方法和策略取向。作为跨国公司的企业，其最高领导层的决策行为不是片面的或带有歧视性的，而是公平地对待和处理世界各地所面临的机遇和挑战，只有这样才能使得企业的经营具有世界性、跨国性。这一观点在皮特 F. 杜鲁特（Peter F. Drucher）1969年出版的《不连续的时代》（The Age of Discontinuity）一书中得到淋漓尽致的体现：虽然跨国公司的总部只设在某地，但其生产经营、组织形式和区域分布都是全球性的。公司的高层主管不是局限或偏爱于本国市场或其他某一国市场的企业家，由于他们的思维和决策行为，其掌握的公司就具有浓厚的跨国色彩。美国宾州大学教授帕尔默特在他的《国际公司的曲折演变》（1969）一文中指出：企业从国内走向国外，直接定位于全面的国际导向，其价值观念和行为方式一般都会经历三个阶段。

第一阶段：母国取向（Ethnocentric 直译为民族中心），是指以母国为中心进行决策，经营中也优先考虑母国企业的利益，并经常搬用母国的一套经营方式，不能适应东道国当地的环境，海外机构的主管仍由母国派遣职工担任；

第二阶段：东道国取向（Polycentric 直译为多元中心），决策权较前者分散和下放，不再集中于母国总部，经营中考虑母国利益，也兼顾国外当地企业的利益，企业业绩以当地环境和条件为基础；

第三阶段：世界取向（Geocentric 直译为全球取向），从全球竞争环境出发作出决策，经营中要求母国企业与海外企业相互依存、相互协作，无论是母公司还是海外公司都要服从全球范围内的整体利益，考核业绩的标准也是面向全球，对母国职工和东道国职工同等重视。

（3）经营业绩标准（Performance Characteristics Criterion）。按跨国公司全球经营业绩状况来界定跨国公司，就是指企业的国外活动在整个公司业务中，其资产额、销售额、产值（产品和劳务）、盈利额和雇员人数应占若干百分比以上才算是"多国"。也就是说以相对额来表示跨国公司的国际化经营程度，这一点与早年弗农提出的跨国国家数量和销售绝对额概念有了很大的不同。一些人主张的是25%的衡量临界点，但问题是，如果进行纵向的时间序列考察，某些企业可能在某一特定时点上合格，但在另一时点却又可能处在25%的临界点以下。[1]

根据《财富》杂志统计数据，不同时期的公司营业额差别很大，有将营业额超过1亿美元才称之为跨国公司的，例如弗农。联合国贸发会议1993年则认为营业额在10亿美元以上的为跨国公司，即所谓"10亿美元俱乐部"（Billion Dollar Club）。当然大大超过10亿美元的跨国公司是非常之多的，例如美国通用汽车公司1997年的营业额就在1 700亿美元以上，而荷兰的壳牌石油2012年营业额则高达4 817亿美元。

9.2.2 跨国公司的产生与发展

1. 跨国公司的产生与发展

（1）早期的跨国公司。跨国公司是垄断资本主义高度发展的产物，跨国公司的出现与资本输出密切相关，可以说，资本输出使跨国公司形成的物质

---

[1] 林康：《跨国公司与跨国经营》，对外经济贸易大学出版社2000年版，第3页。

基础。

早期跨国公司起源于19世纪60年代，当时在发达资本主义国家，一些大型企业通过对外直接投资，在海外设立分支机构和子公司。当时具有代表性的是3家制造业企业：1865年，德国弗里德里克·拜耳化学公司在美国纽约州的奥尔班尼开设一家制造苯胺的工厂；1866年，瑞典的阿佛列·诺贝尔公司在德国汉堡开办炸药厂；1867年，美国胜家缝纫机公司在英国的格拉斯哥建立缝纫机装配厂。西方把这三家公司看做是对外直接投资的先驱。

（2）两次世界大战期间的跨国公司。两次世界大战期间，由于受第一次世界大战创伤的影响，加之出现资本主义有史以来最大的经济萧条，使得世界性的金融秩序混乱，对外投资数额徘徊不前，增长缓慢。1913~1938年的25年间，对外投资仅增加了70亿美元，增长16%，年平均增长0.6%。其中间接投资比重下降，从1913年占90%下降到第二次大战前夕的75%，但仍居主要地位，绝对额未减少；而对外直接投资则有相当增加，主要资本主义国家对外直接投资的绝对额增加了两倍，比重也有较大提高。其中，美国对外直接投资上升为第二位，仅次于英国。同时，对外直接投资的行业范围扩大，对制造业投资比重有较大提高，尤其是美国的变化更为明显。美国1914年对外直接投资以矿业居首位，1940年即以制造业为首位。

尽管对外直接投资有一半仍在殖民地和经济落后国家，但随着直接投资制造业的比重增加，对经济发达和比较发达国家的直接投资也有所增加。在这期间，对外投资的发展极不平衡，英国资本输出虽然仍居世界首位，但优势相对下降。战前仅居第四位的美国急剧扩展，对外直接投资额由26.5亿美元增至73亿美元，由18.5%增至27.7%，投资额比战前增加了2.4倍，稳居第二，从债务国跃为主要债权国。原居第二、第三位的法国和德国，投资额急剧减少，被挤出资本输出大国。

随着各国企业实力的增长，在一些实力接近的部门如铝制品、电器设备、化学和重型机械等，纷纷建立国际卡特尔以维护相互的利益。其内容也从单纯的限定产量和价格发展到分割世界市场和投资场所等方面。而在各国企业发展不平衡的工业部门，国际卡特尔则很少出现，如在汽车工业，通用和福特这两家美国企业拥有很强的技术和市场销售方面的优势，在此期间，这两家公司迅速扩大了在欧洲的直接投资。

（3）第二次世界大战后到20世纪末的跨国公司。第二次世界大战后，跨国公司进入了空前发展的新时期。这一时期，由于第三次科技革命的发生和国际分工的进一步深化，跨国公司的发展呈现出一些新的特点。

第9章　国际资本流动与跨国公司

①跨国公司数量增多、规模不断扩大。据联合国跨国公司中心的资料，主要发达国家的跨国公司1969年有7 276家，到1978年已达到10 727家。自20世纪60年代开始，发达国家跨国公司子公司的数目迅速增长，从1969年的2.73万家增加到1980年9.8万家。1972年，年销售额10亿美元以上的制造业（含石油业）跨国公司有211家，1976年此种规模的工矿业跨国公司已达422家。同时，在一些资本密集型和技术密集型的工业中，整个世界的生产集中在几家或十几家巨型跨国公司手中，如1980年农机工业世界销售总额的80%以上集中在11家跨国公司手中。在10家最大的计算机跨国公司总销售额中，国际商业机器公司（IBM）一家就占了将近一半。随着跨国公司的发展，在一些工业部门中，跨国公司不仅控制了国内市场，而且控制了相当份额的世界市场。

②对外直接投资迅速发展并主要集中于少数几个发达国家。自20世纪60年代以来，全球对外直接投资的增长速度超过了同期世界生产总值和世界贸易的增长速度。例如，1960~1973年间，世界生产总值年均增长率为5.5%，世界贸易年均增长率为8%左右，而同期世界对外直接投资年均增长率高达15.1%。在1974~1980年间，世界生产总值和贸易年均增长率分别为3.6%和4.0%，而同期对外直接投资年均增速高达18.9%。从投资来源国看，第二次世界大战后美国取代英国成为世界最大的对外直接投资国。1960年在全球的对外直接投资总额中，美国占71.1%，英国占17.1%。1970年美国占62.9%，英国占10.9%。20世纪70年代后，前联邦德国、日本对外直接投资的比重也分别由1960年的1.2%和0.8%上升至1981年的8.6%和7.0%。

③跨国投资的流向逐步由发展中国家转向发达国家。据联合国秘书处《国际组织年鉴》提供的资料，20世纪60年代中到60年代末跨国公司投资的78%投向发达国家，70年代中到70年代末这一比例更高达87%。

发达国家相互间直接投资较战前显著增加的原因在于：发达国家经济发展水平较高，接受投资容量大；消费习惯、市场结构比较接近，容易组织国际生产；各国产业结构不同，技术优势各异，可以相互取长补短；政治稳定，对对方的法律规范熟悉；语言障碍少，技术、管理人才可以就地招聘；交通、通信等基础设施较为完善；寡占市场的反应等。

发达国家跨国公司对发展中国家的直接投资大都集中在工业化进展快、人均国民收入高、市场容量较大的新兴工业国家和地区，如亚洲的韩国、新加坡，中国的台湾和香港，拉美的巴西、墨西哥、阿根廷、秘鲁等。

④跨国投资的行业分布从战前的初级产品生产转向制造业和第三产业。许多

发展中国家开始调整吸引外资的政策，进一步扩大利用外资的领域，允许外资进入商业、基础产业、金融、保险、房地产等行业，同时鼓励外资对国内资本和技术密集性项目进行投资。这在一定程度上减少了发达国家在发展中国家制造业中的投资比重，同时促进了对外直接投资逐步向资本和技术密集型行业及第三产业转移。据联合国统计，到1998年流入发达国家的对外直接投资的分布是：第一产业为86亿美元，第二产业为350亿美元，第三产业为340亿美元；流入发展中国家的对外直接投资的产业分布是第一产业为18亿美元，第二产业为178亿美元，第三产业为665亿美元。伴随着跨国公司投资产业的变化，出现了越来越多的跨领域和跨行业经营的跨国公司。例如，美国通用汽车公司在汽车行业继续保持垄断地位的同时，还控制了美国铁路基本生产总量的85%，柴油机引擎生产总量的75%，电冰箱生产总量的30%。

⑤发展中国家和地区跨国公司有所发展。据联合国跨国公司中心资料，在1970~1972年间，发展中国家和地区年均对外投资额为4 300万美元，但到1978~1980年，已增加到6.82亿美元。截至1980年年末，有41个发展中国家和地区的企业在海外从事生产经营和资源开发活动。20世纪80年代初，发展中国家和地区对外投资总额已达200亿美元左右，占全球对外直接投资累计总额的3.2%，其在国外的子公司或分支机构已猛增到6 000~8 000家。到20世纪末，发展中国家的对外直接投资占全球输出存量的份额在过去20多年增加了3倍，从1980年的4%增加到2001年的12%。亚洲发展中国家的跨国公司不断崛起，并逐渐成为区域内投资的主要力量，发展中国家和地区的对外直接投资输出以中国香港为龙头，独占近一半（48%）。其次为东亚的另外"三小龙"（新加坡、中国台湾和韩国）以及中国内地和马来西亚。

(4) 新世纪跨国公司的发展趋势。

①对外直接投资仍保持较快程度的增长。进入21世纪后，全球的对外直接投资取得了较大程度的增长。以流入额计算，2000年，全球对外直接投资达到了14 150亿美元的历史记录后出现了一个较大幅度的下降，直到2006年全球的对外直接投资流入量才又达到了14 816亿美元，而2007年更达到了20 020亿美元，达到了历史的最高值，之后由于金融危机的影响，虽有一定程度的下降，但是均稳定在1.2万亿美元的规模以上，远高于1990~1999年的年平均值4 032亿美元，2013年全球的对外直接投资的流入额为14 520亿美元（见图9-1）。

对外直接投资的增长导致了国际生产的进一步增长。2006年，78 000家跨国公司和它们所辖的780 000家外国子公司的销售额、增加值和出口额，估计分别增长了18%、16%和12%。它们占全世界国内生产总值的10%和全世界出口总额的1/3;美国公司的海外子公司为东道国创造了大约900万个工作岗位。而到了2010年,联合国贸发会议估计外国子公司在全球的销售额和增值分别达到了33万亿美元和7万亿美元。它们的出口额超过6万亿美元,约占全球出口总额的1/3。2010年,全球跨国公司在国内和国外创造的增值约为16万亿美元——约占全球GDP的1/4。

图9-1 2000~2013年世界FDI流入金额

资料来源:联合国经社理事会网站,http://unctadstat.unctad.org。

②发达国家仍然是对外直接投资的主要输出方,也是对外直接投资的主要输入方。2000年,发达国家对外直接投资的金额是10 907亿美元,约占全球的88%,2013年为8 576亿美元,约占全球的61%,虽然所占的比重下降了,但是实力仍然不能小觑。发达国家一直占据着国际直接投资的主导地位,这与发达国家的企业占据着所有权优势与内部化优势不无关系。发达国家的对外直接投资输出在发展中国家各有其势力范围。拉丁美洲主要是美国对外直接投资的东道国,日本则将其超过1/4的对外直接投资输往东亚。西欧则在拉丁美洲和非洲有其势力范围。对外直接投资在发展中国家的分布也极不均匀。世界排名前10位的东道国的对外直接投资输入占整个发展中国家的73%,主要是在东亚及拉丁美洲。

2000年,发达国家资本流入11 424亿美元,约占全球的81%,之后逐年的下降,降到2011年的8 804亿美元和52%。虽然发达国家仍然占据着国际直接投资的主体地位,但是由于经济和金融危机以及经济加速衰退严重影响世界上所有的主要经济体,发达国家的对外直接投资流入量和流出量在2007年攀上历史高峰后于2008年急剧下滑,直至现在(图9-2)。

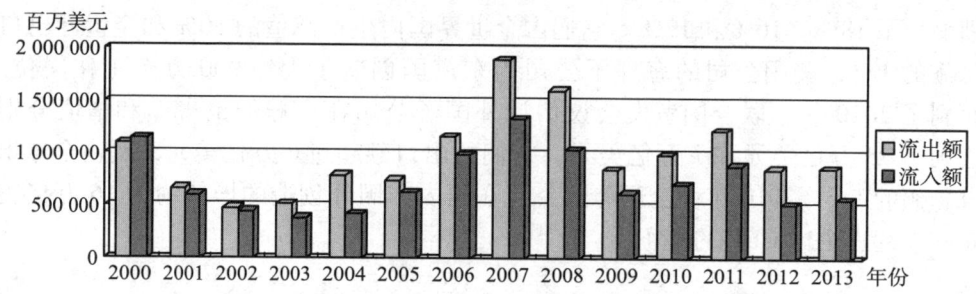

图 9-2 2000~2013 年发达国家 FDI 流出流入金额

③新兴经济体成为对外直接投资的新力量。《2009 年世界投资报告》指出，2008 年的经济和金融危机改变了对外直接投资的格局：流入发展中经济体和转型期经济体①的投资骤增 43%，而流入发达国家的对外直接投资大幅下降了 29%。非洲的流入量创下历史新高，其中西非的增长速度最快，比 2007 年增加 63%；南亚、东亚和东南亚增长 17%，达到历史最高水平；西亚的对外直接投资流入量连续第六年增长；拉丁美洲和加勒比地区的流入量增长了 13%；东南欧和独联体连续第八年增长。中国和印度不仅是全球主要的外资流入国，其作为全球重要投资来源国的地位也在不断增强，根据经济学人智库（EIU）2013 年 4 月发布的报告称，预计到 2017 年，中国将成为净对外投资输出国，投资规模将达到 1 720 亿美元，仅次于美国和日本，居世界第三。

近年来，发展中经济体作为直接外资接受方和对外投资方的重要性都进一步增加。随着国际生产与近期的国际消费都转移至发展中和转型期经济体，在追求效益和寻求市场的项目上，跨国公司对这些国家的投资越来越多。2010 年它们吸收的直接外资额首次达到全球直接外资流入量的一半以上。2010 年 20 大直接外资东道经济体中半数为发展中和转型期经济体。

发展中和转型期经济体的直接外资流出量也出现强势增长。2010 年，其直接外资流出量占全球总量的 29%。2010 年 20 大投资经济体中有 6 个是发展中和转型期经济体。新兴市场跨国公司的活力与发达国家跨国公司，尤其是欧洲跨国公司放缓的投资步伐形成了鲜明对照。后者的外向投资水平仍然仅有 2007 年最高水平的一半左右。

④国有跨国公司受到瞩目。如今至少有 650 家国有跨国公司，它们构成直接外资的重要新兴来源。其 8 500 多家外国子公司遍布全球，与大量东道国经济体

---

① 转型经济体指东南欧国家和独立国家联合体。

有广泛接触。虽然数目相对较少（不到跨国公司总数的1%），但其直接外资数额巨大，接近2010年全球直接外资流量的11%，而在全球跨国公司100强中，国有跨国公司占据了19席。

国有跨国公司类型多样。虽然发达国家仍然保有大量国有跨国公司，但一半以上（56%）的国有跨国公司都位于发展中和转型期经济体。与国有跨国公司大多集中于初级部门的普遍看法不同，它们类型多样，而且在服务部门尤为多见。

国有跨国公司在一些东道国引起了关于国家安全、企业的公平竞争环境、治理和透明度的关切。从母国的角度而言，令其关切的是对其国有跨国公司投资的开放程度。一些国际论坛正在进行讨论，以期处理这些问题。

⑤主权财富基金作为新生力量登上对外直接投资舞台。全球对外直接投资的一个新特征是主权财富基金作为直接投资者的出现。主权财富基金（Sovereign Wealth Fund，SWF），通称主权基金，指由一些主权国家政府所建立并拥有，用于长期投资的金融资产或基金，主要来源于国家财政盈余、外汇储备盈余、自然资源出口盈余等，一般由专门的政府投资机构管理。得益于近年来储备的迅速积累，主权财富基金（管理资产达5万亿美元）的风险承受能力和预期收益往往高于货币当局管理的传统官方储备。虽然主权财富基金的历史可以追溯到20世纪50年代，但是直到近几年参与了一些大规模的跨国并购，并向发达国家某些窘迫的金融机构注入大量资本后，主权财富基金才引起全球关注。

主权财富基金约75%的对外直接投资投向发达国家，迄今为止对非洲和拉丁美洲的投资都非常有限。主权财富基金的投资集中在服务业，主要是商业服务。

金融和经济危机对各种特别基金，例如主权财富基金或私募基金的对外直接投资的影响各不相同。私募基金所受打击尤为严重，因为金融危机直击其命门——易筹募资本，其随贷方对风险更加敏感而迅速萎缩。2008年，这些基金的跨国并购下降到2 910亿美元，比2007年4 700亿美元的最高水平下降了38%。但是另一方面，2008年主权财富基金的对外直接投资仍呈上升之势。跨国并购是主权财富基金进行对外直接投资的主要形式，2008年其跨国并购额比2007年增长了16%，达到200亿美元，该增长与全球对外直接投资整体下滑之势逆势而行。2009年，私募股权投资基金的直接外资数额下降了65%，而来自主权财富基金的直接外资则增加了15%，这两种基金共占全球直接外资流量的十分之一以上。此外，主权财富基金的巨大规模及其可觉察到的非经济意图在许多国家引起了担忧。为了消除这种担忧，2008年10月许多主权财富基金商定了一套公认的原则和规则——《圣地亚哥原则》。

⑥各地区表现极不均衡。发展中国家直接外资流入的增加掩盖了各区域间的重大差异。一些最贫困区域的直接外资流量仍在下滑。非洲、最不发达国家、内陆发展中国家和小岛屿发展中国家的直接外资流入持续下降，南亚亦是如此。与此同时，东亚、东南亚和拉丁美洲等主要新兴区域的直接外资流入量出现了强势增长。

2010年，非洲直接外资流入量下降了9%，为550亿美元，在全球直接外资流入总量中的份额由2009年的5.1%降至2010年的4.4%。2010年，东亚、东南亚和南亚的流入量总体上升了24%，达到3 000亿美元。然而，三个次区域的变化趋势大相径庭：东盟的流入量翻了一番以上；东亚的流入量增长了17%；南亚的直接外资流入量减少了四分之一。发展中世界最大的直接外资接受国中国的流入量上升了11%，达到1 060亿美元。① 然而，随着工资和生产成本持续上升，劳动密集型制造业外包至中国的速度放缓，直接外资流入继续向高技术产业和服务业转移。与之相反，印度尼西亚和越南等一些东盟成员方已发展成为低成本的生产基地，特别是低端制造业的基地。

2010年，南亚、东亚和东南亚的直接外资流出量增长了20%，升至约2 320亿美元。2010年，流入西亚的直接外资继续受到全球经济危机的影响，下滑了12%，但有望于2011年探底回升。然而，对该区域政局不稳的关切有可能影响复苏。2010年由西亚流出的直接外资下跌了51%。②

2010年，拉丁美洲和加勒比区域的直接外资流入量上升了13%，南美涨幅最大，达到56%，巴西的表现尤为突出。③ 2010年拉丁美洲和加勒比区域的直接外资流出量上升了67%，主要原因是巴西和墨西哥的跨国公司进行了大型的跨国并购。

2. 跨国公司的产业发展趋势

（1）经营业务归核化。第二次世界大战后，许多大型跨国公司为了分散风险，曾普遍采用业务多元化经营战略。但其弊端也逐步显现出来，如"摊子"过大或不熟悉非相关领域等，导致收益降低，甚至高负债。20世纪90年代以来，各国企业又纷纷由多元化扩张向有竞争力的主营业务回归，实施归核化战略，其要旨是：把公司的业务归拢到最具竞争优势的行业上；把经营重点放在核心行业价值链、自己优势最大的环节上；强调核心能力的培育、维护和发展。这是跨国

---

① 联合国贸易和发展会议：《世界投资报告2011》，联合国. 2011.
② 同上。
③ 同上。

第9章 国际资本流动与跨国公司

公司在外部环境竞争日趋激烈的情况下"有所为，有所不为"的一种主动选择，是为了更好地发展核心主业、提高竞争力而实施的战略转移。可以说，归核化已成为21世纪各国大企业或跨国公司的主导型战略。

(2) 投资经营服务化。主要有两方面的含义：一是指跨国公司直接投资全球范围内加速向服务行业倾斜。20世纪70年代初，服务业只占全球外商直接投资总量的1/4。1990年，服务业吸收的外商直接投资超过了第一、第二产业之和，在跨国投资总额中所占比重达到了50.1%，而到了2005年，服务业占据了世界内对外直接投资存量的近2/3。就具体行业来说，主要集中在贸易和金融领域，两者在2002年仍占服务业对外直接投资存量的47%和流量的35%。然而，诸如供电、供水、电信和企业活动（包括IT带动的商业服务）正在占据越来越显要地位。例如，从1990年到2002年，发电和电力配送方面的对外直接投资存量值增长了14倍；电信、仓储和运输增长了16倍；企业服务增长了9倍。二是指制造业公司把服务环节作为增加附加值和利润的重要领域。例如美国戴尔公司的卓越服务在电脑业掀起一场革命，迫使IBM、惠普、富士通等老牌电脑制造巨头们纷纷调整战略：由硬件制造商向软件和服务商的战略转变。在汽车、家电、医药等制造业也出现了向服务业的转变。例如，美国福特汽车公司在1999年5月宣布了"从组装到销毁"的全程服务新战略；家电先导日本索尼公司正在实施从一个家电硬件制造商转变为娱乐服务商的新战略；医药制造业大公司近年来纷纷向医疗保健服务领域进军，也是这种新趋势的表现。

跨国公司投资和经营行为服务化，主要是由于：①服务业在经济整体上的地位上升；②第三产业的投资面广，比制造业和采掘业投资风险小，投资回收期短，有利于获得更高的投资收益；③经济发展使全球对现代化服务的需求提高，特别要求贸易、金融、房地产、咨询、保险、教育、文化、酒店旅游、交通通信、保健等产业，提供更全面多样而周到的服务。此外，发展中国家以及中东欧国家，在经济加速发展及向市场经济的转轨过程中，也需要充分利用银行、保险、电讯、会计和法律等方面服务。巨大的潜在市场和利润无疑成为吸引跨国公司直接投资的重要动力；④乌拉圭协议《服务贸易总协议》和世界贸易组织通过的《多边金融服务贸易协定》推动了服务业国际直接投资自由化的步伐；⑤随着高科技的发展，同类企业普遍掌握了先进的技术和工艺，产品的设计、品种、制造、质量和价格彼此间已无明显的差异，它们已经不是绝对可靠的竞争手段，精明的企业家无不根据市场竞争状况和自身条件而努力探求具有独创性的优质服务，以赢得更多的市场和顾客。

(3) 不可逆转的跨国公司联合趋势。一是面对国际经济中日益激烈的竞争，技术进步和技术扩散速度的加快，使大公司不再在所有技术领域保持尖端优势，大型跨国公司为了共担研究开发新产品的成本和风险，以适应日新月异的新技术要求，采取战略联盟方式作为彼此之间竞争与合作的"双赢"方式，跨国公司之间广泛缔结的国际战略联盟，是一种尤为引人注目的新趋势。

国际性战略联盟可以优势互补，形成一种在协调中竞争的合作关系。这种合作使双方既能从对方获得各自所需，又能保持经营上的独立性。新型战略联盟的形成，大多集中在汽车、航空、信息技术和生物技术业等资本技术密集型企业。1979年美国福特公司与日本马自达公司的结盟应是最早的跨国企业战略联盟，先后共同研制了10种新车型，由福特公司负责大部分汽车式样设计，马自达开发关键工程部件。双方各自扬长避短，前者长于市场营销和资金筹措，后者则善于产品开发和制造。显然，跨国公司之间的战略联盟具有特殊的优势，因此自上世纪80年代以来就颇受国际企业的青睐，战略联盟的数量直线上升。如东芝、IBM和西门子共同协议合作开发256兆位高级芯片；NEC与AT&T、日立与德克萨斯仪器公司的合作研究与开发，均是跨国战略联盟的典型范例。在航空产业，最为著名的事例当为波音公司与富士、三菱、川崎重工合作开发超级777喷气式客机，以及法国、德国、英国、西班牙四国联手创建的空中客车公司共同研制新型客机等。

二是跨国并购成为国际投资的主要形式。从19世纪末起，西方发达国家就发生了多次大规模的企业并购浪潮，由此造就了大批大型、超大型企业。但是，在第二次世界大战之前，并购大多发生在一国国内企业之间。第二次世界大战之后，这些企业为了在全球化的竞争中取得有利地位，又纷纷举起了跨国并购这个武器，先后曾发生过四次并购浪潮。进入20世纪90年代，发生了第五次并购浪潮，其特点是跨国并购的产业仍集中在制造业和服务业，但是制造业的并购份额呈下降趋势，服务业呈上升趋势。1999年服务业占60%，制造业占30%。制造业由原来的资源、劳动密集行业转向资本、技术密集行业，如：化工、电器机械和汽车。服务业内部的跨国并购主要集中在电讯、金融和商业服务领域，尤其是高新技术产业。

9.3 跨国公司理论介评

9.3.1 垄断优势理论

垄断优势理论是最早研究对外直接投资的独立理论，它产生于20世纪60年代初，在这以前基本上没有独立的对外直接投资理论。1960年美国学者海默（Stephen Hymer）在他的博士论文中提出了以垄断优势来解释对外直接投资的理论。以后美国学者金德尔伯格（Charles Kindleberger）以及其他学者又对这一理论进行了发展和补充。

垄断优势理论认为，企业对外直接投资必须满足两个条件：

第一，企业必须拥有竞争优势，以抵消在与当地企业竞争中的不利因素；

第二，不完全市场的存在，使企业拥有和保持这些优势。

海默研究了美国企业对外直接投资的工业部门构成，发现直接投资和垄断的工业部门结构有关，美国从事对外直接投资的企业主要集中在具有独特优势的少数部门。美国企业走向国际化的主要动机是为了充分利用自己独占性的生产要素优势，以谋取高额利润。所谓独占性的生产要素是指企业所具有的各种优势，这些优势具体表现在：技术先进、规模经济、管理技能、资金实力、销售渠道等方面。海默认为，其他国家的对外直接投资也与部门的垄断程度较高有关。另一方面海默还分析了产品和生产要素市场的不完全性对对外直接投资的影响。在市场完全的情况下，国际贸易是企业参与国际市场或对外扩张的唯一方式，企业将根据比较利益原则从事进出口活动。但在现实生活中，市场是不完全的，这种产品和生产要素市场的不完全性为对外直接投资打开大门。所谓市场的不完全性指的也就是市场上存在着不完全竞争，市场上存在着一些障碍和干扰，如：关税和非关税壁垒的存在，少数卖主或买主能够凭借控制产量或购买量来影响市场价格决定的现象的存在，政府对价格和利润的管制等等。正是由于上述障碍和干扰的存在严重阻碍了国际贸易的顺利进行，减少了贸易带来的益处，从而导致企业利用自己所拥有的垄断优势通过对外直接投资参与国际市场。

9.3.2 内部化理论

1. 内部化理论的产生

内部化理论也称市场内部化理论，它是70年代以来西方跨国公司研究者为了建立所谓跨国公司一般理论时所提出和形成的理论，是当前解释对外直接投资的一种比较流行的理论，有时也称其为对外直接投资的一般理论。这一理论主要是由英国学者巴克莱（Peter Bukley）、卡森（Mark Casson）和加拿大学者拉格曼（Alian M. Rugman）共同提出来的。

内部化是指企业内部建立市场的过程，以企业的内部市场代替外部市场，从而解决由于市场不完整而带来的不能保证供需交换正常进行的问题。内部化理论认为，由于市场存在不完整性和交易成本上升，因此企业通过内部市场的买卖关系不能保证企业获利,并导致许多附加成本。因此,建立企业内部市场即通过跨国公司内部形成的公司内市场,就能克服外部市场和市场不完整所造成的风险和损失。

2. 内部化实现的条件

内部化理论建立在三个假设的基础上:

(1) 企业在不完全市场上从事经营的目的是追求利润的最大化;

(2) 当生产要素特别是中间产品的市场不完全时,企业就有可能以内部市场取代外部市场,统一管理经营活动;

(3) 内部化超越国界时就产生了跨国公司。

市场内部化的过程取决于四个因素:一是产业特定因素,这与产品性质、外部市场的结构和规模经济有关;二是区位特定因素,如区位地理上的距离、文化差异和社会特点等;三是国家特定因素,如有关国家的政治和财政制度;四是公司特定因素,如不同企业组织内部市场的管理能力。在这几个因素中,产业特定因素是最关键的因素。因为如果某一产业的生产活动存在着多阶段生产的特点,那么就必然存在中间产品,若中间产品的供需在外部市场进行,则供需双方无论如何协调,也难以排除外部市场供需间的剧烈变动,于是为了克服中间产品的市场不完全性,就可能出现市场内部化。市场内部化会给企业带来多方面的收益。

9.3.3 国际生产折衷理论

1. 企业对外直接投资应满足的条件

国际生产折衷理论又称国际生产综合理论,是20世纪70年代由英国著名跨国公司专家、里丁大学国际投资和国际企业教授邓宁(John. H. Dunning)提出的。

邓宁认为,自20世纪60年代以来,国际生产理论主要沿着三个方向发展:(1) 以垄断优势理论为代表的产业组织理论;(2) 以阿利伯的安全通货论和拉格曼的证券投资分散风险为代表的金融理论;(3) 厂商理论即内部化理论。但上述三种理论对国际生产的解释是片面的,没有能够把国际生产与贸易或其他资源转让形式结合起来分析。国际生产折衷理论吸收了上述三种理论的主要观点,并结合区位理论解释跨国公司从事国际生产的能力和意愿,解释它们为什么在对外直接投资、出口或许可证安排这三种参与国际市场的方式中选择对外直接投资。这一理论目前已成为世界上在对外直接投资和跨国公司研究领域中最有影响的理论,并广泛被用来分析跨国公司对外直接投资的动机和优势。

国际生产折衷理论认为,一个企业要从事对外直接投资必须同时具有三个优势，即所有权优势、内部化优势和区位优势。

（1）所有权优势主要是指企业所拥有的大于外国企业的优势。它主要包括技术优势、企业规模优势、组织管理优势、金融和货币优势以及市场销售优势等。

（2）内部化优势是指企业在通过对外直接投资将其资产或所有权内部化过程中所拥有的优势。也就是说，企业将拥有的资产通过内部化转移给国外子公司，可以比通过市场交易转移获得更多的利益。企业到底是选择资产内部化还是资产外部化取决于理论的比较。

（3）区位优势是指企业在具有上述两个优势以后，在进行投资区位要素选择上是否具有优势，也就是说可供投资地区是否在某些方面较国内优势。区位优势包括：劳动成本、市场需求、自然资源、运输成本、关税和非关税壁垒、政府对外国投资的政策等方面的优势。

如果一家企业同时具有上述三个优势，那么它就可以进行对外直接投资。这三种优势的不同组合，还决定了对外直接投资的部门结构和国际生产类型。

2. 三大优势的进一步解释

邓宁将对外直接投资划分为5种类型：资源开发型；生产或加工专业化型；贸易和销售型；服务型；其他。每一种类型的对外直接投资都是由于不同的所有权优势、内部化优势和区位优势组合决定的。

国际生产折衷理论认为：决定对外直接投资的三项因素之间是相互关联、紧密联系的。与外国企业相比，本国企业拥有的所有权优势越大，则将资产内部化使用的可能性也越大，从而在国外利用其资产比在国内可能更为有利，更有可能发展对外直接投资。如果本国企业在这三方面都处于劣势，则有可能吸引国外直接投资。

邓宁认为，国际生产折衷理论不仅可以结识一国企业的对外直接投资，还可以结识一国企业对参与国际经济方式的选择，亦即可以将对外贸易、技术转让、对外直接投资三者有机结合起来。一般来讲，如果企业仅拥有一定的所有权优势，则可能只选择对外技术转让的行使参与国际经济活动；如果企业同时拥有所有权优势和内部化优势，则出口贸易是参与国际活动一种较好形式；如果企业同时拥有所有权优势、内部化优势和区位优势，则发展对外直接投资是参与国际经济活动的较好形式。

以上我们分析和介绍了西方学者在研究国际直接投资时提出的3种主要的理论，除此之外还有其他一些理论，如资本化率理论等。理论的发展源于实践的发展和丰富。可以相信，随着各国对外直接投资活动的不断发展，有关这方面的理论研究也必将会不断有所创新。

本章小结

1. 流动性最强的一种要素是资本。我们在本章中集中讨论的资本流动限于间接投资。对这种形式的资本流动,其基本运行机制可以从边际生产力的差异中获得解释,这一点与商品流动的发生机制是一致的,只不过它来得更直接。除了由边际生产力所决定的报酬差异以外,分散风险的考虑也是理解资本流动的一个重要因素。资本流动的结果可以在提供资本边际产量的同时提高和改善世界的产出水平和福利水平,并在严格的理论假设下,起到替代商品流动的作用。

2. 国际直接投资者在以资本流动的方式转移资源的同时,还获得对投资对象的直接控制权。当一个跨国公司在国外建立分支企业后,分支企业不仅对母公司承担纯金融上的义务,而且它本身也成为其母公司整个组织结构的一部分。正是从这个意义讲,国际直接投资便不再只是一个资本流动的问题,它同时也是个企业组织问题。

3. 企业特有优势的形成与其所处的区位和行业结构特点有关,但要维持一种所有权优势需要以市场不完全为前提。市场的不完全也使企业以内部化的方式实现其优势成为必要。内部化的过程有利于减少交易成本,这为分工的发展提供了新的余地。

4. 内部化过程超越了国界,便产生了跨国公司和以直接投资为主要推动力量的生产国际化进程。跨国公司的国际扩展过程和格局是由所有权优势、内部化优势和区位优势在相互作用中共同决定的。跨国公司对国际生产的协调,使国际分工进入了一个新的时期。企业的跨国经营活动既是国际分工发展的必然结果,也是促进国际分工不断深化的重要力量。

复习思考题

1. 简答题

(1) 何谓跨国公司?它应具备哪三个要素?
(2) 跨国公司的经营特点是什么?
(3) 跨国公司对国际贸易有何影响?
(4) 第二次世界大战后到20世纪末的跨国公司的发展特点有哪些?
(5) 新世纪跨国公司的发展趋势有哪些?
(6) 简述投资经营服务化的含义。
(7) 何谓垄断优势理论?
(8) 何谓内部化理论?

2. 分析题

(1) 跨国公司对外扩张的动态过程与产品生命周期理论有哪些异同?
(2) 国际生产折衷理论理论是如何分析跨国公司的各种国际经济行为的?

第10章 国际贸易体制

> **本章要点**
> ◇ 区域经济一体化
> ◇ 战后区域经济一体化的发展
> ◇ 关贸总协定
> ◇ 世界贸易组织
> ◇ 世界贸易组织与中国

10.1 区域经济一体化

10.1.1 区域经济一体化的含义

区域经济一体化（Regional Economic Integration），指区域内两个或两个以上的国家或地区，在一个由政府授权组成的并具有超国家性的共同机构下，通过制定统一的对内对外经济政策、财政与金融政策等，消除国别之间阻碍经济贸易发展的障碍，实现域内互利互惠、协调发展和资源优化配置，最终形成一个政治、经济高度协调统一的有机体的过程。

10.1.2 区域经济一体化的形式

1. 优惠贸易安排（Preferential Trade Agreement, PTA）

这是一种较低级和松散的区域经济一体化形式，在实行优惠贸易安排的成员间，通过协议或其他形式对全部货物或部分货物规定特别的关税优惠或非关税方面的优惠。如1932年英国与其以前的殖民地之间实行的英联邦特惠税制。

2. 自由贸易区（Free Trade Area, FTA）

通常指签订有自由贸易协定的国家所组成的经济贸易集团，在成员方的货物贸易或服务贸易之间彼此取消关税和非关税的贸易限制，但对非成员仍维持各自的贸易政策。例如1960年成立的欧洲自由贸易联盟（EFTA）就属此种类型的区域经济合作，成立时的成员有英国、葡萄牙、瑞士、奥地利、丹麦、瑞典及挪威，现在有4个成员，即挪威、冰岛、瑞士及列支敦士登。此外，还有北美自由贸易区（NAFTA）、东盟自由贸易区（AFTA）等。

3. 关税同盟（Customs Union）

关税同盟是由两个或两个以上的国家（地区）所组成的区域经济一体化组织，完全取消关税或其他壁垒，并对非同盟国家（地区）实行统一的关税税率。其目的在于使关税同盟成员方的商品在统一关境内的市场上处于有利的竞争地位，排除非同盟国家（地区）商品的竞争。比如荷卢经济联盟、欧洲经济共同体的关税同盟等。关税同盟是比自由贸易区层次更高的经济一体化组织，其特点是在自由贸易区的基础上，建立起对非同盟国家（地区）统一的关税税率。

4. 共同市场（Common Market）

共同市场是比关税同盟更高一级的区域经济一体化形式，是指各成员之间不仅实现了自由贸易，建立了共同对外关税，而且还实现了服务、资本和劳动力的自由流动。其特点是成员之间不仅实现了商品的自由流通，还实现了生产要素和服务的自由流通。1992年的欧共体（EEC）就达到了共同市场的一体化水平。

5. 经济联盟（Economic Union）

实行经济联盟的国家不仅实现商品、生产要素的自由流动，对外实行共同关税，并且制定和执行统一对外的某些经济政策和社会政策，逐步废除政策方面的差异，使一体化的程度从商品交换扩展到生产、分配乃至整个国民经济，形成一个有机的经济实体。其特点是在共同市场的基础上，还要求有共同的货币政策、财政政策和汇率政策。欧洲联盟（European Union，EU）就属于经济联盟的形式。

6. 完全的经济一体化（Perfectly Economic Integration）

完全的经济一体化是指成员在实现了经济联盟目标的基础上，进一步实现经济制度、政治制度和法律制度等方面的协调，乃至统一的经济一体化形式。如果说其他四种形态是经济一体化过程的中间阶段的话，那么完全的经济一体化就是经济一体化的最终阶段。

完全的经济一体化的特点是就其过程而言是逐步实现经济及其他方面制度的一体化。从结果上看，它是类似于一个国家的经济一体化组织。完全经济一体化的形式主要有两种：一是邦联制，其特点是个成员的权力大于超国家的经济一体化组织的权利；二是联邦制，其特点是超国家的经济一体化组织的权力大于各成员的权利。联邦制的国际经济一体化组织类似于一个联邦制的国家。

10.1.3 战后区域经济一体化的产生与发展

1. 20 世纪 80 年代前

20 世纪 50～60 年代，随着世界政治经济发展不平衡和社会主义国家的崛起，区域经济一体化组织有了迅速发展。

1949 年 1 月苏联和东欧国家成立了经济互助委员会（简称"经互会"）。1951 年 4 月，法国、德国、意大利、比利时、荷兰和卢森堡 6 国在巴黎签订了为期 50 年的《欧洲煤钢联营条约》，决定于 1952 年 7 月建立煤钢共同市场。1957 年 3 月 25 日，上述 6 国外长又在罗马签订了《欧洲经济共同体》和《欧洲原子能联营》两个条约，总称《罗马条约》。1958 年 1 月 1 日起条约生效。为了与之抗衡，英国联合瑞典、丹麦、挪威、瑞士、奥地利和葡萄牙，于 1959 年 6 月 30 日在瑞典首都斯德哥尔摩举行部长级会议，通过了《欧洲自由贸易联盟草案》。1960 年 1 月 4 日，签订了《建立欧洲自由贸易联盟公约》，同年 5 月 3 日起生效，建立了欧洲自由贸易联盟。20 世纪 60 年代以后，发展中国家也建立了 20 多个区域经济一体化组织，主要有：亚洲的东南亚国家联盟和南亚地区合作组织；拉美地区的拉美一体化协会、安第斯条约组织、中美洲共同市场，非洲的西非国家经济共同体、西非共同体；阿拉伯世界的海湾合作委员会、阿拉伯合作委员会和阿拉比马格里布联盟等。

20 世纪 70 年代中期至 80 年代中期，由于世界资本主义经济处于经济危机、能源危机和货币制度危机，经济增长停滞并伴随着高失业率。高通货膨胀率，市场萎缩，贸易保护主义抬头，贸易与投资自由化受到较大阻力。除了欧洲经济共同体及经互会仍然在缓慢地推进经济一体化以外，其余的经济一体化组织几乎都停滞发展，有的甚至中断活动或解体。

2. 20 世纪 80 年代后

20 世纪 80 年代中期以来，区域经济一体化迅猛发展并实现新的飞跃。这一时期参与经济一体化的国家日益增多，经济一体化的层次越来越高，经济一体化逐渐走向开放型，并突破某一地区的界限，实现跨区域、跨地区的区域经贸合作。欧洲联盟、北美自由贸易区、亚太经济组织和东盟等一些重要的区域经济合作组织。

（1）欧洲联盟。欧洲联盟（简称"欧盟"）（European Union，EU）是当今世界一体化程度最高的区域政治、经济集团组织，其前身是 1958 年 1 月 1 日启动的欧洲经济共同体。20 世纪 80 年代中期以来，欧洲经济一体化进程大大加快。

①基本建成内部统一大市场。1986年2月，欧共体12个成员方（法国、德国、意大利、比利时、荷兰、卢森堡、丹麦、爱尔兰、英国、希腊、西班牙和葡萄牙）签署了《欧洲单一法案》（SEA, Single European Act），决定于1992年12月31日以前在欧共体内建成一个没有国界的"单一市场"即共同市场，实现商品、劳务、人员和资金的自由流通。1993年初，该共同市场开始运行。

②签署并实施《马斯特里赫特条约》。欧共体成员于1992年2月7日签署了《马斯特里赫特条约》（又称《欧洲联盟条约》）。这一条约大幅度修订了《建立欧洲经济共同体条约》等三项条约的内容，规定了欧洲经济与货币联盟的具体目标和实施步骤，将欧共体原有的"政治合作"升格为共同外交和安全政策，并建立起内政和司法方面的合作机制，从而使欧共体的活动范围突破了经济活动的界限，将欧共体的经济一体化推进到经济联盟的阶段，欧洲联盟宣告诞生，标志着欧共体从经济实体向政治实体过渡。《马斯特里赫特条约》于1993年11月1日开始正式生效，并自该日起欧洲经济共同体改名为欧洲联盟（简称欧盟）。

③建设欧洲经济区。欧共体还与欧洲自由贸易联盟于1991年10月22日在卢森堡达成了建设欧洲经济区的协定，按照该协定，欧洲19个发达国家将建成一个能保证货物、服务、资本和人员自由流动的贸易集团，1994年1月1日，欧洲经济区正式启动。

④欧盟与中东欧四国签订，实施《欧洲协定》。早在1991年12月16日，欧共体给予波兰、匈牙利、捷克和斯洛伐克签订了是该四国成为欧共体联系国的协定。1995年2月1日，欧盟与捷克、斯洛伐克、罗马尼亚和保加利亚四国签订的《欧洲协定》正式生效。根据协定规定，双方将在协定生效后5~10年的自由流动。该协定将使东欧国家完全融入欧洲一体化进程，为其日后加入欧盟创造了条件。

⑤欧盟实现第四次扩大。1995年1月1日，奥地利、瑞典、芬兰正式加入欧盟，使欧盟成员方扩大为15个，从地理上将地中海国家和斯堪的纳维亚国家连为一体，使欧洲主要工业国家纳入到欧洲联盟的一体化轨道，成为一个具有近330万平方公里土地、近3.8亿人口和近9万亿美元国内生产总值的经济集团。

⑥欧洲货币联盟的启动及欧盟的进一步扩大。1999年1月1日，欧盟中的11个国家（德国、比利时、奥地利、荷兰、法国、意大利、西班牙、葡萄牙、卢森堡、爱尔兰和芬兰）开始在启动欧元，2002年1月1日，欧元纸币和硬币在市场上正式流通。希腊也于2001年1月1日加入欧元区。另外，1998年10月起，欧盟加快了与中东欧国家和波罗的海3国加入欧盟的谈判步伐，内容涉及政

治、经济、司法、文化和社会等领域。2002年10月9日，欧盟委员会发表了关于欧盟扩大的战略文件和对13个候选国的评估报告，确定其中的波兰、匈牙利、斯洛伐克、立陶宛、拉脱维亚、爱沙尼亚、捷克、斯洛文尼亚、塞浦路斯和马耳他10个候选国于2002年底前结束加入欧盟谈判，并将于2004年加入欧盟。2002年12月欧洲首脑哥本哈根会议就欧盟扩大问题于10个候选国达成了全面协议。波兰、匈牙利、斯洛伐克、立陶宛、拉脱维亚、爱沙尼亚、捷克、斯洛文尼亚、塞浦路斯和马耳他已于2004年5月1日成为欧盟正式成员方。这是欧盟的第五次扩大，也是规模最大的一次扩大。2007年1月，罗马尼亚和保加利亚加入欧盟。2013年7月1日，克罗地亚加入欧盟。至此，欧盟经历7次扩大，成为一个涵盖28个国家、总人口超过4.8亿、国民生产总值高达12万亿美元的当今世界上经济实力最强、一体化程度最高的区域经济一体化组织。欧元区也在继续扩大，随着斯洛文尼亚（2004年）、塞浦路斯（2004年）、马耳他（2004年）、斯洛伐克（2009年）、爱沙尼亚（2011年）、拉脱维亚（2014年）、立陶宛（2015年）的陆续加入，至2015年1月，欧元区成员方已达19个。

（2）北美自由贸易区。美国和加拿大于1986年5月开始谈判，1987年10月达成《美加自由贸易协定》，1988年1月2日经两国领导人签署，并于1989年1月1日正式开始生效执行。根据协定，两国将最终建成美加自由贸易区，实现双边自由贸易，同时该协定还对双边服务贸易自由化、双边投资以及贸易争端的解决做出许多具体规定。

墨西哥总统萨里纳斯于1988年12月上任之后，便积极寻求与美国的自由贸易协定的谈判，后来加拿大也主动加入谈判。三国于1991年6月12日在多伦多召开第一次部长级会议。经过14个月的谈判，1992年8月12日宣布三国就北美自由贸易协定达成协议。克林顿上任后积极推动北美自由贸易协定有关劳工与环保的附属条款的谈判。1993年8月13日，美、加、墨三国达成附属条款的协议，以保障美国劳工权与墨西哥的生态环境。

北美自由贸易区（NAFTA）从1994年1月1日起正式建立，其人口3.67亿人，国民生产总值8万多亿美元。这一市场的是立足已于欧洲联盟对抗。

（3）亚太经合组织及东盟自由贸易区。1989年11月6～7日，由澳大利亚倡议召开的亚太经济合作组织（APEC）首次部长级会议在堪培拉召开。1991年11月在韩国汉城举行的APEC第三届部长级会议通过了《汉城宣言》，正式确立APEC的宗旨和目标为"相互依存，共同利益，坚持开放性多边贸易体制和减少区域贸易壁垒"。1992年9月第四届曼谷部长级会议决定成立常设性秘书处，拉开了亚太地区经贸合作的序幕。1993年11月20日至21日，亚太经济合作组织第一次领导人非正式会议在美国西雅图举行。

至 2001 年 10 月，亚太经济合作组织包括 21 个国家和地区。分别是中国、澳大利亚、文莱、加拿大、智利、中国香港、印度尼西亚、日本、韩国、墨西哥、马来西亚、新西兰、巴布亚新几内亚、秘鲁、菲律宾、俄罗斯、新加坡、中国台湾、泰国、美国和越南。

东盟自由贸易区（AFTA，ASEAN Free Trade Area）于 1992 年提出，现包括原东盟 6 国（印度尼西亚、马来西亚、菲律宾、新加坡、泰国、文莱）和 4 个新成员方（越南、老挝、缅甸、柬埔寨），共 10 个国家，陆地总面积为 450 万平方公里，人口 5.3 亿人。经过 10 年的构建，原东盟 6 国于 2002 年正式启动自由贸易区，其他新成员方也将加快关税的削减速度。

（4）TPP 与 TTIP 谈判。自 2010 年以来，世界范围内开始了若干个影响深远的巨型区域自由贸易区谈判，比如 TPP 和 TTIP 谈判。新的经济贸易规则将会在 WTO 的多边框架之外出现——由数量有限的几个发达国家协商形成。

跨太平洋伙伴关系协定（TPP，也被称作"经济北约"）。前身是跨太平洋战略经济伙伴关系协定。这是 2002 年，由亚太经济合作会议成员方中的新西兰、新加坡、智利和文莱四国发起，开始酝酿的一组多边关系的自由贸易协定，原名亚太自由贸易区，旨在促进亚太地区的贸易自由化。

2015 年 10 月 5 日，跨太平洋伙伴关系协定（TPP）取得实质性突破，美国、日本和其他 10 个泛太平洋国家就 TPP 达成一致。12 个参与国加起来所占全球经济的比重达到了 40%。TPP 谈判始于 2010 年 3 月，最初由新西兰、新加坡、智利和文莱四国发起的一项多边自由贸易协定，目前由美国主导，日本、加拿大、澳大利亚、墨西哥、越南、秘鲁、马来西亚、新西兰、新加坡、智利和文莱 12 个成员参与。

作为面向 21 世纪、高标准、全面的自由贸易协议，TPP 除了在 2015 年前要为 1.1 万项货品达成零关税目标外，还包括金融服务、电信服务、知识产权、原产地规则、技术性贸易壁垒、卫生与检验建议、外商投资、竞争政策、贸易救济、医疗保健和医药的透明度、环境、劳工、规制一致性、政府采购、国有企业、电子商务、中小企业、货品市场进入途径及争端解决机制等 29 项议题。

美国在太平洋地区构筑自由贸易区的同时，也加快了在大西洋地区构建自由区的步伐。2013 年 6 月 17 日，美国与欧盟正式宣布将启动《跨大西洋贸易与投资伙伴关系协定》（简称 TTIP）的谈判，计划在 2015 年之前完成这一构建世界上最大自由贸易区的谈判，在 2016 年使 TTIP "一揽子协议"获取欧洲议会和美国国会的批准确认。TTIP 的目的是进一步扩大跨大西洋地区之间的贸易和投资，主要是消除美国和欧盟之间的关税和非关税壁垒，统一双边贸易中的相关规则和监管标准，加强美国与欧盟在国际贸易规则制定上的合作。①

（5）中国参与区域经济一体化的进程。② 自 2001 年以来，中国也加快了区域经济一体化的进程。截至 2015 年 10 月中国已签署了 14 个区域自由贸易协定，涵盖 22 个国家（地区）。分别是：《中国—东盟自由贸易协定》、《中国—巴基斯坦自由贸易协定》、《中国—智利自由贸易协定》、《中国—新西兰自由贸易协定》、《中国—新加坡自由贸易协定》、《中国—哥斯达黎加自由贸易协定》、《中国—瑞士自由贸易协定》、《中国—秘鲁自由贸易协定》、《中国—冰岛自由贸易协定》、《中国—韩国自由贸易协定》、《中国—澳大利亚自由贸易协定》、内地与港澳更紧密经贸关系安排协议、海峡两岸经济合作框架协议。另外中国还是优惠贸易安排《亚太贸易协定》的参与方。

正在谈判进程中的自贸协定有：中国—海合会 FTA，中国—挪威 FTA，中日韩 FTA，《区域全面经济合作伙伴关系协定》（RCEP），中国—东盟自贸协定（"10 + 1"）升级谈判，中国—斯里兰卡 FTA，中国—巴基斯坦自贸协定第二阶段谈判，中国—马尔代夫 FTA。

尚在研究中的 FTA 有：中国—印度 FTA，中国—哥伦比亚 FTA，中国—格鲁吉亚 FTA，中国—摩尔多瓦 FTA。

10.2 多边贸易体制

10.2.1 关税与贸易总协定的宗旨及重要作用

关税与贸易总协定（简称"关贸总协定"）（GATT, General Agreement on Tariffs and Trade）是在美国倡导下，由 23 个国家于 1947 年 10 月 30 日在日内瓦签订并于 1948 年正式生效的一项规范缔约国对外贸易政策和调整它们权利和义务关系的国际多边贸易协定。1995 年 1 月 1 日世界贸易组织成立前，占世界贸易额 90% 以上的 128 个国家和地区参加了 GATT。

1. 关贸总协定的宗旨

虽然关贸总协定只是一个准国际性组织，但在国际上有"经济联合国"之

---

① 全毅：《全球区域经济一体化发展趋势及中国的对策》，载《经济学家》，2015 年第 1 期。
② 中国自由贸易区服务网，http://fta.mofcom.gov.cn/index.shtml。

称。尽管它与国际货币基金组织、世界银行三足鼎立调节世界经济、贸易和金融,但是其作用和影响都超过了国际货币基金组织和世界银行。它既是一整套关于关税和贸易措施的国际通行法规,又是进行多边贸易谈判和解决缔约方贸易争端的国际机构。

关贸总协定自建立起就明确了它的宗旨:缔约方在处理他们的贸易和经济事务关系时,应以提高生活水平,保证充分就业,保证实际收入和有效需求的巨大持续增长,扩大世界资源的充分利用以及发展商品生产与交换为目的。实现这一目的的办法是,通过达成互惠互利协议,导致大幅度削减关税和其他贸易障碍,取消国际贸易中的歧视待遇,为实现这一目的做出贡献。

2. 关贸总协定的积极作用及局限性

(1) 关贸总协定的积极作用。

第一,总协定制定了国际贸易活动的"行为准则",使国际贸易行为规范化、国际市场秩序化。

一是23个创始缔约国在1947年所建立的《关税与贸易总协定》,初步而全面地确定了战后国际贸易应当遵循的基本原则。

二是由总协定所主持的战后八轮多边国际贸易谈判,通过了一系列"协议",这些"协议",又进一步地规范了国际贸易行为。在前六轮谈判中,各缔约国集中地讨论关税减少问题,达成双边和多边关税减让"协议"数百项。在第六轮的"肯尼迪回合"谈判中,还达成了"反倾销协议",并在总协定中增加了关于发展中国家成员方的特殊要求和发达国家应当承诺的义务的有关条款。这些条款构成总协定的第四部分内容,使总协定的内容更加完整。这些条款的重要补充,使国际贸易行为朝合理化方向迈出了重大步伐。在第七轮"东京回合"谈判中,除了签订了一系列关税减让协议外,还突出地表现在签订了6项反对非关税壁垒的协议。此外,还通过了给广大发展中国家更多和具体的贸易优惠待遇的"保障条款"。在最新一轮"乌拉圭回合"谈判中,涉及的内容更加广泛。拟议中的协议除了关税递减和非关税壁垒外,还将包括过去历次谈判中从未涉及过的议题,如农产品贸易,知识产权,与贸易有关的投资问题等,最突出的是关于"服务贸易"的协议。这一协议确定了服务贸易的基本框架,清除服务贸易领域中的各种障碍,逐步实现服务贸易的多边自由化。

第二,关贸总协定通过大幅度地削减关税和限制非关税壁垒,奠定了国际自由贸易的基础。

一是大幅度地削减关税。在第一轮谈判中,23个参加国家达成双边关税减让协议123项,涉及商品税目45 000项,使应征税进口值54%的商品平均降低关税 35%，涉及 100 亿美元的贸易额。在第二轮谈判中，33 个参加国家达成双边减税协议 147 项，涉及关税减让 5 000 项，使应征税进口值 5.6% 的商品，平均降低关税 35%。在第三轮谈判中 39 个参加国家达成双边减税协议 150 项，涉及关税减让 8 700 项，使应征税进口值 11.7% 的商品，平均降低关税 26%。在第四轮谈判中，28 个参加国，使应征税进口值 16% 的商品，平均降低关税 15%，涉及 25 亿美元的贸易额。在第五轮谈判中，45 个参加国家，使应征税进口值 20% 的商品平均降低关税 20%，涉及 43 亿美元的贸易额。在第六轮谈判中，54 个参加国家使工业品的进口关税下降 35%，涉及贸易额 400 亿美元。在第七轮"东京回合"谈判中，99 个参加国家采取了一揽子办法，按照一定的公式，使关税水平降低 30% 左右。通过这七轮谈判，发达国家的平均关税税率已从 1948 年的 36%，减低到 80 年代的 5%，发展中国家的平均关税税率，也在同期下降到 13% 左右。新的一轮乌拉圭回合谈判，各国的关税税率还将进一步地下降。根据尚未被各国签字的关税削减草案，各国的关税将在现有关税水平的基础上削减 1/3。

二是积极地限制各种非关税壁垒。在第七轮"东京回合"谈判中，非关税壁垒成为重要的谈判议题，并最终达成了六个限制非关税壁垒的协议。这些协议是《海关估介协议》、《进口许可证手续协议》、《技术性贸易壁垒协议》、《补贴和反补贴协议》、《反倾销守则》和《政府采购协议》。在最新一轮"乌拉圭回合"谈判中，非关税壁垒得到了更高程度的重视，可望达成一系列新的协议。三是反对各国政府制定外贸政策方面的"内部规定"，增强国际贸易的透明度。总协定明确地要求各国政府要增强对外贸易的透明度。为了实现外贸的透明度，关贸总协定定期汇总世界各国的贸易统计和投资数据，并向各缔约国公布。关贸总协定秘书处定期出版国际贸易方面的刊物、专题研究资料。其主要的出版刊物有《国际贸易》、季刊《论坛》、《出口促进技术手册》、《市场研究》，此外还不定期出版一些专家撰写的专题报告。这些刊物和资料的出版有利于各国对世界贸易情况的了解。

第三，充当国际"商务法庭"，发挥贸易仲裁作用。

总协定运用它的调解、仲裁机构有效地解决了众多的国际贸易纠纷。虽然总协定所做出的裁决不可能像法院那样具有权威性，但仍具有一种道义上的约束力。因为，任何一国都不愿因违反总协定而受到缔约国全体的公开谴责。由此，关贸总协定事实上起到了国际"商务法庭"的作用。总协定的这一作用，对于处理发展中的经济小国来说，具有重要的意义。当与经济大国发生贸易争端时，它们借助总协定的争端解决程序，可以取得有共同利益的其他国家的支持，从而加强自己的谈判地位,通过多边渠道促成双边问题的解决。东京回合以后,总协定的争端解决程序又有进一步的改进和发展,对缩短争端解决的时间做出了明确规定,缔约各国还承诺要特别注意发展中缔约国特殊问题和特殊利益。

第四,推动发展中国家的经济发展。

总协定为广大发展中国家提供了一系列优惠,从而为推动发展中国家的贸易发展和经济发展起到了一定的作用。

在总协定设立之初,发展中国家处于无权的地位。但是随着形势的发展,越来越多的发展中国家加入了关贸总协定,并积极参与了总协定的各项活动,在可能的范围内运用有关规定,努力扩大自己的出口贸易。

(2) 关贸总协定的局限性。

第一,关贸总协定在成立之初就是一个"临时协定"。1948年1月1日生效后,逐步演变成一个越来越庞大的国际组织,但又不是正式的国际组织,只能算一个准国际组织。

第二,关贸总协定的许多规则不严密,执行起来有很大空隙,有些缺乏法律的约束力。

一些国家按照各自的利益理解协定条文。总协定又缺乏必要的核查和监督手段。如总协定"用倾销手段将一国产品以低于正常价值的办法进入另一国国内市场,如因此对某一国领土内已建立的某项工业造成实质性损害或产生实质性威胁"的规定,实际执行起来很难界定。于是一些国家就用国内立法来征收倾销税,使其成为这些国家推行贸易保护主义的重要手段。后来"东京回合"虽补充了有关的多边协议,但贸易保护主义浪潮迭起。

第三,关贸总协定中还存在着大量"灰色区域",有很多例外。

某些缔约国违背关贸总协定的原则,用国内立法和行政措施来对别国实行贸易歧视。它们利用"灰色区域",通过双边安排,强迫别国接受某些产品的出口限制的事屡见不鲜。由于关贸总协定原则的例外过多,致使许多原则不能得到很好的贯彻实施。例外过多和滥用例外,已侵害到关贸总协定的一些基本原则。尽管关贸总协定在关税减让方面成绩显著,但由于总协定中存在着漏洞,许多缔约国便绕开关税采用非关税壁垒。尽管规定了一般取消数量限制,但由于例外,数量限制仍是贸易保护主义的主要手段。

第四,解决纠纷常常无法议决,难以取得实际成效。

关贸总协定在解决国际经济贸易纠纷上,起到了不小的作用。但关贸总协定解决国际经济贸易纠纷的主要手段是协商,最后是缔约方的联合行动。至今没有具有法律约束性的强制手段,这就使许多重大国际贸易争端无法解决。

10.2.2　世界贸易组织

1. WTO 的成立

乌拉圭回合的重大成果之一是建立了世界贸易组织（简称世贸组织）(World Trade Organization, WTO)。1995 年 1 月 1 日，WTO 作为关贸总协定的继承组织，在瑞士日内瓦正式成立。关贸总协定与其共同运行一年时间后，已于 1995 年底自动退出历史舞台。从此，世界贸易组织与世界银行、国际货币基金组织并列为世界经济贸易中的三大支柱。

建立世界贸易组织这一构想已有半个多世纪的历史。20 世纪 40 年代，以美国为首的西方工业发达国家曾积极策划与筹备，但终因各种原因而未能成功。作为《哈瓦那宪章》中的一个临时协定——《关税与贸易总协定》，承担起了建立国际贸易秩序的历史使命。《关贸总协定》这一"临时适用"一用就是四十多年。在将近半个世纪的历程中，虽然 8 轮谈判取得了如前所说的重大成果，但总也摆脱不了"名不正，言不顺"的"临时"地位。为此，乌拉圭回合对多边贸易体制的建立尤为重视。最后终于在 1994 年 4 月 15 日，由包括中国在内的 104 个国家和地区的政府正式签署了建立世界贸易组织的协议。WTO 于 1995 年 1 月 1 日正式运行。截至 2015 年 4 月，WTO 已有 161 个成员。

2. WTO 与 GATT 的区别

（1）世贸组织是具有国际法人资格的永久性组织。关税与贸易总协定是在美国发动下，由 23 个国家于 1947 年 10 月 30 日在日内瓦签订并于 1948 年临时生效的关于调整缔约国对外贸易政策和国际贸易关系方面的相互权利、义务的国际多边协定。

这个协定原为一个"临时规则"的协定，准备以各国政府批准的"国际贸易组织宪章"取而代之。但是由于"国际贸易组织宪章"没有被有关国家的国会批准，这个总协定就成为缔约方调整对外贸易政策和措施以及国际经济关系方面的重要法律准则。它与联合国有关，但不是联合国的专门机构。

总协定顾名思义只是一项"协定"，随着形势的发展才在其基础上逐渐形成了一个临时性国际经济组织。

世界贸易组织的成立，改变了关贸总协定临时适用和非正式性的状况。根据其协定，建立起一整套的组织机构，成为具有法人地位的正式国际经济组织。从法律地位上看，它与国际货币基金组织、世界银行具有同等地位，都是国际法主体，其组织机构及有关人员，均享有外交特权和豁免权。

（2）世贸组织管辖范围广泛。关贸总协定的多边贸易体制及其所制定的一整套国际贸易规则，适用于货物贸易。

世界贸易组织的多边贸易体制，不仅包括已有的和经乌拉圭回合修订的货物贸易规则，而且还包括服务贸易的国际规则，与贸易有关的知识产权保护的估计规则和与贸易有关的国际投资措施规则。这一整套国际规则涉及货物贸易、服务贸易、知识产权保护和投资措施等领域，表明世界贸易组织所管辖内容更为广泛。

（3）世贸组织成员承担义务的统一性。关贸总协定体制基本上是以关贸总协定文本为主的协议，对有关缔约方权利和义务方面作了规定和安排，但在1979年东京回合谈判中达成的9个协议以及多边纺织品协议却是选择性的，成了选择性贸易协议。即这些协议可由关贸总协定缔约方和非缔约方自行选择签署参加，如果不参加便无需履行该协议的义务，因而缔约方在关贸总协定中的权利与义务就不尽平衡。

乌拉圭回合多边贸易谈判达成的《乌拉圭回合多边贸易谈判成果的最后文件》是一个"一揽子文件"，即必须全部接收或全部拒绝，不能接受一部分，拒绝另一部分。

世界贸易组织要求缔约方必须无选择的以"一揽子"方式签署乌拉圭回合达成的所有协议，因为《乌拉圭回合多边贸易谈判成果的最后文件》包括了东京回合及其他有关协议的内容，所以，它们是完整的、不可选择的、不可分割的统一体。权利和义务的平衡是在所有协议的基础上达成的，从而加强了缔约方的权利和义务的统一性和约束性，维护了多边贸易体制的完整性。

（4）世贸组织争端解决机制以法律形式确立了权威性。关贸总协定原有的争端解决机制存在着一些缺陷。例如，争端解决的时间拖延很长，专家小组的权限很小，监督后续行动不力等。

世界贸易组织所实施的综合争端解决机制是一套较为完善的机制。自1995年1月1日开始正式运转以来，争端解决机制已经经历了实践的检验。世界贸易组织的成员纷纷将争端诉诸新的争端解决机制，以致争端解决机制成为世贸组织中最活跃的机构。截至2003年9月11日，世贸组织共对301起贸易争端适用了争端解决程序，平均每年处理30多起争端。而世界贸易组织的前身关贸总协定在近半个世纪的时间里才处理了238起争端，平均每年仅处理5起争端。

3. 世界贸易组织的基本原则

在世界贸易组织建立的协定中，明确指出了五个基本原则，即非歧视原则、贸易自由化原则、可预见性原则、促进公平竞争原则和鼓励发展与改革的原则。

（1）非歧视原则。国际贸易中的非歧视原则在关贸总协定中已经作了明确的规定，即要贯彻最惠国待遇和国民待遇。在世界贸易体系建立的基本原则中重新明确这一重要原则的意义，不仅在于原则本身，还在于这一原则适用的范围更广。它不仅适用于成员之间的货物贸易，还适用于服务贸易及与贸易有关的知识产权问题。

在此，世界贸易组织也重申，这种非歧视原则也有例外。如它不适于世界贸易组织的非成员，也不适用于对那些实行不公平贸易政策的国家和地区采取报复行动的成员。

（2）贸易自由化原则。贸易自由化原则是指通过减少贸易障碍，促进贸易的扩大。这些贸易障碍不仅是指进口关税，还包括各种数量限制、政府的某些限制进口的规定及汇率政策等方面的限制措施。这就要求世界贸易组织的成员根据要求加以调整。世界贸易组织允许各成员采取渐进的方法实现贸易自由化。而且从实际出发，发展中国家和地区需要的时间可能相对要长一些。

（3）可预见性原则。可预见性原则是指各成员在其贸易政策或规定执行以前，要对成员公开并通知世界贸易组织。世界贸易组织认为，各成员不应重新人为地增加贸易障碍，以保证国际贸易环境的稳定。因此，一方面世界贸易组织反对重新提高贸易障碍的行为；另一方面也反对使用除关税以外的其他保护措施。从制度上，世界贸易组织要求各成员将它们将要执行的贸易政策和措施尽快公布，并上报世界贸易组织；该组织将对此做出评估，以确定其对贸易自由化可能带来的影响。

（4）促进公平竞争原则。促进公平竞争原则是指世界贸易要在公开、公正和不受干扰的情况下开展。因而该贸易体系反对倾销、补贴及政府的歧视性采购等。

（5）鼓励发展和改革原则。鼓励发展和改革原则是指对发展中成员的经济发展和改革采取鼓励原则。由于世界贸易组织 3/4 的成员是发展中国家和地区，因此对它们的经济发展和市场经济改革要给予特别的关注。世界贸易组织规定，发展中成员在执行协定内容的时间方面应该具有某种灵活性；即允许它们经过较长的时间达到世界贸易组织的要求。世界贸易组织给了发展中成员调整与世界贸易组织规定不相适应方面的过渡期。

由此可见，世界贸易组织在上述原则的指导下，对处在经济发展不同阶段的国家和地区具有广泛的吸引力，各国和地区纷纷要求加入该组织中去。

10.3 中国与WTO

10.3.1 中国与GATT/WTO关系的演变

中国是 GATT 的 23 个创始缔约国之一。由于种种历史原因，中国与 GATT 的关系中断了 40 多年。20 世纪 80 年代以来，中国一直以积极的态度申请恢复 GATT 缔约国地位和加入 WTO。

1. 中国是关贸总协定最早的缔约方

1948 年 4 月 21 日，中国政府签署关贸总协定《临时适用议定书》，并从 1948 年 5 月 21 日正式成为关贸总协定缔约方。1950 年 3 月 6 日，台湾当局由其"联合国常驻代表"以"中华民国"的名义照会联合国秘书长，决定退出总协定。1965 年 1 月 21 日，台湾当局提出观察总协定缔约方大会的申请，同年 3 月，第 22 届缔约方大会接受台湾当局派观察员列席缔约方大会。

1949 年 10 月 1 日，中华人民共和国成立。1971 年 10 月，联合国大会通过了关于恢复中华人民共和国合法席位的第 2758 号决议，恢复了中华人民共和国在联合国的合法席位。关贸总协定按照在政治上服从联合国决议的原则，于 1971 年 11 月 26 日终止了台湾当局的"观察员"地位。1972 年 5 月，中国成为联合国贸发会议和关贸总协定下属机构国际贸易中心的成员。此后，中国逐步与关贸总协定恢复了联系。

1981 年，中国代表列席了关贸总协定纺织品委员会第三个《多种纤维协议》的谈判，并于当年 5 月获得了纺织品委员会观察员资格。1984 年 1 月，中国正式参加了第三个《多种纤维协议》，并成为关贸总协定纺织品委员会的成员。

1982 年 11 月，中国第一次派代表团以观察员身份，列席了关贸总协定第 36 届缔约国大会。1984 年 11 月，作为观察员，中国获准出席关贸总协定理事会及其附属机构的会议。此后，中国每年都列席关贸总协定缔约方大会。

2. 中国从"复关"到"入世"的过程

（1）第一阶段：从 20 世纪 80 年代初到 1986 年 7 月，主要是酝酿、准备复关事宜。

1985 年 4 月，中国成为关贸总协定发展中国家非正式磋商小组的成员。1986 年 1 月 10 日，关贸总协定总干事邓克尔先生应中国政府邀请来华访问，当时的国务院总理在会见邓克尔时代表中国政府正式表示，为适应对外开放政策的需要，中国希望恢复自己在关贸总协定的缔约国席位。这次谈话引起了国内外的关注。1986 年 7 月 10 日，中国驻日内瓦联合国常驻代表团代表钱嘉东大使向关贸总协定总干事邓克尔提交了中国政府关于恢复中国在关贸总协定中缔约国席位的申请。申请照会中表示，中国政府基于中国是关贸总协定创始缔约国之一这一事实，决定申请恢复它在关贸总协定中的席位。中国经济改革的进程有助于扩大它同缔约各方的经济和贸易联系。中国作为一个缔约国参加关贸总协定工作将有助于促进关贸总协定目标的实现。

另外，从史实上看，中国是关贸总协定缔约方，只是由于历史上的原因，曾一度中断了与关贸总协定的联系，因此，根本不存在"重新加入"的问题。

(2) 第二阶段：从1986年7月到1992年10月，主要是审议中国的经贸体制，中方要回答的中心题目是到底要实行市场经济还是计划经济。

中国在1986年7月10日提出恢复关贸总协定缔约方地位的申请，此后便开始了长达9年的"复关"谈判（从1995年7月开始，又转入"入世"谈判）。其间从1986年7月提出复关申请到1989年5月中美第五轮双边磋商达成了谅解。这期间，中国与主要缔约方进行了十几次双边磋商，并就中国复关的一些核心问题基本达成了谅解，而且中国工作组通过连续召开7次会议，也已基本结束了对中国外贸制度的答疑和综合评估工作，中国"复关议定书"基本成型，无论在多边谈判，还是在双边磋商中已基本形成共识——1989年"复关"谈判结束。

这一时期美欧对中国"复关"谈判的关心和要价主要集中在贸易政策的透明度与统一实施、关税与非关税措施的减让、价格改革的时间表和选择性保障条款等五个中心问题上。基于这种要价的复关谈判，内容和范围不仅少而窄，而且涉及的问题也大都是关于中国贸易管理体制方面的，为全面涉及中国国内经济政策和外汇政策。各方面的反应表明，中国"复关"指日可待，国内媒体开始描绘中国"复关"之后的繁荣景象。

但是，从1989年6月到1992年2月第10次中国工作组会议召开期间，以美国为首的西方国家对华实行经济制裁，把暂时不让中国"复关"作为其经济制裁的一项主要内容，加之国内经济处于治理整顿阶段，"复关"谈判涉及的双边磋商和以日内瓦工作组会议形式进行的多边谈判（这期间曾召开过第8次和第9次工作组会议，均为象征性例会）事实上陷入停顿，而且还危及到中国"复关"谈判前一时期所取得的成果，致使这一阶段复关谈判陷入停顿。

(3) 第三阶段：从1992年10月到2001年9月，中方进入实质性谈判，即双边市场准入谈判和围绕起草中国入世法律文件的多边谈判。1993年11月，中方提出了著名的中国复关"三原则"：第一，关贸总协定没有中国的参与是不完整的；第二，中国必须以发展中国家身份复关；第三，中国复关坚持权利与义务的平衡。

这一阶段，"复关"谈判重新启动并进入权利与义务敲定的最后攻坚阶段。在这期间，因1992年邓小平南方谈话而引发的深化改革和全方位对外开放为中国经济的高速发展注入了新的推动力，党的十四大的召开为中国经济体制改革确立了建立社会主义市场经济和现代企业制度的目标，并相应的实行了一系列深化改革的重大措施。

这一系列改革开放的新举措本应为及早结束中国"复关"谈判提供契机。但由于"冷战"后出现的新国际形势和乌拉圭回合形成的《世贸组织协议》生效在即，中美脱钩，美对华贸易政策中唯一可以向中国施压的杠杆就是复关谈判。加之主要西方国家基于中国经济贸易迅猛发展而对未来中国复关对其本身和多边贸易体制上影响的重新认识，使上述出现的一系列因素对中国复关谈判不仅未能起到推动作用，相反却扩大了中国复关谈判的内容，拖长了谈判时间，只是主要缔约方对中国复关谈判采取了"滚动式要价"的做法。他们无视中国现阶段经济发展水平，要求中国提前从发展中国家行列中"毕业"，承担发达国家在关贸总协定中所承担的义务。

主要西方国家对中国议定书谈判和市场准入谈判的要价不仅涉及贸易管理、关税与非关税措施、贸易政策统一实施和透明度等问题，而且把当时一些不属关贸总协定的义务，如知识产权、服务业市场开放、农产品与纺织品贸易以及纯属中国国内宏观经济调控措施和司法主权的事务，如制定经营、价格协调、财税政策和司法审查等也统统放入要价中，使中国复关后期谈判陷入一个怪圈，即复关谈判面对变化中的中国经贸体制和关贸总协定多边贸易体制，不是谈判问题减少，谈判范围集中，而是越谈问题越多，越谈问题越广。似乎中国无论如何深化改革，完善经贸体制，离复关要求和目标都不是越谈越近而是越谈越远。

为及早摆脱和打破这一谈判怪圈，增加有关各方的责任感与紧迫感，中国于1994年11月28日及时明智地做出了"1994年底为结束中国复关实质性谈判最后期限"的重大决定，以推动主要缔约方丢掉幻想，要价适可而止，对中国复关谈判采取务实灵活的态度。但谈判仍未能最终达成协议。

1998年美国总统克林顿首次访问中国，中国"入世"问题再次成为世人关注的焦点。然而中美谈判并未取得实质性的成果。1999年，中美双边谈判可谓一波三折，但是通过双方的共同努力，终于在11月15日正式签署了关于中国"入世"的双边协议，从而为结束长达13年的"复关"／"入世"谈判铺平了道路。

2001年9月17日，世贸组织中国工作组第18次会议在世贸组织总部举行正式会议，通过了中国加入世贸组织的所有法律文件。包括中国工作组报告书、中国入世议定书、货物贸易减让表和服务贸易减让表。中国长达15年的入世谈判宣告完成。

2001年11月10日，世界贸易组织第四届部长级会议在卡塔尔首都多哈以全体协商一致的方式，审议并通过了中国加入世贸组织的决定。2001年11月11日，中国政府代表签署中国加入世贸组织协定书，并向世贸组织秘书处递交中国加入世贸组织批准书，30天后，即2001年12月11日，中国正式成为世界贸易组织的第143个成员。

10.3.2 中国"入世"以来外贸政策的调整及发展的成绩与问题

1. 中国"入世"以来外贸政策的调整

（1）加强对国家经济安全的研究。我们要贯彻落实中央经济工作会议精神，以科学发展观指导继续深化改革，进一步完善市场经济体制，加速国内商业和国际贸易规章的一体化，克服实施世贸组织规则的体制性障碍。通过调整经济结构和转变增长方式，引导经济向低能耗、环保的方向发展。要进一步采取有力措施推进"走出去"战略，运用经济杠杆鼓励企业走出去，开展对外直接投资、工程承包和劳务输出。尤其要设法保障能源的长期稳定供应。

在与世界经济全面接轨、对外资进一步开放之际，应加强对国家经济安全的研究。要高度警惕任何对国家经济安全造成的危害。国家在改善宏观调控、确保经济平稳发展的同时，应进一步完善市场经济的法律体系，尤其是在反倾销、反补贴、反垄断、反不正当竞争、实施保障措施等方面的法律体系，以确保国家经济安全和维护我国企业的正当权益。此外，完善国家标准体系，更多地采用国际标准，制定更严格的产品卫生安全标准也是势在必行。

（2）积极开展经济外交，参与国际贸易规则的修改和制定。中国要在国际舞台上，特别是在世界贸易组织内积极活动，全面参与多哈发展议程的谈判，参与修改完善已有规则体系和制定新的多边国际贸易规则，并积极参与对其他国家的贸易政策审议。中国作为一个较特殊的发展中大国，可以在WTO充当发达国家和发展中国家之间的桥梁，推动谈判。中国在多边和双边的外交活动中要积极争取在更多的国家获得市场经济地位，使企业获得公平待遇。加快推进中国东盟自由贸易区建设，积极参与多种形式的区域经济合作，也可为中国经济贸易发展取得更好的外部环境。

（3）进一步转变政府职能，强化透明度和效率、服务意识。政府的监管必须到位，但不要越位，要减少微观干预。要让企业诚信，政府首先必须诚信、廉洁。对外国的知识产权应给予更严格的保护，同时要切实保护消费者的利益。政府有关部门要恰当地运用好公平贸易机制（尤其是两反一保）和WTO的争端解决机制，妥善解决好与其他世贸成员的贸易纠纷，一方面维护国家和我国企业的正当利益，同时又应维系与贸易伙伴的良好经贸关系，实现共赢。

商会、行业协会必须充分发挥制订行业规范、实行行业自律、提供信息服务和协调等功能。

(4) 企业要强化竞争规则意识，提高创新能力，改变竞争战略。入世后，国内市场和国际市场全面接轨，我国企业的竞争对手都是谙熟市场的国际游戏规则的，所以我国企业必须深入研究、熟练掌握 WTO 规则，对最惠国待遇、国民待遇、透明度原则、"两反一保"（反倾销、反补贴、保障措施）、知识产权保护、保障性救济措施、技术性贸易壁垒等领域的规则都必须相当熟悉并能熟练运用，以提高竞争能力和应对能力。否则稍不留神，可能违反规则，造成重大损失。在经济全球化的浪潮中，中国企业家要有战略眼光，要有驾驭 WTO 规则的能力，不要等到出了问题才去了解竞争规则。

企业要不断提高创新能力，在技术、产品、管理、营销、市场、服务方式等方面不断创新。必须加大对 R&D（技术研发）的投入，要有自主技术和自主知识产权，不断提高核心竞争能力。

企业还要改变竞争战略，从价格战略转变为品牌/名牌战略、优质战略、服务战略等。企业应有自己的品牌，提高出口产品的附加值，改善售后服务，任何时候都不能低价竞销自相残杀，授人以倾销之柄。中国企业的诚信常常受到质疑，因此不妨实施诚信战略。

2. 中国入世十余年来发展获得的成绩及存在问题

加入 WTO，为中国的对外经贸赢得了更可预见的发展环境，从而推动中国对外经贸取得了长足发展，对外贸易、引进外商直接投资和对外直接投资皆然，尤以对外贸易、特别是出口贸易规模加速扩张表现抢眼。2001 年至 2010 年间，中国出口从 2 660.98 亿美元上升至 15 777.89 亿美元，增长 493%，年均增长 21.9%。2000 年至 2008 年间，世界出口年均增长 12%，中国出口年均增长 24.4%，是世界出口平均增幅的两倍多。对外贸易绝对规模增速远远超过其他各国和地区，其结果是中国在世界贸易体系中排名不断提升。1980 年，中国出口总值排名全球第 26 位，1990 年列第 15 位，入世前夕 2001 年排名第 6 位，2007 年上升至第 2 位，2009 年以来已经稳居世界第一。[①]

入世十余年来，中国经济获得高速发展，取得了较好成绩。主要表现在：第一，中国经济迅速崛起。2010 年，中国经济总量在全球排第五位，入市以来，很快在几年内超过了英国，然后超过了德国，2010 年超过日本，成为全球第二大经济体。第二，中国企业获得了长足的发展。入世以来中国的企业经受住了来自国外企业的竞争的考验，获得了迅速的发展，2011 年底中国进入世界五百强的企业已经超过了 60 家。2001 年只有 15 家。第三，中国商品销往全球。中国成

---

① 梅新育：《入世十年，谁是赢家》，载《半月谈》，2011 年第 16 期。

为世界工场。中国制造（Made in China）这个名词是在 2001 年以后突然间走向了全世界。2001 年以后中国东南沿海的江苏、浙江、福建、广东的外贸依赖度从 25% 左右逐渐增加到了 70%，Made in China 的发展成了全球经济一个非常亮丽的风景线。

入世十余年的发展也存在一些不足与问题：第一，法制化进程缓慢。中国在过去十余年的法制化进程是非常的艰难，非常的曲折，或者说获得的成绩较小，在中国国内仍然存在着大量的行业进入的壁垒，国有的垄断性企业不但没有减弱，而且变得越来越强势。第二，对内开放的不足，市场环境仍存在障碍。我们的对内开放，中国现在很多的行情仍然没有对民间进行开放，所以十年来我们对内开放的力度仍然是不足的，我们远远可以走得比现在更快一点，但是我们有的行业他取得了一些进展，但有些行业甚至出现了倒退。第三，希望通过市场的开放，能够推动国内的消费，使得中国经济由投资型拉动转向消费型拉动的目标没有实现。中国希望加入 WTO 以后能够推动国内的消费，由投资型拉动向消费型拉动做一个转型，在过去十年里面这个目标也没有实现。1999 年房地产改革以后中国整个内需由轻型化向重型化做转移，房地产以及相关的能源性行业获得了大的发展，但是因为我们整个教育体制、社保体制、医疗体制等保障体制没有完全健全，所以民众的消费热情仍然不足，我们的储蓄率仍然居高不下，所以由投资拉动向消费型拉动的这样一个战略目标没有实现。①

本章小结

1. 根据博弈论的观点，国家数目越多，达成合作结果就越困难，反之当国家数目较少时，就比较容易达成合作。从实践看，全球性和区域性的贸易自由化都在消除贸易壁垒方面发挥了重大作用。

2. 第二次世界大战之后，世界经济出现两大发展趋势，一是在全球多边贸易体制的推动下，多边贸易自由化所涉及的范围和领域不断扩大与深化；二是以优惠性的贸易协议或安排为宗旨的区域经济一体化发展势头迅猛。两相比较，区域经济一体化往往可以更快地实现局部的自由贸易，但这种做法与多边贸易自由化不同之处是，具有歧视性或排他性。

3. 经济一体化由低到高可分为六种形式：优惠贸易安排、自由贸易区、关税同盟、共同市场、经济联盟和完全的经济一体化。

4. 世界贸易组织的各种协定是国际贸易制度进行的法律基础。它继承了关贸总协定的主

---

① "吴晓波谈中国加入世贸组织的三得三失，"中国商务部世界贸易组织司网站，http：//sms. mofcom. gov. cn/article/zt_ tenth/lanmusix/201304/20130400082927. shtml。

要原则，但比关贸总协定约束的范围更广泛，是一个真正意义上的国际组织。

复习思考题

1. 何谓区域区域经济一体化？
2. 区域经济一体化组织形式有哪些？
3. 中国参与了哪些区域一体化组织？
4. 世贸组织的基本原则是什么？
5. 世界贸易组织和关贸总协定的主要区别是什么？
6. 中国何时加入世界贸易组织？
7. 中国为加入世界贸易组织做了哪些经贸政策和体制改革？

第 11 章　国际货物交易的商品条件

本章要点
- ◇ 认识在国际货物买卖合同中列明商品品名、品质、数量与包装条款的重要意义
- ◇ 明确商品品名及其品质、数量与包装条款的具体内容
- ◇ 掌握商品品质的表示方法、规定品质条款时应注意的事项
- ◇ 掌握计重方法、规定数量条款时应注意的事项
- ◇ 掌握运输标志、中性包装和定牌生产的相关内容

在国际货物买卖过程中很少采用一手交钱、一手交货的现货买卖；一般是先签订合同，卖方再组织货源和交货。因此，双方在洽商时通常看不到具体商品，而是凭借对拟买卖商品的必要描述来确定交易标的物。商品描述一般包括商品的品名和品质两部分内容。在国际货物买卖过程中，成交量的多少直接影响到成交价格高低及交易条件，也是卖方备货、买方支付货款的依据，是构成一份有效买卖合同不可缺少的内容。此外，国际贸易中，货物运输距离长、风险大，要保证货物在流通中品质完好和数量完整，适当的货物包装是必要条件。商品的品名、品质、数量和包装条款直接关系到买卖双方的权益，是国际货物买卖合同的基本条款。

11.1　商品的名称

商品名称（Name of Commodity）或称"品名"是指能使某种商品区别于其他商品的一种特定称呼或概念，是对合同交易标的物的描述。

11.1.1　列明商品名称的意义

在国际货物买卖合同中列明商品名称具有非常重要的意义。
（1）列明商品名称是买卖双方交接货物的基本依据。从卖方来说，列明商品

名称后才能进行生产、加工或收购,交货才有依据;从买方来说,接货才有依据可循。

(2) 列明商品名称是买卖双方洽谈和拟订其他条款的基础。因为不同商品对包装、运输、商检、保险等事项的具体要求不同,只有在列明具体商品名称后,买卖双方才可以详细洽谈和具体拟定合同中其他交易条款。

(3) 列明商品名称是买卖双方确定权利和义务的基础。按照有关的法律和惯例,若卖方交付的货物不符合约定的名称或品名,买方有权提出损害赔偿要求,直至拒收货物或撤销合同。

11.1.2 合同中的品名条款

1. 品名条款的内容

国际货物买卖合同中的品名条款并无统一的格式,一般比较简单,通常都是在"商品名称"或"品名"的标题下,列明缔约双方同意买卖的商品名称;有时为了省略起见,也可以不加标题,只在合同的开头部分,列入双方同意买入卖出某种商品的文字。

对商品品名条款的规定还取决于成交商品的品种和特点。有些商品只要列明商品的名称即可,如"马口铁";但对于品种复杂,存在不同等级和型号的商品,为了更加明确,也可把有关具体品种、等级和规格型号等加列其中,在此情况下,该条款不是单纯的品名条款,而是品名与品质条款的合并,称之为商品的描述(Description of the Goods),例如,"纯亚麻床单,规格200cm×220cm"。

2. 规定品名条款的注意事项

(1) 商品的名称必须明确、具体。国际买卖合同中的品名条款虽然并统一的规定,但在表达条款内容时,应力求做到明确、具体,切实反映出商品的特性。切忌使用空泛、笼统的文字,以免产生歧义和误解。

(2) 尽可能使用国际上通行的名称。当前,国际上使用最广泛、影响最大的商品分类标准当属世界海关组织(原海关合作理事会)制定的《商品名称及编码协调制度》(Harmonized Commodity Description and Coding System,简称《HS制度》)。对于某些新商品的定名及其译名,应力求准确、易懂,并符合国际上的习惯称呼。

(3) 对商品名称不要做不实际的描述。合同条款中规定的商品品名,必须是卖方能够提供的商品,凡是做不到或不必要的描述性词句,都不应列入,以免给履行合同带来不利影响。

(4) 注意选用合适的品名以降低有关税费。如果一种商品可以有不同的名称,那么在确定商品名称时,必须注意有关国家的海关关税和进出口限制的有关规定,在不影响国家有关政策的前提下,从利于减低关税或方便进口的角度选择合适的商品名称作为合同的品名。同时,还必须注意品名与运费、仓储费的关系。因为一些仓库和班轮运输是按商品等级规定收费标准的,存在着同一商品因名称不同而收取的费率不同的现象。选择合适的品名,也是降低储费、运费的一个方法。

11.2 商品的品质

商品的品质即商品的质量(Quality of Goods)是指商品的内在素质和外观形态的综合,前者包括商品的物理性能、机械性能、化学成分和生物的特征等自然属性,一般需要借助仪器分析测试才能获得;后者包括商品的外形、色泽、款式和透明度等,可以通过人们的感觉器官直接获得。

11.2.1 列明商品品质的重要性

1. 从实践角度看商品品质的重要性

品质的优劣是决定商品使用效能和影响商品价格的重要因素。在当前国际竞争空前激烈的条件下,许多国家都把提高商品的品质,作为非价格竞争的一个主要组成部分,它是加强对外竞销的重要手段之一。因此,在出口贸易中,不断改进和提高出口商品的质量,不仅可以增强出口竞争能力、扩大销路、提高销价,为国家和企业创造更多的外汇收入,而且还可以提高出口商品在国际市场的声誉;在进口贸易中,严格把好进口商品质量关,使进口商品适应国内生产建设、科学研究和消费上的需要,是维护国家和人民利益,并确保提高企业经济效益的重要问题。

2. 从法律角度看商品品质的重要性

合同中的品质条款是构成商品说明的重要组成部分,是买卖双方交接货物的依据。《联合国国际货物销售合同公约》规定,卖方交付货物,必须符合约定的质量。如卖方交货不符合约定的品质条件,买方有权要求损害赔偿,也可以要求修理或交付替代货物,甚至拒收货物和撤销合同。

11.2.2 对进出口商品的品质要求

1. 对进口商品的品质要求

(1)进口商品应是国内生产建设、科学研究和人民生活急需的商品。凡品质、规格不符合要求的商品，不应进口，进口时要货比三家，切实把好质量关，使其品质、规格不低于国内的实际需要。

（2）进口商品的品质应满足安全卫生、环境保护要求。要防止进口危害国家安全或者社会公共利益的商品、对人民生命和健康产生危害的商品以及破坏生态环境的商品。

（3）进口商品的品质，不能盲目追求高规格、高档次、高质量，以免造成不必要的浪费。

2. 对出口商品的品质要求

（1）出口商品质量要符合"目标市场"的需求。由于世界各国经济发展不平衡，导致收入水平、消费偏好之间的巨大差异，因此，在商品出口之前出口商应该首先做好目标市场的市场调研工作，从而确保出口商品的品质、规格、花色、式样等适应目标市场的消费水平和消费习惯。

（2）出口商品质量要求高、求变。在技术进步日益加快、市场竞争日益激烈的今天，要想保住市场份额、增强商品在国际市场上的竞争能力，出口商必须注意研究开发新产品，以满足多样化、个性化消费要求。

（3）出口商品质量要符合进口国的有关法令规定。为确保消费安全、环保以及出于其他目的，进口国会制定相关法律规定要求进口商品质量必须符合其指定质量要求。凡质量不符合法令规定的商品，一律不准进口，有的还要就地销毁，并由货主承担由此引起的各种费用。

（4）出口商品质量要适应自然条件、交易季节及销售方式的变化。商品在运输、装卸、存储和销售过程中，其质量有可能会因种种非人为因素的影响而出现某种变化，比如：气候温度对商品质量的影响。

（5）交货品质必须符合合同规定。若交货品质低于合同要求显然是违约行为。若交货品质高于合同要求也有可能构成违约。如品质过高，买方办理进口手续时可能会多缴税；品质过高，还可能会使货物不能适应买方的使用目的，买方需重新加工使用，从而增加买方的额外费用。

11.2.3 商品品质的表示方法

国际贸易中交易的商品，种类繁多，所以表示品质的方法也多种多样。归纳起来，可以分为两大类：一类是用实物表示；另一类是用说明表示。

1. 以实物表示商品的品质

以实物表示商品的品质通常包括凭成交商品的实际品质和凭样品两种表示方法，前者为看货买卖；后者为凭样品买卖。

第 11 章　国际货物交易的商品条件

（1）看货买卖（Sales by Actual Quality）。看货买卖是指买卖双方根据成交商品的实际品质进行交易。通常是先由买方或其代理人在卖方所在地验看货物，达成交易后，卖方应按照验看过的商品交付货物。只要卖方交付的是验看的商品，买方就不得对品质提出异议。

在国际贸易中，由于交易双方距离遥远，交易洽商多通过函电方式进行。看货买卖适用范围有限，多用于寄售、拍卖和展卖业务中，主要适用于某些特殊商品，如珠宝、首饰、字画、特种工艺品（牙雕、玉雕）等交易中。

（2）凭样品买卖（Sale by Sample）。样品（Sample）通常是指从一批商品中抽取出来的或由生产、使用部门加工、设计出来的，足以反映和代表整批商品品质的少量实物。凡是凭样品作为品质依据进行买卖的称为"凭样品买卖"。

在凭样品买卖时，可依据样品来源的不同分为三类：

①凭卖方样品买卖（Sale by Seller's Sample），是指由卖方提供样品并作为交货的品质依据。一般来说，国际货物买卖中的样品大多由卖方提供。卖方送交的样品即原样（Original Sample）或标准样（Type Sample）应该具有代表性，同时卖方还应留存一份或数份同样的样品即复样（Duplicate Sample）或称留样（Keep Sample），以备将来组织生产、交货或处理质量纠纷时作核对使用。在寄出的原样和留存的复样上应该编上相同的号码，注明样品提交买方的日期，以便日后联系、洽谈交易时使用；留存的复样应妥善保管。

②凭买方样品买卖（Sale by Buyer's Sample），是指由买方提供样品并作为品质依据进行买卖，又称之为"来样成交"或"来样制作"。由于买方对目标市场的需求状况熟悉，为了使订购的商品符合消费要求，买方会向卖方提供样品要求卖方依样承制，卖方在确认按买方提供的样品成交之前，必须充分考虑按来样制作特定产品所需要的原材料供应、加工技术、设备和生产安排的可行性，以确保日后能正确履行交货义务。为了防止知识产权纠纷，卖方还应注意在合同中规定"由于买方来样而发生侵犯第三者权益时，由买方承担一切经济和法律责任"。

③凭对等样品买卖（Sale by Counter Sample）。谨慎的卖方一般不愿承接凭买方样品买卖的交易。因原材料、技术、设备等多方面因素影响，卖方或许认为按买方来样交货没有切实把握。为了保证将来顺利交货，免除因交货品质与买方样品不符而招致买方索赔或退货的危险，卖方可根据买方来样加工复制或从现有货物中选择品质相近的样品提交买方，这种样品称为对等样品（Counter Sample）或"回样"（Return Sample）或"确认样品"（Confirming Sample）。若对等样品被买方确认，日后卖方所交货物的品质就以对等样品为准而不再依据买方样品。这样做既可以满足买方要求，又便于卖方组织生产和将来的交货。

无论凭何种样品买卖，合同一旦成立，凭以成交的样品就成为买卖双方交接货物的品质依据，卖方必须承担交货时商品的品质与样品完全一致的责任。

此外，买卖双方为了发展贸易关系和增进对对方商品的了解，往往采用互相寄送样品的做法。这种以介绍商品为目的而寄出的样品，被称为参考样品（Reference Sample），对买卖双方均无约束力。为避免以后可能的纠纷，最好在寄送样品时标明"仅供参考"（For Reference Only）字样，以免与标准样品混淆。

凭样品买卖的方法一般适用于用文字说明难以规范表示其品质的商品，如部分工艺品、服装、土特产品、轻工产品等。

【条款示例】用样品表示商品品质

长毛绒玩具熊　样品号 NT006　尺码 24 英寸

2. 用说明表示商品的品质（Sale by Description）

国际货物买卖中，大多数商品都采用以说明来表示商品品质。

（1）凭规格买卖（Sale by Specification）。商品规格（Specification of Goods）是指一些足以反映商品品质的主要指标，如化学成分、含量、纯度、长短、粗细等。从买方角度来讲，当然希望在合同中列入尽可能多的指标，以保证商品品质；就卖方而言，则只需在合同中列入主要指标，对商品品质不起重大影响的指标不要过多罗列。由于凭规格买卖简单易行、明确具体，所以在国际贸易中应用最广、最普遍。

【条款示例】用规格表示商品品质

阿拉斯加鳕鱼粉

蛋白质：最低 65%　脂肪：最高 10%　灰粉率：最高 22%　水分：最高 10%

（2）凭等级买卖（Sale by Grade）。商品的等级（Grade of Goods）是指对同一类商品，按其规格上的差异，用文字、数字或符号所做的分类，以表示商品品质存在差异的程度。如特级、一级、二级等。凭等级买卖时，由于不同等级的商品具有不同的规格，为了便于履行合同和避免争议，在品质条款列明等级的同时，最好一并规定每一等级的具体规格。这对简化手续、促进成交和体现按质论价等方面，都有一定的作用。

【条款示例】用等级表示商品品质

鲜鸡蛋：蛋壳呈浅棕色，清洁、品质新鲜、大小均匀

特级：每枚净重 60~65 克

一级：每枚净重 55~60 克

二级：每枚净重 50~55 克

三级：每枚净重 45~50 克

（3）凭标准买卖（Sale by Standard）。

商品的标准（Standard of Goods）是指将商品的规格和等级予以标准化。商品的标准一般由标准化组织、政府机关、行业团体、商品交易所等规定并公布，可分为国际标准、国家标准、行业标准、地方标准和企业标准。由于科技进步和人民生活水平提高，商品的标准不断被修改。同一机构颁布的某类商品的标准往往有不同年份的版本，版本不同，品质标准内容也不相同。所以，在合同品质条款规定"凭标准买卖"时，必须说明标准的制定机构、版本名称和年份。目前国际上普遍采用的是国际标准化组织（International Organization for Standardization，ISO）推出的 ISO9000 质量管理和质量保证系列标准。

对于某些品质变化较大而难以规定统一标准的农副产品，买卖双方常常采用"良好平均品质"标准或"上好可销品质"标准来表示。

良好平均品质（Fair Average Quality，F.A.Q.）是指一定时期内某地出口商品的平均品质水平，一般是指中等货，也称大路货。它通常是由同业公会或检验机构从一定时期或季节、某地装船的各批货物中分别抽取少量实物加以混合拌制，并由该机构封存保管，此实物所显示的平均品质水平就作该季节同类商品质量的比较标准。如：东北大豆，1993 年收成，F.A.Q.。这种标准含义非常笼统，实际并不代表固定、确切的品质规格。所以在合同品质条款注明采用 F.A.Q. 的同时，通常还约定具体规格作为品质依据。

上好可销品质（Good Merchantable Quality，G.M.Q.）。这是指品质上好，可以销售。如果卖方所交商品无该类商品通常的使用目的、无市场交易可能性，则由卖方负责。显然这种标准更为笼统，一般只适用于在国际上没有公认规格和等级的商品，如冷冻鱼、冻虾、木材等。

【条款示例】东北大豆，2015 年收成，F.A.Q. 含油量：最低 17%，水分：最高 15%，含杂质量：最高 1%

（4）凭说明书和图样买卖（Sale by Descriptions and Illustrations）。在国际贸易中，有些机器、电器和仪表等技术密集型产品，因其结构复杂，数据较多，很难用几个简单的指标来表明其品质的全貌，而且有些产品，即使其名称相同，但由于所使用的材料、设计和制造技术的某些差别，也可能导致功能上的差异。因此，对这类商品的品质，通常是以说明书并附以图样、照片、图纸及各种数据来说明其具体性能和结构特点。这种方法就称为"凭说明书和图样买卖"。

（5）凭商标或品牌买卖（Sale by Trade Mark or Brand）。对某些质量稳定且在市场上有着良好声誉的商品，买卖双方在磋商和签订合同时，直接采用这些商品的商标或牌号来表示商品的品质。如"张小泉"剪刀、"Software"软件等。如果同一种商标或品牌的商品具有不同的型号或规格，那么在品质条款中除了规定以商标或品牌作为交货品质的依据外，还必须同时订明型号或规格。这种方法一般适用于品质稳定且在国内外市场上已经具有良好信誉的知名品牌商品。

（6）凭产地名称买卖（Sale by Name of Origin）。一些传统的农副产品和土特产品因产区的自然条件、传统加工工艺等因素的影响，在品质方面具有独特风格和特色，在国际上享有盛誉。例如，烟台红富士苹果、四川涪陵榨菜、龙口粉丝等。对于这类产品，一般也可用产地名称来表示其独特的品质。

11.2.4 合同中的品质条款

1. 正确运用各种表示品质的方法

采用何种表示品质的方法，应视商品特性而定。一般地讲，凡能用科学的指标说明品质的商品，则适于凭规格、等级或标准买卖；有些难以规格化和标准化的商品，如工艺品，则适于凭样品买卖；某些性能复杂的机器，电器和仪表，则适于凭说明书和图样买卖；凡具有地方风味和特色的产品，则可凭产地名称买卖。

从卖方角度来说，在表示商品品质时，如果能使用一种方法表示商品品质的，尽量不要使用两种或两种以上的方法来表示，否则卖方需承担所交商品的品质符合各项依据的责任。

2. 品质条款的规定要有科学性和合理性

品质条款不仅关系到买卖双方的切身利益，而且还关系到合同能否顺利履行。因此，品质条款规定一定要明确、具体，避免过高、过低、过繁、过细，同时又要注意条款内容和文字上的科学性和灵活性，忌使用绝对化词句。

3. 品质条款的规定要注意明确、具体，同时兼顾灵活性

为了便于检验和明确责任，规定品质条款时，应力求明确、具体，不宜采用诸如"大约"、"左右"之类的笼统含糊字眼，以避免在交货的品质上引起争议；但也不宜把品质条款定得过死，会给卖方履行交货义务带来障碍。如将某农产品的杂质率在合同中定为1%，这在实际业务中是很难做到的。

在国际贸易中，为了避免因交货品质与买卖合同稍有不符而造成违约，以保证合同的顺利履行，可以在合同品质条款中做出某些灵活规定。

（1）交货品质与样品大体相等或其他类似条款。例如："布娃娃，品质按×年×月×日卖方第×号样品，品质与样品大致相符"。

（2）规定品质公差（Quality Tolerance）。品质公差是指国际上公认的对某些产品一定范围内的品质误差。品质公差主要适用于工业制成品。在工业制成品生产过程中,产品的质量指标出现一定的误差有时是难以避免的。这种公认的误差,即使合同没有规定,只要卖方交货品质在公差范围内,也不能视为违约。但为了明确起见,还是应在合同品质条款中订明一定幅度的公差。凡在品质公差范围内的商品,买方不得拒收或要求调整价格。

(3) 规定品质机动幅度(Quality Latitude)。品质机动幅度是指商品的特定质量指标在一定幅度内可以浮动。只要卖方所交货物的品质没有超出机动幅度的范围,买方就无权拒收货物。品质机动幅度主要适用于初级产品以及某些工业制成品的质量指标。具体规定方法一般有三种:规定范围、规定极限、规定上下差异。例如:"漂布,幅阔40/42英寸","奶粉,蛋白质含量最低30%","灰鸭毛,含绒量20%,允许上下1%"。

11.3 商品的数量

在国际贸易中,商品的数量是国际货物买卖合同中的主要交易条件之一,买卖双方必须事先约定买卖商品的数量,以作为履行合同的依据。

11.3.1 约定商品数量的意义

商品的数量是国际货物买卖合同中不可缺少的主要条件之一。按照《联合国国际货物销售合同公约》的规定:按约定的数量交付货物是卖方的一项基本义务。如卖方交货数量大于约定的数量,买方可以收取或拒收多交部分中的一部分或全部,如果买方收取多交部分货物的一部分或全部,他必须按合同价格付款。如卖方交货数量少于约定的数量,卖方应在规定的交货期届满前补交,但不得使买方遭受不合理的不便或承担不合理的开支,即使如此,买方也有保留要求损害赔偿的权利。

由于交易双方约定的数量是交接货物的依据,因此,正确掌握成交数量和订好合同中的数量条款具有十分重要的意义。买卖合同中的成交数量的确定,不仅关系到进出口任务的完成,而且还涉及对外政策和经营意图的贯彻;正确掌握成交数量,对促进交易的达成和争取有利的价格,也具有一定的作用。

11.3.2 计量单位、度量衡制度

在国际贸易中,由于商品的种类、特性和各国度量衡制度的不同,所以计量单位和计量方法也多种多样。

1. 计量单位（Measuring Unit）

商品的计量单位应根据商品的不同性质而定，国际贸易中常用的计量单位有以下六种：

（1）重量单位（Weight）。如克（Gram）、公斤（Kilogram）、盎司（Ounce）、磅（Pound）、公吨（Metric Ton）、长吨（Long Ton）、短吨（Short Ton）等，主要适用于初级产品（如大米、花生、煤、铁矿），以及部分工业制成品。

（2）个数单位（Number）。如件（Piece）、套（Set）、打（Dozen）、罗（Gross）、令（Ream）、卷（Roll）以及个、台、组、张、袋、箱、桶、包等。大多数工业制成品，尤其是日用消费品、轻工业品、机械产品以及部分土特产品，均习惯按数量进行买卖。

（3）面积单位（Area）。如平方米（Square Metre）、平方英尺（Square Foot）、平方码（Square Yard）等。面积单位主要适用于木板、玻璃、部分装潢材料（地砖、地毯）等。

（4）长度单位（Length）。如米（Meter）、英尺（Foot）、码（Yard）等，主要适用于布匹、电线电缆、绳索等。

（5）容积单位（Capacity）。如升（Liter）、加仑（Gallon）、蒲式耳（Bushel）等，主要适用于部分谷物及流体货物，如燕麦、汽油等。

（6）体积单位（Volume）。如立方米（Cubic Meter）、立方英尺（Cubic Foot）、立方码（Cubic Yard）、立方英寸（Cubic Inch）等，主要适用于木材、天然气和化学气体等。

2. 度量衡制度（Measuring System）

确定商品数量不仅要涉及计量单位、计量方法，同时还涉及度量衡制度。世界各国采用的度量衡制度也不尽相同，通常采用的度量衡制度有以下四种：

（1）公制（The Metric System），基本单位为千克和米，为欧洲大陆及世界大多数国家所采用。

（2）英制（The British System），基本单位为磅和码，为英联邦国家所采用，而英国因加入欧盟，在一体化进程中已宣布放弃英制而采用公制。

（3）美制（The U. S. System），基本单位和英制相同，为磅和码，但有个别派生单位不一致。如容积单位加仑和蒲式耳，英美制名称相同，大小不同。

（4）国际单位制（The International System of Units），是国际标准计量组织在公制基础上制定公布的，其基本单位包括千克、米、秒、摩尔、坎德拉、安培和卡七种。

由于世界各国的度量衡制度不同，以致造成同一计量单位所表示的数量不一。例如，就表示重量的吨而言，实行公制的国家一般采用公吨，每公吨为1 000公斤；实行英制的国家一般采用长吨，每长吨为1 016公斤；实行美制的国家一般采用短吨，每短吨907.2公斤。为了解决由于各国度量衡制度不同带来的弊端，国际标准计量组织在各国广为通用的公制的基础上发展起国际单位制。现在已有越来越多的国家采用国际单位制。

11.3.3 计算重量的方法

不同的商品有不同的计量单位，计量方法也不相同。在选择计量方法时，通常要考虑商品的性质、包装方式、运输方法、市场习惯等各项因素。在国际贸易中按重量计量的商品很多，计算重量的方法通常有下列几种：

1. 毛重（Gross Weight）

毛重是指商品本身的重量加上包装物的重量。此种计重方法一般适用于大宗低值商品如粮食、饲料、铁矿石、矿砂等。

2. 净重（Net Weight）

净重是指商品本身的重量，即除去包装物重量（即皮重、tare）后的商品实际重量。净重是国际贸易中最常见的计重办法。对于价值较低的农产品以及因包装关系不便分别计算皮、净重的商品，有时也采用"以毛作净"（Gross for Net）的办法计重，即把毛重作为净重来计量。例如，"绿豆100公吨，单层麻袋包装，以毛作净"。

在采用净重计重时，对于如何计算皮重，国际上有下列几种做法：

（1）按实际皮重（Actual Tare or Real Tare）计算。实际皮重指包装物的实际重量。它是指对每件商品的包装逐一过称，加总起来得到全部商品的总皮重。

（2）按平均皮重（Average Tare）计算。如果商品所使用的包装比较划一，重量相差不大，就可以从全部商品中抽取几件，称其包装物的重量，然后除以抽取的件数，得出平均数即平均皮重。平均皮重乘以总件数，即可求得全部商品的皮重。近年来，随着包装技术的发展和包装用料及规格的标准化，用平均皮重计算的做法已日益普遍，有人把它称为标准皮重。

（3）按习惯皮重（Customary Tare）计算。有些商品所使用的包装材料已经标准化，皮重已为市场所公认。因此，在计算其皮重时，就无需对包装逐件过秤，按习惯上公认的皮重乘以总件数即可。如：装运粮食的机制麻袋，已被公认每只麻袋的重量为2.5磅。这种已被公认的皮重，即为习惯皮重。

（4）按约定皮重（Computed Weight）计算。即以买卖双方事先约定的单件包装重量作为计算的基础。事先约定的单件包装重量乘以总件数，即可求得全部商品的皮重。

3. 公量（Conditioned Weight）

公量是指用仪器抽去商品实际含有的水分，得出商品的干净重，再加上标准水分重量求得的重量。经济价值较高但含水量受环境影响较大的商品，如羊毛、生丝、棉花等一般采用此种计重方法。

公量的计算公式有两种：

$$公量 = 干净量 \times (1 + 标准回潮率)$$

$$公量 = 商品净重 \times [(1 + 标准回潮率)/(1 + 实际回潮率)]$$

其中，标准回潮率又叫公定回潮率，是交易双方约定的货物中的水分和干量之比，实际回潮率是实际的货物中的水分和干量之比。国际上公认的羊毛、生丝、棉花的标准回潮率分别是 16%、11% 和 8.5%。

4. 理论重量（Theoretical Weight）

对一些具有固定规格、尺寸、形状的商品，每件重量基本一致，一般可从件数推算出总重量，即理论重量，以方便买卖双方交接货物。例如：钢板 500 张，尺寸为 4 米 × 2 米，秤一张钢板的重量为 100 公斤，据此，500 张钢材的理论重量为 500 张 × 100 公斤 = 50 000 公斤。

5. 法定重量（Legal Weight）

商品重量加上直接接触商品的包装物料（即销售包装）的重量称为法定重量。法定重量是海关依法征收从量税时，作为征税基础的计重方法。

11.3.4　合同中的数量条款

1. 数量条款的内容

国际货物买卖合同中的数量条款，主要包括成交商品的数量和计量单位；按重量成交的商品，还需订明计算重量的方法。

《联合国国际货物销售合同公约》第 56 条规定："如果价格是按货物重量规定的，如有疑问，应按净重确定。"

2. 约定数量条款的注意事项

（1）数量条款应当明确具体。为了便于履行合同和避免引起争议，国际货物买卖合同中的数量条款应当明确具体。比如，在规定成交商品数量时，要明确规定该商品的计量单位，注意不同计量单位之间的换算。对于按重量计算的商品，合同中应具体规定计算重量的方法。合同中的成交数量一般不宜采用"大约"、"近似"、"左右"（about, circa, approximate）等带伸缩性的字眼来表示。

若成交数量前使用了"大约"、"近似"等字眼，根据《跟单信用证统一惯例》(Uniform Customs and Practice for Commercial Documentary Credits，以下简称UCP600)的规定，这个约数可解释为交货数量有不超过10%的增减幅度。

另外，UCP600还规定："在信用证未以包装单位件数或货物自身件数的方式规定货物数量时，货物数量允许有5%的增减幅度，只要总支取金额不超过信用证金额。"比如，如果合同规定出口2 000台电视机，则数量不能使用5%的增减幅度，卖方必须交付2 000台电视机。

(2) 合理规定数量机动幅度。在粮食、矿砂、化肥和食糖等大宗商品的交易中，由于受商品特性、船舱容量、包装条件及计量工具等因素的影响，要求准确地按约定数量交货，可能存在一定困难。为了使交货数量具有一定范围内的灵活性以便于履行合同，买卖双方可以在合同中合理规定数量机动幅度，只要卖方交货数量在约定的增减幅度范围内，就算按合同规定数量交货，买方就不得以交货数量不符为由而拒收货物或提出索赔。该条款被称为溢短装条款（More or Less Clause）或数量增减条款。订好溢短装条款，需要注意下列几点：

①数量机动幅度的大小要适当。数量机动幅度的大小，通常都以百分比表示，如3%或5%不等，究竟百分比多大合适，应视商品特性、行业或贸易习惯和运输方式等因素而定。

②机动幅度选择权的规定要合理。在合同规定有机动幅度的条件下，应酌情确定由谁来行使这种机动幅度的选择权。通常有三种情况：由卖方选择、由买方选择、由船方选择。如果采用海运，交货数量的机动幅度应由负责安排船舶运输的一方选择；也可规定由船长根据舱容和装载情况做出选择。

③溢短装数量的计价方法要公平合理。目前，对机动幅度范围内超出或低于合同数量的多装或少装部分的计价，一般有两种方法，一是按照合同价格计价；另一种是按照装船时的市价计价。按照国际市场的惯例，合同中如果没有具体规定机动幅度作价办法，通常是按合同价格计算。按装船时的市价计价主要是为了防止利用物价波动，享受溢短装权利的一方故意多装货或少装货。

【条款示例】数量条款

2 000公吨，卖方可溢短装5%，溢短装的计价按合同价。

2000 metric tons, 5% more or less at seller's option, value of the excess or shortage quantity to be calculated at the contract price

11.4 商品的包装

国际贸易中的商品一般都有包装，只有少数商品没有包装而采取散装和裸装的方式。凡需要包装的商品，只有通过包装才算完成生产过程，商品才能进入流通领域和消费领域，才能实现商品的使用价值和价值。

11.4.1 约定商品包装的意义

包装是说明货物的重要组成部分，包装条件是买卖合同中的一项主要条件。根据《联合国国际货物销售合同公约》的规定，卖方必须按合同规定的方式装箱或包装，如果卖方提供的商品包装与合同规定不符，就构成违约，买方可以拒收货物和拒付货款。

此外，实用美观的包装可以增加商品的附加值，在一定程度上体现出出口国家的科技和文化水平，达到宣传美化商品、吸引顾客、扩大销路的目的。

11.4.2 包装的分类

1. 依据商品是否需要包装，可以分为散装、裸装和包装

（1）散装（in Bulk），指勿需包装，商品可直接置于承载的运输工具上。散装适用于大宗的不易碰损的商品，这些商品一般不容易包装或不值得包装，如粮食、矿砂、食盐、煤炭、石油等。这类商品称为散装货（Cargo in Bulk）。

（2）裸装（Nude），指将商品用铁丝、绳索等加以捆扎或以其自身捆扎成捆、堆或束，不加任何包装物料。如：规格统一、不受外界环境影响的圆铁、钢板、橡胶等。这类商品称为裸装货（Nude Cargo）。

（3）包装（Packed），指因为保护或促销商品而需要加以包装。国际货物买卖中的大多数商品都需加以包装。这类商品称为包装货（Packed Cargo）。

2. 依据流通过程中包装作用的不同，可以将包装分为运输包装和销售包装

（1）运输包装（Transport Package）。运输包装又称为"外包装"或"大包装"，是指在出口商品储运过程中，为了保护商品，防止损坏、散失所设计的包装。

①对运输包装的要求。由于国际贸易中的运输条件较为复杂，为了保证货物安全到达，货物的运输包装必须科学合理，符合下列条件：

a. 要适应商品的特性，防止货物破损、变质、污染等损失发生。

b. 要适应各种不同运输方式的要求。如海运包装要求牢固、防挤压、防碰撞；铁路运输要求包装防震，而航空运输要求包装轻便等。

c. 必须符合有关国家法律法规的规定和客户的要求。如美国政府规定，凡未经过处理的木制包装，一律不准入境；阿拉伯国家规定进口商品的包装禁用六角星图案等。

d. 要便于各环节有关人员进行操作。这就要求包装设计合理,包装规格、重量、体积适当,包装标示清楚,以适应运输包装标准化的要求。

e. 要适度包装,在保证包装牢固的前提下节省包装费用。运输成本的高低往往与运输包装的重量、体积有着直接的关系。包装费用直接影响着企业的经济效益,因此,选用的包装材料要轻便、结实、适度。

②运输包装的分类。

a. 按包装方式划分,运输包装有单件包装和集合包装。前者是将货物在运输过程中以单个包装作为计件单位进行包装,后者将若干单件运输包装组合成一件大包装,以利更有效地保护商品、提高装卸效率和节省运输费用。在国际贸易中,常见的集合运输包装有集装包、集装袋、集装箱、托盘。

b. 按包装造型不同,运输包装可分为箱、袋、包、桶、捆等不同形状的包装。

c. 按包装材料不同,运输包装可分为纸制包装、金属包装、木制包装、塑料包装、麻制品包装、玻璃制品包装和陶瓷包装等。

d. 按包装质地划分,运输包装有软性包装、半硬性包装和硬性包装。

e. 按包装程度划分,运输包装可分为全部包装和局部包装。

在国际贸易中,究竟采用何种运输包装,应根据商品的特性、形状、贸易习惯、运输路线的自然条件、运输方式及有关费用的开支等因素综合考虑,并在合同中谈妥订明,否则极易产生贸易纠纷。

③运输包装的标志。运输包装的标志是指货物因运输、装卸、仓储的识别需要,在运输包装上刷写的文字和图形。运输包装的标志按其用途可分为运输标志、指示性标志和警告性标志三种:

a. 运输标志(Shipping Mark)。运输标志又称唛头,它通常是由一个简单的几何图形和一些字母、数字及简单的文字组成,其作用在于指明货物运输的去向,使货物在装卸、运输、保管过程中容易被有关人员识别,以防止错发错运。

为适应货运量增加、运输方式变革和电子计算机在运输与单据流转方面应用的需要,联合国欧洲经济委员会简化国际贸易程序工作组,在国际标准化组织和国际货物装卸协调协会的支持下,制定了一项标准化运输标志向各国推荐使用。该标准化运输标志包括内容如下:

- 收货人或买方名称的英文缩写字母或简称;
- 参考号,如运单号、订单号或发票号;
- 目的地;
- 件号(本批商品的总件数及顺序号)。

现举例说明标准化运输标志如下：
ABC ———————— 收货人代号
S/C1987 ———————— 参考号
LONDON ———————— 目的地
C/No. 1—50 ———————— 件数代号

至于根据某种需要而须在运输包装上刷写的其他内容，如原产地、合同号、许可证号、体积与重量等，则不作为运输标志必要的组成部分，由买卖双方根据商品特点和要求具体商定。

b. 指示性标志（Indicative Mark）。指示性标志又称注意标志、操作标志，是对具有特殊性、易碎、易损、易变质货物，用简单、醒目的文字或图形做出标示，以提示人们在装卸、运输和存储过程中需要注意的事项。文字标示如："小心轻放"（Handle with Care）、"此端向上"（This Side Up）。

c. 警告性标志（Warning Mark）。警告性标志又称危险货物包装标志，凡在运输包装内装有危险货物时，都必须在运输包装上标明用于各种危险品的标志，说明危险货物的危险性质和危险等级，使装卸、运输和保管人员按货物特性加强相应的防护措施，从而保护物资和人身的安全。例如："爆炸物品"（Explosive）、"易燃物品"（Inflammable）。

（2）销售包装（Sales Package）。销售包装又称内包装，是直接接触商品并随商品进入零售网点和消费者直接见面的包装。这种包装的特点是外形美观、有必要的装潢，包装单位适于顾客的购买以及商店陈设的要求。在流通过程中，商品越接近顾客，越要求包装能起促进销售的作用。

①销售包装的分类。销售包装可采用不同的包装材料和不同的造型结构与式样，这就导致了销售包装的多样性。目前市场上流行的销售包装有便于陈列展销的挂式包装、堆叠式包装；有便于识别的透明包装、习惯包装；有便于消费者使用的软包装、便携式包装、礼品类包装。究竟采用何种销售包装，主要根据商品特性和形状及包装使用目的而定。

②销售包装的内容。

a. 包装的装潢画面。装潢画面要美观大方，富有艺术吸引力，以突出商品特点，同时还要适应有关国家的民族习惯和宗教信仰。如：伊斯兰教国家忌用猪形图案。

b. 文字说明。在销售包装上应有必要的文字说明，如商标、品牌、品名、产地、数量、规格、成分、用途和使用方法等。文字说明要同装潢画面紧密结合，互相衬托，彼此补充，以达到宣传和促销的目的。使用的文字必须简明扼要，让销售市场的顾客看懂，必要时也可以用中外文同时表示。在销售包装上使用文字说明时，还应注意有关国家的标签管理规定。如意大利政府规定：凡销往意大利的冷冻食品，必须在标签上注明"该冷冻品一旦解冻，不再冻结，应在24小时内食用"的文句。

c. 条形码。商品包装上的条形码是由一组带有数字的黑白及粗细间隔不等的平行条纹所组成，这是利用光电扫描阅读设备为计算机输入数据的特殊的代码语言。只要将条形码对准光电扫描器，计算机就能自动地识别条形码的信息，确定品名、品种、数量、生产日期、制造厂商、产地等，并据此在数据库中查询其单价，进行货款计算，从而能够更有效地为客户服务，提高货物管理效率。

国际上通用的条形码主要有两种：一种是美国统一编码委员会编制的 UPC 码（Universal Product Code，UPC）；另一种是欧盟组织的国际物品编码协会编制的 EAN 码（European Article Number，EAN）。目前，二者已相互兼容，共同组成了 EAN·UCC 全球统一标识系统。我国在 1988 年成立了"中国物品编码中心"，负责推广条形码技术，并对其进行统一管理。1991 年 4 月我国正式加入国际物品编码协会，到目前为止，我国被分配的国别编号为"690－695"，以这四组代码开头的商品，为中国内地制造。

3. 按对商品包装上有关生产商信息和商标品牌的标注有无特殊要求，可以分为中性包装和定牌包装、普通包装

（1）中性包装和定牌包装。

①中性包装（Neutral Packing），是指在出口商品内外包装上不标明生产国家、地名和厂商名称的包装。采用中性包装，是为了打破某些进口国家与地区的关税和非关税壁垒以及适应交易的特殊需要（如转口销售等），它是出口国家厂商加强对外竞销和扩大出口的一种手段。

中性包装包括无牌中性包装和定牌中性包装两种。无牌中性包装是指包装上既无生产国家、地名和厂商名称，又无商标和品牌。定牌中性包装是指包装上仅有买方指定的商标或品牌，但无生产国家、地名和厂商名称。

在使用中性包装时，要注意两个方面的问题：首先，在收到对方提供的包装指示和图案后，要审查对方提供的图案、文字内容有无不妥之处，是否符合我国的法律法规的规定，有无带有歧视性、煽动性的词句。其次，在定牌中性包装情况下，为了保险起见，合同中应注明使用买方商标牌号而在国外市场发生的工业产权争议或侵权行为，一切责任由买方承担。

②定牌（Brand Designated by the Buyer），俗称"贴牌"，是指卖方按买方要求在其出售的商品或包装上标明买方指定的商标或牌号，这种做法也叫定牌生

产。有许多大百货商店、超级市场和专业商店，在其经营的商品中，有一部分商品使用该店专有的商标和牌名，这部分商品即是由商店要求有关厂商定牌生产的。卖方同意采用定牌，是为了利用买方的经营能力和他们的企业商誉或品牌声誉，以提高商品售价和扩大销售数量。采用定牌生产时，一般要注明生产国别和厂商名称。

（2）普通包装。即对商品包装上有关生产商信息和商标品牌的标注没有特殊要求。除中性包装和定牌包装外的包装都是普通包装。

11.4.3 合同中的包装条款

1. 包装条款的基本内容

包装条款一般包括包装材料、包装方式、包装规格、运输标志和包装费用的负担等内容。

【条款示例】包装条款

纸箱包装，每箱50件

Packed in cartons of 50 pieces each

2. 订立包装条款应注意的问题

（1）要考虑商品特点和不同运输方式的要求。对于精密机械仪器和贵重商品，应增加防潮、防震、防锈乃至防盗等具体要求。

（2）对包装的规定要明确具体，一般不宜采用"海运包装"（Seaworthy Packing）和"习惯包装"（Customary Packing）之类的术语。

（3）明确包装由谁供应和包装费由谁负担。包装由谁供应，通常有下列三种做法：第一，由卖方供应包装，包装连同商品一块交付买方。第二，由卖方供应包装，但交货后，卖方将原包装收回。第三，由买方供应包装或包装物料。采用此种做法时，应明确规定包装或包装物料的到达时间，以及逾期不到时买方应负的责任。

包装费用一般包括在货价之中，不另计收；但也有不计在货价之内而规定由买方另行支付的情况，如：买方对包装的特殊要求带来的额外包装费用。

本章小结

1. 商品的名称是对买卖合同标的物的描述，在合同中形成品名条款。

2. 商品的品质是指商品的内在素质和外观形态的综合。表示商品品质的方法有两类：一类是用实物表示商品的品质，另一类是用说明表示商品的品质。规定品质条款时一定要注意正确运用各种表示品质的方法。

3. 品质条款的规定要注意明确、具体，同时兼顾灵活性。常见的灵活规定方法有：①交货品质与样品大体相等或其他类似条款；②规定品质公差；③规定品质机动幅度。

4. 国际贸易中常用的计量单位有六种：重量、个数、面积、长度、容积、体积单位。计算重量的方法通常有下列几种：毛重、净重、公量、理论重量、法定重量。

5. 规定商品的数量时既要明确具体，又要为使交货数量具有灵活性以便于履行合同而规定溢短装条款。规定溢短装条款时，要注意机动幅度的大小、机动幅度选择权、溢短装数量的计价方法的相关规定。

6. 依据商品是否需要包装，可以分为散装、裸装和包装。依据流通过程中包装作用的不同，可以分为运输包装和销售包装。运输包装的标志按其用途可分为运输标志、指示性标志和警告性标志三种。按对商品包装上有关生产商信息和商标品牌的标注有无特殊要求，可以分为中性包装和定牌包装、普通包装。

复习思考题

1. 名词解释

样品、对等样品（Counter Sample）、良好平均品质（FAQ）、毛重（GW）、净重（NW）、以毛作净（gross for net）、公量（Conditioned Weight）、溢短装条款（more or less clause）、运输标志（唛头 Shipping Mark，S/M）、中性包装（Neutral Packing）、定牌

2. 问答题

（1）商品品质的表示方法有哪些？如何结合商品的特点，合理选择和运用各种表示品质的方法？

（2）规定品质条款时应注意哪些事项？

（3）什么是溢短装条款？约定溢短装条款需注意哪些问题？

（4）运输包装有哪些主要标志？各有何作用？

（5）标准唛头包括哪些内容？

（6）何谓中性包装和定牌生产？使用时应注意哪些问题？

3. 案例分析

（1）中国 A 公司曾向 B 外商出售一批农产品。成交前，该公司给外商寄送过样品。签约时，在合同品质条款中规定了商品的具体规格。签约后，卖方经办人员又主动电告买方，确认"成交商品与样品相似"。在货物装运前，中国进出口商品检验检疫局进行了检验并签发了品质规格合格证书。但该批货物运到目的地后，买方认为，所交货物品质比样品低，要求减价。卖方认为，合同并未规定凭样成交，而且所交货物，经检验符合约定的规格，故不同意减价。于是买方便请当地检验机构检验，出具了交货品质比样品低7%的证明，并据此提出了索赔要求，卖方拒赔。你认为卖方是否该赔偿？我方应该吸取哪些教训？

（2）我国某公司出口风扇 1 000 台，国外来证规定不许分批装运。装船时发现有 40 包装破裂，风罩变形或开关脱落。为保证质量，卖方认为：UCP600 有规定，即使不许分批装运，数量上可以有 5% 的溢短装。于是，少装 40 台，但最终遭到银行的拒付。问：按照 UCP600 的规定，银行的拒付是否有理？为什么？

（3）广西某粮油进出口公司向俄罗斯出口某商品，合同规定：数量为 1 000 吨，散装，每

吨200美元，以信用证方式支付。合同签订后，俄罗斯进口商开来信用证，金额为200 000美元，问广西公司最多、最少可交多少公吨小麦？为什么？

同年5月，广西公司又向南非出口食糖。合同规定：食糖，数量500公吨，每公吨120美元，数量和金额均可有3%增减，由卖方选择，增减部分按合同价格计算。如果在交货前食糖市场价格上涨，在不违反合同的情况下，卖方要想获利，可装多少公吨？如果市场价格下降呢？

第12章 国际货物交易的价格条件

本章要点
- ◇ 掌握贸易术语的概念和性质
- ◇ 熟悉与贸易术语有关的国际贸易惯例,掌握国际贸易惯例的性质
- ◇ 熟悉《2010年国际贸易术语解释通则》对11种贸易术语的解释,重点掌握FOB、CFR和CIF及FCA、CPT和CIP六种贸易术语
- ◇ 掌握价格条款的内容及规定价格条款的注意事项

由于商品价格的高低直接关系到买卖双方的经济利益,所以讨价还价便成为交易磋商的核心内容,商品的价格条款便成为国际货物买卖合同中的核心条款。

在国际贸易中,商品的价格是指商品的单价,它与买卖双方在交易中承担的责任、费用和风险息息相关。所以,国际贸易中商品单价不仅包括国内贸易商品单价同样包括的计量单位、单价金额、计价货币三个组成部分,还包括第四个组成部分即贸易术语。例如,每公吨2 000美元CIF伦敦(USD 2000 Per M/T CIF London)。"CIF伦敦"就是贸易术语,它说明了买卖双方在交接货物的过程中所承担的责任、费用和风险。

12.1 贸易术语与国际贸易惯例

12.1.1 贸易术语概述

1. 贸易术语的产生和发展

国际贸易具有线长、面广、环节多、风险大的特点。买卖双方在交接货物的过程中需要办理运输、装卸、存储、结算、商检、通关、保险等方方面面的事情,需要支付发生的各项费用,承担货物可能遭受损失的各种风险。有关这些事

项应该由谁办理，费用应该由谁支付，风险应该由谁承担，买卖双方在磋商交易和订立合同时，必须明确予以规定。在国际贸易的长期实践中，贸易界、法律界对这些问题逐渐形成了一整套相对固定的习惯做法，并给每一种做法赋予一定意义的名称加以区别。这就形成了在国际贸易中广泛使用的贸易术语。

贸易术语是国际贸易长期实践的产物，最早出现于1812年英国的利物浦。首先出现的是FOB贸易术语，以后随着国际贸易的进一步发展，到1862年在英国又出现了CIF贸易术语。随着国际贸易和交通运输与电子技术的发展，国际上出现的贸易术语也日渐增多。到了1953年被国际商会认可的贸易术语就有9个。在1980年贸易术语发展到14个，到1990年，被国际商会认可的为13个。目前国际上通用并为国际商会认可的术语有11个。国际贸易术语在长期的贸易实践中，无论在数量、名称及其内涵方面，都经历了很大的变化。

2. 贸易术语的概念及性质

所谓贸易术语（Trade Terms）就是指用英文短语或英文缩写字母来说明买卖双方有关责任、费用、风险的划分和商品的价格构成。因此，贸易术语具有两重性，一方面表示交货条件，另一方面表示成交价格的构成因素。

（1）贸易术语表示交货条件。在国际贸易中，货物交接过程中买卖双方承担的责任、费用和风险，就是交货条件。"责任"主要涉及办理出口、进口清关手续，装卸及运输出口、进口货物，办理货物运输保险手续等。"费用"主要涉及清关费用、装卸费、运输费、保险费等。"风险"指在装、运、卸、储的整个流转过程中存在的导致货物灭失、损坏的危险。

（2）贸易术语表示成交价格的构成因素。不同贸易术语下的不同责任、费用和风险都归结为货币，这些涉及买卖双方的经济利益，必然要在商品的价格中得到体现。所以，贸易术语可用来表示价格构成因素，又被称为"价格术语"或"价格条件"。

3. 贸易术语的作用

（1）有利于买卖双方洽商交易和订立合同。由于每种贸易术语都有其特定的含义，而且一些国际组织对各种贸易术语也作了统一的解释与规定，这些解释与规定在国际上被广为接受，并成为惯常奉行的做法或行为模式。因此，买卖双方只需商定按何种贸易术语成交，即可明确彼此在交接货物方面所应承担的责任、费用和风险，这就简化了交易手续，缩短了洽商交易的时间，从而有利于买卖双方迅速达成交易、订立合同。

（2）有利于买卖双方核算价格和成本。由于贸易术语表示价格构成因素，所以买卖双方确定成交价格时，必须要考虑采用的贸易术语包含哪些从属费用，如运费、保险费、装卸费等费用。这就有利于双方进行比价和加强成本核算。

（3）有利于解决履约中的争议。买卖双方商订合同时，如对合同条款考虑欠妥，使某些事项规定不明确或不完备，致使履约当中产生的争议不能依据合同规定解决时，可以援引有关贸易术语的一般解释来处理。因为贸易术语的一般解释有的已成为被大家广泛采用的国际贸易惯例。

12.1.2 有关贸易术语的国际贸易惯例

在国际贸易业务实践中，各国历史文化、法律法规的差异往往导致对同一种英文表达的贸易术语的不同解释，合同当事人对于对方国家的习惯解释不甚了解，便极易引起贸易纠纷。为了避免各国在对贸易术语解释上出现分歧和引起争议，促进国际贸易的发展，国际商会、国际法协会等国际组织以及美国一些著名商业团体经过长期的努力分别制定了解释贸易术语的规则，这些规则在国际上被广泛采用，因而成为一般的国际贸易惯例。目前，国际上影响较大的与贸易术语有关的国际贸易惯例主要有以下三种：

1.《1932年华沙—牛津规则》（Warsaw - Oxford Rules, 1932）

《华沙—牛津规则》是国际法协会专门为解释 CIF 合同而制定的。19 世纪中叶，CIF 贸易术语开始在国际贸易中得到广泛采用，然而对使用这一术语时买卖双方各自承担的具体义务，并没有统一的规定和解释。对此，国际法协会于 1928 年在波兰首都华沙开会，制定了关于 CIF 合同的统一规则，称之为《1928 年华沙规则》，共包括 22 条。其后，将此规则修订为 21 条，并更名为《1932 年华沙—牛津规则》，沿用至今。这一规则对于 CIF 的性质、买卖双方所承担的风险、责任和费用的划分以及所有权转移的方式等问题都作了比较详细的解释，在欧洲大陆国家使用较多。

2.《美国对外贸易定义修订本》（Revised American Foreign Trade Definitions）

《美国对外贸易定义修订本》是由美国九大商业团体制定的。它最早于 1919 年在纽约制定，原称为《美国出口报价及其缩写条例》，后来于 1941 年在美国第 27 届全国对外贸易会议上对该条例作了修订，命名为《1941 年美国对外贸易定义修订本》。为顺应贸易环境的变化，1990 年再次修改，被称为《1990 年美国对外贸易定义修订本》。这次修改细化了原有买卖双方的责任划分。

《美国对外贸易定义修订本》解释的贸易术语共有六种，分别为：

（1）Ex（Point of Origin），原产地交货；

（2）FOB（Free on Board），在运输工具上交货；

（3）FAS（Free Along Side），在运输工具边交货；

（4）C&F（Cost and Freight），成本加运费；

（5）CIF（Cost，Insurance and Freight），成本、保险费加运费；

（6）Ex Dock，目的港码头交货。

其中，根据交货地点的不同，FOB 术语又分为六种类型。

《美国对外贸易定义修订本》主要在北美国家采用。由于它对贸易术语的解释，特别是对 FOB 和 FAS 贸易术语的解释与其他国际惯例的解释不同，所以，在同北美国家进行交易时应特别注意在合同中明确规定贸易术语所依据的惯例。

3.《国际贸易术语解释通则》（International Rules for the Interpretation of Trade Terms）

（1）《国际贸易术语解释通则》的修订历程。国际商会自 20 世纪 20 年代开始对重要贸易术语作统一解释的研究，1936 年提出了一套解释贸易术语的国际性统一规则，定名为"International Commercial Terms"（以下简称 Incoterms），其副标题为"International Rules for the Interpretation of Trade Terms"。此后，国际商会又先后于 1953 年、1967 年、1976 年、1980 年、1990 年、2000 年、2010 年对该规则进行数次修订和补充。最新修订于 2010 年完成，2011 年 1 月 1 日生效，简称为《2010 通则》（Incoterms® 2010），上一个版本简称为《2000 通则》。《国际贸易术语解释通则》是当前得到国际上多数国家接受的、应用范围最广、影响最大的与贸易术语有关的贸易惯例。

（2）《2010 通则》与《2000 通则》对贸易术语的分组情况。由于惯例在适用的时间效力上不存在"新法取代旧法"的说法，所以《2010 通则》的生效并非意味着《2000 通则》就自动作废。当事人在订立贸易合同时仍然可以选择适用《2000 通则》。因此，有必要了解《2000 通则》解释的贸易术语。

《2000 通则》共解释了 13 种贸易术语，按照术语缩写首字母分成四组，即 E 组、F 组、C 组和 D 组，如表 12 - 1 所示。这种分类和排序反映了卖方承担的责任由小到大的程度。

表 12 - 1　　　　　　　《2000 通则》对贸易术语的分组情况

E 组（起运） EXW（Ex works）	工厂交货（……指定地点）
F 组（主要运费未付） FCA（Free Carrier） FAS（Free Alongside Ship） FOB（Free on Board）	货交承运人（……指定地点） 船边交货（……指定装运港） 船上交货（……指定装运港）

	续表
C组（主要运费已付） CFR（Cost and Freight） CIF（Cost, Insurance and Freight） CPT（Carriage Paid To） CIP（Carriage and Insurance Paid To）	成本加运费（……指定目的港） 成本、保险费加运费（……指定目的港） 运费付至（……指定目的地） 运费、保险费付至（……指定目的地）
D组（到达） DAF（Delivered At Frontier） DES（Delivered Ex ship） DEQ（Delivered Ex Quay） DDU（Delivered Duty Unpaid） DDP（Delivered Duty Paid）	边境交货（……边境指定地点） 目的港船上交货（……指定目的港） 目的港码头交货（……指定目的港） 未完税交货（……指定目的地） 完税后交货（……指定目的地）

《2010通则》删除了D组术语的前四种，增加DAT、DAP两种术语，共解释了11种贸易术语，按照适合的运输方式将贸易术语分成了两类，如表12-2所示。这种分类方法是为了帮助使用者正确选择与运输方式对应的最适合的术语，清楚地告诉使用者什么样的运输方式应该选用什么样的贸易术语。

表12-2　　　　　　《2010通则》对贸易术语的分组情况

适合于任何运输方式或多种运输方式的术语	适用于海运及内河水运的术语
EXW（Ex works）工厂交货 FCA（Free Carrier）货交承运人 CPT（Carriage Paid To）运费付至 CIP（Carriage and Insurance Paid To）运费和保险费付至 DAT（Delivered At Terminal）运输终端交货 DAP（Delivered At Place）目的地交货 DDP（Delivered Duty Paid）完税后交货	FAS（Free Alongside Ship）船边交货 FOB（Free on Board）船上交货 CFR（Cost and Freight）成本加运费 CIF（Cost, Insurance and Freight）成本、保险费加运费

（3）适用Incoterms时的注意事项。

①国际贸易具体包括国际货物贸易、国际技术贸易、国际服务贸易，而Incoterms仅适用于国际货物贸易，即有形的贸易，不包括无形的贸易。

②完成一笔国际贸易不仅需要买卖合同，而且还涉及运输合同、保险合同、融资合同等。Incoterms仅适用于涉及买卖合同。

③Incoterms只涉及买卖双方的义务中与交货和交单有关的事项，如办理运输与保险、办理进出口清关手续、转移货运风险、划分费用、通知义务以及提供履行义务的凭证等，不涉及货物所有权和其他产权的转移、违约、违约行为的后果

以及某些情况的免责等。这说明贸易术语并不代表一套完整的买卖合同条款。

④贸易术语在传统上被用于货物跨越国界的国际销售合同。然而，无关税区的扩大使得原本存在的边界通关手续已无实际意义。因此，Incoterms® 2010 的副标题正式确认贸易术语对国际和国内货物买卖合同都可适用。

⑤因为 Incoterms 仅仅是惯例，对当事人不具有强制约束力，而且"Incoterms"是国际商会已在很多国家注册的驰名商标。因此，如果贸易当事人欲接受最新通则的约束，应当在合同中的贸易术语和指定地点之后附加"Incoterms® 2010"，这一形式构成一个整体符号，是新版通则区别于旧版通则的标志。

12.1.3 国际贸易惯例的性质和作用

国际贸易惯例是人们在长期的国际贸易实践中逐渐形成和发展起来的一些较为明确和固定的贸易习惯和做法，由国际性组织或商业团体修订整理成文并在国际上得到普遍应用。国际贸易惯例不是法律，没有强制约束力，它的适用以当事人的意思自治为基础。故国际贸易惯例对买卖双方不具有强制性，可采用也可不采用。买卖双方有权在合同中做出与某项国际贸易惯例不相符的规定，只要这些规定和本国法律不矛盾，就以合同规定为准。

国际贸易惯例虽然不具有强制性，但对贸易实践仍具有较强的指导性。首先，如果买卖双方在合同中明确表示采用某种惯例，则被采用的惯例对买卖双方均有约束力。其次，如果买卖双方在合同中对某一问题既未做出明确规定，也未载明采用某一种惯例，那么，当发生争议付诸诉讼或提交仲裁时，法院或仲裁机构可引用国际贸易惯例作为判决或裁决的依据。另外，国际贸易惯例还可以弥补法律的空缺和立法的不足，稳定双方当事人的经济和法律关系。

12.2 Incoterms® 2010 中的贸易术语

Incoterms® 2010 共解释了 11 种贸易术语，其中 FOB、CFR、CIF、FCA、CPT、CIP 这六种术语使用较为广泛，而 EXW、FAS、DAT、DAP、DDP 相对较少使用。

12.2.1 六种主要的贸易术语

1. FOB 术语

FOB 的全称是 Free On Board（Insert Named Port of Shipment），即船上交货（插入指定装运港），习惯上称为"装运港船上交货"，它是国际贸易实践中最常用的贸易术语之一。

（1）FOB 术语的含义。FOB 是指卖方以在指定装运港将货物装上买方指定的船上或通过取得已交付至船上货物的方式交货（"取得"一词适用于商品贸易中常见的交易链中的链式销售（string sales），以满足大宗商品销售中对已装船货物作转售交易的需要）。货物灭失或损坏的风险在货物交到船上时转移，同时买方承担自那时起的一切费用。

FOB 术语仅适用于海运或内河运输，术语后面应标明装运港，如"FOB Qingdao"，指定的装运港就是交货地点。

（2）买卖双方承担的基本义务。根据 Incoterms® 2010，采用 FOB 术语时，买卖双方各自承担的基本义务概括如下：

①卖方义务。

a. 在合同规定的时间或期限内，在指定的装运港，按照习惯方式将货物交到买方指派的船上或以取得已在船上交付的货物方式交货，并及时通知买方。

b. 自负风险和费用，取得出口许可证或其他官方批准证件。在需要办理海关手续时，办理货物出口所需的一切海关手续。

c. 负担货物在装运港装上船为止的一切费用和风险。

d. 负责向买方提交商业发票和证明卖方已按规定交货的通常单据或同等作用的电子记录或程序。

②买方义务。

a. 负责自付费用订立从指定的装运港运输货物的合同，支付运费，并就船名、装船地点和要求的交货时间给予卖方充分通知。

b. 自负风险和费用取得进口许可证或其他官方批准的证件。在需要办理海关手续时，办理货物进口和在必要时从他国过境所需的一切海关手续，并支付有关费用及过境费。

c. 负担货物在装运港装上船之后的一切费用和风险。

d. 接受卖方提供的交货凭证，受领货物，并按合同规定支付货款。

（3）使用 FOB 术语应注意的问题。

①货物交付及风险转移。

a. 风险的正常转移。按照 Incoterms® 2010 的解释，风险的转移和货物的交付是密切联系的。所有贸易术语下，卖方都是承担完成交货前货物灭失或损坏的一切风险，即 FOB 下，卖方承担货物装上船之前的风险。然而在以前的通则版本中，对于 FOB、CFR 和 CIF 都以"船舷"作为风险划分的界限。

b. 风险的提前转移。如上所述，卖方承担的风险是随着交货义务的完成而转移的,但 Incoterms® 2010 在解释卖方风险转移时提到了几种例外情况,包括:买方未通知指定的船名;或买方指定的船舶未按时到达导致卖方未能履行义务或该船舶不能装载货物或早于通知的时间停止装货。这些情形的发生将导致风险的提前转移。对于风险提前转移的时间界限,一般理解为自约定日期或约定交货期限届满之日起。风险的提前转移也会导致费用的提前转移。

FOB 术语下,无论是风险在"船上"正常转移还是风险提前转移都需要具备一个前提条件,那就是货物需要"特定化"(Specialization),即货物已清楚地确定为合同项下的货物为限。对于包装货物来说,对货物"特定化"的常见方式就是在包装上刷制唛头。其他贸易术语下风险的转移也都必须具有此前提条件。

②关于船货衔接。采用 FOB 术语时,买方必须负责租船或订舱,并将船名和装船时间通知卖方,而卖方必须负责在合同规定装船期和装运港,将货物装上买方指定的船只。这里有个船货衔接的问题。如果买方指定的船舶延迟到达装运港,则货等船引起的仓储等费用的增加和延收货款而造成的利息损失等都由买方承担;反之若船舶按时到达而卖方未备妥货物而不能及时装运,则卖方要承担由此引起的空舱费(Dead Freight)或滞期费(Demurrage)。

如果买方委托卖方办理租船订舱,卖方也可酌情接受。但这属于代办性质,其风险和费用仍由买方承担,就是说运费和手续费由买方支付,而且如果卖方租不到船,他不承担责任,买方无权撤销合同或索赔。

③关于"装运合同"。"装运合同"(Shipment Contract)是指卖方在合同规定的装运地将货物交付装运后,对货物之后可能发生的任何风险不再承担责任。即卖方只需要负责按时装运而不负责货物按时到达。

在 FOB 术语下,交货点和风险划分的分界点都是"指定装运港货物装上船",买方必须承担货物装上船之后发生的一切费用以及货物灭失或损坏的一切风险。所以,采用 FOB 术语的合同属于"装运合同"。

④关于装货费用的负担。在装船作业的过程中涉及到各项具体费用,如将货物运至船边的费用、吊装上船的费用、平舱费、理舱费等,由于存在对"装船"概念的不同理解,因而采用 FOB 术语时便出现了装船的有关费用由谁负担的问题。

如果采用班轮运输,船方管装管卸,装卸费打入班轮运费之中,那么,在装运港的装货费用自然由负责租船订舱的买方承担。若采用程租船运输,船方一般不负担装卸费用,这些费用到底应由谁负担,买卖双方应在合同中用文字做出具体规定,也可以采用 FOB 术语后加列字句或缩写,即所谓 FOB 术语的变形来表示。FOB 术语的变形,主要包括以下几种:

第12章 国际货物交易的价格条件

a. FOB Liner Terms（FOB 班轮条件），指装船费用按照班轮的做法处理，即由买方承担。所以，采用这一变形，卖方不负担装船的有关费用。

b. FOB Under Tackle（FOB 吊钩下交货），指卖方负担费用将货物交到买方指定船只的吊钩所及之处，而吊装入舱以及其他各项费用，概由买方负担。如载货船舶因港口吃水浅而不能靠岸时，则卖方应将货物驳运到载货船舶的吊钩所及之处，有关的驳运费由卖方负担。

c. FOB Stowed（FOB 理舱费在内），指卖方负责将货物装入船舱并承担包括理舱费在内的装船费用。理舱费是指货物入舱后进行安置和整理的费用。

d. FOB Trimmed（FOB 平舱费在内），指卖方负责将货物装入船舱并承担包括平舱费在内的装船费用。平舱费是指对装入船舱的散装货物进行平整所需的费用。

e. FOB Stowed and Trimmed（FOB 包括理舱费和平舱费），指卖方不仅要负担装货费，还要负担理舱费和平舱费。

需要注意的是，Incoterms® 2010 中未规定贸易术语的变形，也未对已变形的术语提供指导，不过在引言中指出，对贸易术语的变形不禁止使用，但是告知当事人这样做有风险，提醒当事人需要在合同中清晰地明确他们希望通过修改达到的效果。一般认为 FOB 的变形是为了解决装船费用的负担问题而产生的，它并不改变 FOB 的交货地点以及风险划分的界限。

⑤《美国对外贸易定义修订本》和 Incoterms® 2010 对 FOB 术语解释的区别。

第一，表达方式不同。Incoterms® 2010 解释的 FOB 只有一种形式；而美国惯例把 FOB 笼统地解释为在某处某种运输工具上交货，其适用范围很广，共有 6 种类型，其中只有第 5 种，即装运港船上交货（FOB Vessel...named port of shipment），才与 Incoterms® 2010 中 FOB 的含义大体相同。

因此我国企业在同美国商人订立 FOB 进口合同适用美国惯例时，若买方希望在装运港的船上交货，则应在 FOB 和港口之间加上"Vessel（轮船）"字样，如"FOB Vessel New York"。如果只订为"FOB New York"而漏写"Vessel"字样，则卖方可以只把货物运到纽约城内的任何处所，不负责把货物运到纽约港口并交到船上。

第二，出口清关手续及费用的负担方不同。美国惯例规定，只有在买方提出请求，并由买方负担费用的情况下，卖方才有义务协助买方取得由出口国签发的为货物出口或在目的地进口所需的各种证件，并且出口税和其他税捐费用也需由买方负担；而 Incoterms® 2010 解释为：FOB 下卖方负责办理出口清关手续并承担相应的税捐费用。

2. CIF 术语

CIF 的全称是 Cost Insurance and Freight（insert named port of destination），即成本、保险费加运费（插入指定目的港）。它是国际贸易实践中最常用的贸易术语之一。

（1）CIF 术语的含义。CIF 是指卖方在船上交货或取得已交付至船上货物的方式交货。货物灭失或损坏的风险在货物交到船上时转移。卖方必须自费办理运输和保险并承担相关费用，以将货物运至指定的目的港。

CIF 术语仅适用于海运或内河运输，术语后面应标明目的港，如"CIF New York"，该指定目的港是卖方运费和保险费付至的地点，不是交货地点。

（2）买卖双方承担的基本义务。

①卖方义务。

a. 负责在合同约定的日期或期限内，在装运港将货物交至运往指定目的港的船上或以取得已在船上交付的货物方式交货，并及时通知买方。

b. 自负风险和费用，取得出口许可证或其他官方批准的证件，在需要办理海关手续时，办理货物出口所需的一切海关手续。

c. 自付费用，按照通常条件订立从装运港到目的港的运输合同，并支付到目的港的运费。

d. 按照买卖合同的约定，自负费用办理货物运输保险。

e. 承担货物在装运港装上船为止的一切风险。

f. 负责向买方提交商业发票、保险单和货物运往约定目的港的通常运输凭证或同等作用的电子记录或程序。

②买方义务。

a. 自负风险和费用，取得进口许可证或其他官方批准的证件，在需要办理海关手续时，办理货物进口以及必要时从他国过境的一切海关手续，并支付有关费用及过境费。

b. 承担货物在装运港装上船之后的一切风险。

c. 接受卖方提供的运输凭证，受领货物，并按合同规定支付货款。

（3）使用 CIF 术语应注意的事项。

①采用 CIF 术语的合同属于"装运合同"。由于 CIF 术语后所注明的是目的港，卖方负责运输和保险，商品价格中除了包含商品成本外，还包括货物由装运港运达目的地的运费和保险费，所以在我国曾将 CIF 术语译作"到岸价"，因而 CIF 合同的法律性质常被误解为"到货合同"（Arrival Contract）。"到货合同"是指合同的卖方必须负责将货物运送到约定的目的地或目的港，并负担货物交至该

处为止的一切风险和费用。

其实，CIF 术语下，交货点和风险划分的分界点都是"指定装运港货物装上船"，货物装上船之后灭失或损坏的风险，以及由于各种事件造成的任何除运费、保险费之外的额外费用，全部由买方负担。此时费用分界点与风险分界点分离，有两个关键点，指定目的地是费用划分点，装运地是风险划分点。卖方只需要负责按时装运，但对于装运后货物可能发生的任何风险均不承担责任。所以，采用 CIF 术语的合同属于"装运合同"。

另外，CIF 术语下，卖方在装运港将货物装上船，即完成交货义务，而不是货物到达目的地之时。所以卖方的交货时间与货物的装船时间相同。

②关于卖方投保的性质及保险险别。由于 CIF 货价中包含保险费，从卖方的责任讲，卖方必须按约定条件自费办理保险。其实 Incoterms® 2010 的 11 种贸易术语中只有 CIF 和 CIP 这两种术语涉及保险问题，其他术语下，Incoterms® 2010 都解释为"买方对卖方（或卖方对买方）无订立保险合同的义务"。

CIF 术语下，卖方办理保险主要是为了保障货物装船后在运输途中的风险，而这种风险是由买方承担。所以，卖方投保是为了买方的利益，属于代办性质。

在实际业务中，为了明确责任，在采用 CIF 术语时，买卖双方一般应在合同中具体规定保险金额、保险险别和适用的保险条款，否则就按 Incoterms® 2010 的规定，卖方按合同金额的 110% 投保最低责任的保险险别。

③关于交货性质。从交货方式来看，CIF 是一种典型的象征性交货（Symbolic Delivery）。象征性交货是针对实际交货（Physical Delivery）而言的。实际交货是指卖方要在规定时间和地点，将符合合同规定的货物提交给买方或其指定人，而不能以交单代替交货。

在象征性交货方式下，卖方是凭单交货，买方是凭单付款，只要卖方按时向买方提交了符合合同规定的全套单据，即使货物在运输途中损坏或灭失，买方也必须履行付款义务。反之，如果卖方提交的单据不符合要求，即使货物完好无损地运达目的地，买方仍有权拒付货款。由此可见，CIF 交易实际上是一种单据的买卖。所以，装运单据在 CIF 交易中具有特别重要的意义。但是，必须指出，按 CIF 术语成交，卖方履行其交单义务，只是得到买方付款的前提条件，除此之外，他还必须履行交货义务。如果卖方提交的货物不符合要求，买方即使已经付款，仍然可以根据合同的规定向卖方提出索赔。

既然 CIF 术语的交货性质属于象征性交货，因此 CIF 合同中，要防止出现"要求卖方保证到货或以到货作为付款条件"等的陷阱条款，否则会与 CIF 术语的性质相违背。

④关于卸货费用的负担。采用 CIF 术语时,卖方负责将合同规定的货物运往合同规定的目的港,并支付正常的运费。至于货到目的港后的卸货费用由谁负担也是一个需要考虑并加以明确的问题。如果采用班轮运输,船方管装管卸,装卸费打入班轮运费之中,那么,在目的港的卸货费用自然由负责租船订舱的卖方承担。若采用程租船运输,船方一般不负担装卸费用,这些费用到底应由谁负担,买卖双方应在合同中用文字做出具体规定,也可以采用 CIF 术语后加列字句或缩写,即所谓 CIF 术语的变形来表示。CIF 术语的变形,主要包括以下几种:

a. CIF Liner Terms(CIF 班轮条件),是指卸货费按班轮办法处理,由支付运费的卖方负担,买方不负担卸货费。

b. CIF Landed(CIF 卸到岸上),是指由卖方负担卸货费,其中包括驳船费和码头费在内。

c. CFR EX Tackle(CIF 吊钩下交货),是指卖方负责将货物从船舱吊起卸到船舶吊钩所及之处(码头上或驳船上)的费用。在船舶不能靠岸的情况下,租用驳船的费用和货物从驳船卸到岸上的费用,概由买方负担。

d. CIF Ex Ship's Hold(CIF 舱底交货),是指货物运到目的港后,由买方自行启舱,并负担货物从舱底卸到码头的费用。

如前所述,Incoterms® 2010 中未对 CIF 的变形提供指导。为明确责任,买卖双方应在合同中明确规定使用变形用来解决的问题。

3. CFR 术语

CFR 的全称是 Cost and Freight(insert named port of destination),即成本加运费(插入指定目的港)。它是国际贸易实践中最常用的贸易术语之一。

(1)CFR 术语的含义。CFR 是指卖方在船上交货或取得已交付至船上货物的方式交货。货物灭失或损坏的风险在货物交到船上时转移。卖方必须自费办理运输并承担运费,将货物运至指定的目的港。

CFR 术语仅适用于海运或内河运输,术语后面应标明目的港,如"CFR New York",该指定目的港是卖方运费付至的地点,不是交货地点。

(2)买卖双方承担的基本义务。与 CIF 术语相比,CFR 术语下卖方除了不负责办理保险手续、支付保险费和提供保险单外,其余买卖双方的义务及使用中注意的问题基本是相同的。

(3)使用 CFR 术语应注意的问题。除了 CIF 下提到的相关注意事项外,以 CFR 术语订立合同,须特别注意的是卖方及时发出装船通知的问题。因为卖方负责租船订舱、安排运输,买方负责办理货运保险。因此,卖方装船后必须及时向买方发出"装船通知"。若卖方不及时发出"装船通知"告知买方货已装船,那么买方就无法及时办理货运保险，甚至有可能出现漏保货运险的情况。如果货物在运输途中遭受损失或灭失，则卖方就不能以"装运港货物装上船"后风险转移至买方为由而免除责任。

FOB、CFR 与 CIF 作为三种传统的贸易术语在国际贸易实践中得到了普遍应用，它们的共同点有：交货地点都是装运港；风险转移界限都是货物装上船；交货性质都属于象征性交货，以其成交的合同性质都属于装运合同；都只适用于海洋及内河运输；都是卖方办理出口清关手续，买方办理进口清关手续。三种贸易术语的主要区别有：买卖双方各自承担的运输和保险责任及运费、保险费不同，从而导致成交价格高低不同。

4. FCA 术语

FCA 的全称是 Free Carrier（insert named place of delivery），即货交承运人（插入指定交货地点）。

（1）FCA 术语的含义。FCA 是指卖方在卖方所在地或其他指定地点将货物交给买方指定的承运人或其他人。该术语可适用于任何运输方式，也可适用于多种运输方式。

（2）使用 FCA 术语应注意的问题。

① 交货地点及卖方的交付义务。FCA 术语后标明的地点是卖方完成交货的地点。该地点可以是运输集散场地，如铁路车站、货运站、集装箱码头或堆场、多用途货物集散地或类似的收货地点；也可能是卖方所在处所（如工厂、仓库等）。

FCA 术语下交货地点的不同会影响卖方在该地点装货和卸货的义务。按照 Incoterms® 2010 的解释，若指定地点是卖方所在地，则当货物被装上买方提供的运输工具时，卖方即完成交货义务；在任何其他情况下，当货物在卖方的运输工具上可供卸载，并可由承运人或买方指定的其他人处置时，卖方完成交货义务。

② 风险转移问题。风险转移与货物交付密切联系，因此 FCA 术语下，买卖双方的风险划分界限是以货交承运人为界。这与 FOB、CFR、CIF 术语相比，对卖方而言，风险可提前由卖方转移给买方，即卖方承担的风险范围缩小。

③ 关于"装运合同"。FCA 术语下，交货点和风险划分的分界点都是"装运地指定地点货交买方指定承运人"。买方必须承担货交承运人之后发生的一切费用以及货物灭失或损坏的一切风险。所以采用 FCA 术语的合同属于"装运合同"。

5. CPT 术语

CPT 的全称是 Carriage Paid to（insert named place of destination），即运费付至

（插入指定目的地）。CPT是指卖方将货物在双方约定地点（如双方已约定了地点）交给其指定的承运人或其他人。卖方必须签订运输合同并支付将货物运至指定目的地的所需费用。卖方将货物交给承运人，而不是当货物到达目的地时，即完成交货。

该术语可适用于任何运输方式，也可适用于多种运输方式。术语后面应标明目的地，该指定目的地是卖方运费付至的地点，不是交货地点。

6. CIP术语

CIP的全称是Carriage and Insurance Paid to（insert named place of destination），即运费、保险费付至（插入指定目的地）。CIP是指卖方将货物在双方约定地点（如双方已约定了地点）交给其指定的承运人或其他人。卖方必须签订运输合同并支付将货物运至指定目的地的所需费用。卖方还必须为买方在运输途中货物的灭失或损坏风险签订保险合同。

该术语可适用于任何运输方式，也可适用于多种运输方式。术语后面应标明目的地，该指定目的地是卖方运费和保险费付至的地点，不是交货地点。

FCA、CPT、CIP三种术语是分别从FOB、CFR、CIF三种传统术语发展起来的，这六种术语都是在出口国交货，术语的性质都属于象征性交货，以每个术语订立的合同都属于装运合同，但它们也有区别。以下分成两组进行比较，即FCA、CPT和CIP作为一组（以下简称FCA一组），FOB、CFR和CIF作为一组（以下简称FOB一组）。

第一，适合的运输方式不同。FOB一组只适用于水上运输，其承运人一般是船公司；而FCA一组适用于各种运输方式，也适用于多式联运，其承运人可以是船公司、铁路局、航空公司，也可以是安排多式联运的联合运输经营人。

第二，交货地点和风险转移地点不同。FOB一组的交货地点均为装运港，风险均以卖方将货物在装运港装上船或取得已交付船上货物时从卖方转移至买方；而FCA一组的交货地点，需视不同的运输方式和不同的约定而定，它可以是在卖方处所由承运人提供的运输工具上，也可以是在铁路、公路、航空、内河、海洋运输承运人或多式联运承运人的运输站或其他收货点。风险则于卖方将货物交由承运人或其他人保管时，由卖方转移至买方。

第三，装卸费用负担不同。在使用程租船运输的FOB合同中，应明确装船费由何方负担，在CFR和CIF合同中，则应明确卸货费由何方负担，所以使用了贸易术语的变形；而在FCA一组术语下，如涉及海洋运输，并使用程租船装运，卖方将货物交给承运人时所支付的运费（CPT、CIP术语），或由买方支付的运费（FCA 术语），已包含了承运人接管货物后在装运港的装船费和目的港的卸货费。不需使用变形。

第四，卖方提交的运输单据的种类、性质及出单时间不同。FOB 一组术语下，卖方一般应向买方提交已装船清洁提单，如果抬头做成指示性的，它就是物权凭证，可以背书转让；而 FCA 一组术语下，卖方提交的运输单据视不同的运输方式而定。如在海运和内河运输方式下，卖方应提供可转让的提单，有时也可提供不可转让的海运单和内河运单；如在铁路、公路、航空运输或多式联运方式下，则应分别提供铁路运单、公路运单、航空运单或多式联运单据。

就运输单据出单时间来说，FOB 一组术语下，卖方一般在货物装船后才得到运输单据；而 FCA 一组术语下，卖方只需将货物交付给承运人，就可从承运人处得到运输单据，所以出单时间缩短，有利于卖方的资金周转。

总之，从卖方角度考虑，采用 FCA 一组术语成交比采用 FOB 一组术语有以下好处：可以提前转移风险；可以提早交单结汇，提高资金的周转率；可以减少卖方的责任费用。尤其对于内陆地区的企业来讲，出口采用 FCA 一组术语成交更有利。

12.2.2 其他贸易术语

1. EXW 术语

EXW 的全称是 Ex Works（insert named place of delivery），即工厂交货（插入指定交货地点）。EXW 是指当卖方在其所在地或其他指定的地点（如工厂、车间或仓库）将货物交给买方处置时，即完成交货。此术语下，费用划分和风险划分的分界点相一致，都是"卖方所在地货交买方"。卖方不需将货物装上任何前来接收货物的运输工具。该术语是卖方承担责任义务最小的术语，买方则承担自卖方所在处所提取货物至目的地所需的一切费用和风险。

EXW 术语适用于任何运输方式，也可适用于多种运输方式。EXW 术语更适合国内贸易，其性质属于实际交货，是 11 种术语中唯一一个需要买方办理出口清关手续的术语。

2. FAS 术语

FAS 的全称是 Free Alongside Ship（insert named port of shipment），即船边交货（插入指定装运港）。

FAS 是指当卖方在指定的装运港将货物交到买方指定的船边（例如，置于码头或驳船上）或取得已在船边交付的货物，即为完成交货。货物灭失或损坏的风险在货物交到船边时发生转移，同时买方承担自那时起的一切费用。

该术语仅适用于海运或内河运输。术语后面应标明装运港。

（2）使用 FAS 术语应注意的问题。

3. DAT 术语

DAT 的全称是 Delivered at Terminal（insert named terminal at port or place of destination），即运输终端交货（插入指定目的港/地的运输终端）。DAT 是指当卖方在指定港口或目的地的指定运输终端将货物从抵达的载货运输工具上卸下，交给买方处置时，即为交货。"运输终端"如：码头、仓库、集装箱堆场或公路、铁路、空运货站等。卖方承担将货物送至运输终端并将其卸下期间的一切风险。

DAT 术语可适用于任何运输方式，也可适用于多种运输方式。术语后面应标明指定目的港/地的运输终端，如"DAT London Heathrow Airport（伦敦希斯罗机场）"，该地点就是交货地点。

DAT 是 Incoterms® 2010 新增的一种术语，取代 Incoterms2000 中的 DEQ（目的港码头交货），卖方在指定港口或目的地的指定运输终端将货物从抵达的载货运输工具上卸下，交给买方处置时，才完成交货。所以，从交货性质看，DAT 术语属于实际交货。由于卖方要承担运输途中的风险，因此，以 DAT 成交的合同性质属于"到货合同"。

4. DAP 术语

DAP 的全称是 Delivered at Place（insert named place of destination），即目的地交货（插入指定目的地）。DAP 是指当卖方在指定目的地将还在运抵运输工具上可供卸载的货物交由买方处置时，即为交货。卖方承担将货物运送到指定地点的一切风险。

该术语可适用于任何运输方式，也可适用于多种运输方式。术语后面应标明指定目的地，该地点就是交货地点。

DAP 与 DAT 相比，买卖双方承担的义务大致相同，主要区别就是卖方是否负责卸货及承担卸货费。采用 DAT 术语，卖方需要负责卸货并承担卸货费；而采用 DAP，卖方不需要卸货就完成交货义务，买方负责卸货并承担相应的卸货费。

DAP 也是 Incoterms® 2010 新增的一种术语，取代 Incoterms2000 中的 DAF（边境交货）、DES（目的港船上交货）和 DDU（未完税交货）。从交货性质看，DAP 术语属于实际交货，以 DAP 成交的合同性质属于"到货合同"。

5. DDP 术语

DDP 的全称是 Delivered Duty Paid（insert named place of destination），即完税

后交货（插入指定目的地）。DDP是指卖方在指定目的地将仍处于运抵运输工具上，但已完成进口清关，且可供卸载的货物交由买方处置时，即为交货。卖方承担将货物运至指定目的地的一切风险和费用，并有义务办理货物出口和进口清关手续，支付所有出口和进口的税费。

该术语可适用于任何运输方式，也可适用于多种运输方式。术语后面应标明指定目的地，该地点就是交货地点。

采用DDP术语时，买卖双方各自承担的基本义务与DAP术语类似，只有一点不同：DDP术语下，卖方而非买方自负风险和费用，取得进口许可证或其他官方批准的证件，在需要办理海关手续时，办理货物进口所需的一切海关手续。

DDP术语是唯一一个需要卖方办理进口清关手续的术语。若卖方不能直接或间接地办理进口清关手续，则不应使用此术语。若双方希望买方承担进口清关的风险和费用，则应使用DAP术语。

由于DDP术语代表卖方的最大责任，双方承担的义务过于失衡。因此，对于从事国际贸易的卖方来说应谨慎使用该术语。

12.2.3 贸易术语的选用

贸易术语不仅决定了合同价格的高低，而且还关系到合同的性质，甚至还会影响到贸易纠纷的解决。因此，贸易术语的选择和运用是直接关系买卖双方经济效益的重要问题。

1. 11种贸易术语列表总结

Incoterms® 2010 共解释了11种贸易术语，按照适合运输方式分成两大类，现列表归纳，如表12-3所示。

表12-3　　　　　　　　　11种贸易术语归纳对比

贸易术语	适合的运输方式	交货地点	风险划分界限	运输责任及运费的负担方	保险责任及保险费的负担方	出口清关的责任及费用的负担方	进口清关的责任及费用的负担方
EXW	任何或多种运输方式	商品产地或卖方所在地	货交买方处置	买卖双方均无义务	买卖双方均无义务	买方	买方
FCA	任何或多种运输方式	出口国内地或港口	货交承运人	买方	买卖双方均无义务	卖方	买方
CPT	任何或多种运输方式	出口国内地或港口	货交承运人	卖方	买卖双方均无义务	卖方	买方

续表

贸易术语	适合的运输方式	交货地点	风险划分界限	运输责任及运费的负担方	保险责任及保险费的负担方	出口清关的责任及费用的负担方	进口清关的责任及费用的负担方
CIP	任何或多种运输方式	出口国内地或港口	货交承运人	卖方	卖方	卖方	买方
DAT	任何或多种运输方式	进口国指定运输终端	目的地货交买方处置	卖方	买卖双方均无义务	卖方	买方
DAP	任何或多种运输方式	进口国指定目的地	目的地货交买方处置	卖方	买卖双方均无义务	卖方	买方
DDP	任何或多种运输方式	进口国指定目的地	目的地货交买方处置	卖方	买卖双方均无义务	卖方	卖方
FAS	海运和内河运输	指定装运港	货物交至船边	买方	买卖双方均无义务	卖方	买方
FOB	海运和内河运输	指定装运港	货物装到船上	买方	买卖双方均无义务	卖方	买方
CFR	海运和内河运输	指定装运港	货物装到船上	卖方	买卖双方均无义务	卖方	买方
CIF	海运和内河运输	指定装运港	货物装到船上	卖方	卖方	卖方	买方

2. 选用贸易术语应考虑的因素

(1) 体现平等互利和双方自愿的原则。如大多数客户习惯上按 FOB、CFR 或 CIF 这三种传统的贸易术语成交，则我们应尊重客户的贸易习惯。另外，有些国家为了支持本国保险事业的发展，规定在进口时，须由本国办理保险，我方出口可采用 FOB 或 CFR 术语。又如，我方在出口大宗商品时，国外买方为了争取到运费和保险费的优惠，要求自行办理租船订舱和保险，为了发展双方贸易，可采用 FOB 术语。

(2) 有利于我国远洋运输业和保险业的发展，增收减支。从宏观经济利益考虑，出口业务应为我国增加外汇收入，而进口业务要为我国节省外汇支出，同时也为了扶持和促进我国运输业和保险业的发展。在可能的条件下，我国企业在进口贸易中，尽量采用 FOB 或 FCA 等术语；在出口贸易中，则争取按 CFR、CPT、CIF 或 CIP 条件成交。

(3) 考虑运输条件和运费因素。例如：FOB、CFR 和 CIF 术语只适用海洋运输和内河运输，如买卖双方拟使用空运、铁路和公路运输，则应选用 FCA、CPT

或 CIP 术语。即使是海洋运输，随着集装箱运输和多式联运方式的不断扩大和发展，作为卖方应尽量采用 FCA、CPT 或 CIP 术语。此类贸易术语有利于卖方提早转移风险，提前取得运输单据，早日收汇，加快资金周转。

运费是货价构成因素之一，在选用贸易术语时，还应注意运费变动的趋势。当运费看涨时，为了避免承担运费上涨的风险，应选用由对方安排运输的术语。如因某种原因，采用由我方安排运输的贸易术语时，则应对货价进行调整，将运费上涨的风险考虑到货价中去，以免承担运价变动的损失。

（4）考虑办理进出口清关手续的难易程度。当某出口国政府当局规定，买方不能直接或间接办理出口清关手续时，双方不宜按 EXW 术语成交，而应选用 FCA 术语。当某进口国政府当局规定，卖方不能直接或间接办理进口清关手续时，双方不宜按 DDP 术语成交，而应选用 DAP 术语。

（5）重视规避运输途中的货运风险。在国际贸易中，交易的商品一般需要通过长途运输，货物在运输过程中可能遇到各种自然灾害、意外事故等风险，特别是当遇到战争或正常的国际贸易遭到人为障碍与破坏的时期和地区，运输途中的风险更大。为规避风险，应争取选用由对方承担货运风险的贸易术语，如卖方可争取选用除 DAT、DAP 或 DDP 之外的其他贸易术语。

12.3 买卖合同中的价格条款

在国际贸易中，成交商品价格的确定是买卖双方最关心的一个重要问题。因此，买卖双方在洽商交易和订立合同时，要正确掌握进口商品价格，合理运用各种行之有效的作价办法，并切实订好买卖合同中的价格条款。

12.3.1 合同价格条款的内容

价格条款通常包括单价和总值两项基本内容，而单价的作价方法以及与单价有关的佣金和折扣的运用，也属于价格条款的内容。

1. 单价与总值

（1）单价（Unit Price）。在国际货物买卖业务中，单价必须由四个部分组成，缺一不可。这四个部分是计量单位、计价货币、单价金额和贸易术语。具体写法如：USD 58.50 per Carton CIF London（每箱 58.50 美元 CIF 伦敦）。

（2）总值（Total Value 或 Total Amount）。总值是单价同数量的乘积。

2. 作价方法

（1）固定作价。交易双方通过协商就计量单位、计价货币、单位价格金额和使用的贸易术语达成一致，在合同中以单价条款的形式规定下来。采用这种方法时，合同价格一经确定，就要严格执行。

固定价格的做法具有明确、具体、便于核算的优点，在国际货物买卖中得到普遍采用。但由于国际市场行情多变，固定作价同时也意味着买卖双方要承担从订约到交货付款时价格波动的风险。这种方法适用于交货期较短、价格相对稳定的商品交易。

（2）非固定作价。有些商品的交易，如大宗初级产品交易或生产周期较长的成套设备的交易，为了减少价格波动的风险，买卖双方可协商采用非固定作价的办法，包括暂不作价、暂定价或滑动价格等做法。

①暂不作价。即合同中只规定作价方式，具体作价留待以后确定。如"在装船月份前40天，以当地商品交易所该商品的收盘价为基础加减1美元"。

②暂定价。在合同中暂定一个初步价格，作为买方开立信用证和初步付款的依据，待以后双方确定最终价格后再进行清算，多退少补。

暂定价同暂不作价相类似，都是由于一时难以确定价格，或不适宜采用固定作价办法。两者都存在到时协商不成无法确定价格，从而导致无法履行合同的可能。

③滑动价格。滑动价格主要在一些机械设备的交易中采用。由于加工周期较长，为了避免原料、工资等变动带来的风险，交易双方可在合同中规定基础价格，并约定如交货时原料、工资发生变化且超过一定比例，可对价格进行调整。这种价格就叫滑动价格。

（3）部分固定、部分不固定作价。在一些长期分批交货的交易中，双方可以协商规定，对于近期内交货的部分采用固定价格，其余采用不固定作价办法。

3. 佣金和折扣

（1）佣金、折扣的概念。佣金（Commission）是指卖方或买方支付给中间商代理买卖或介绍交易的服务酬金。折扣（Discount）是卖方在原价格的基础上给予买方的一定比例的价格减让。

（2）佣金、折扣的表示方法。

①佣金的表示方法。

第一，用文字说明，比如：每公吨1 000美元CFR伦敦包含佣金2%（USD 1 000 per M/T CIF London including 2% Commission）；

第二，在贸易术语后面加注Commission的缩写字母"C"和佣金的百分比。比如：每公吨1 000美元CIFC2%伦敦（USD 1 000 per M/T CIFC2% London）。

②折扣的表示方法。折扣通常以文字来表示。比如每箱20美元CIF伦敦减5%折扣（USD 20 per Carton CIF London Less 5% Discount）。

(3) 佣金、折扣的计算。

①佣金的计算。必须在合同中订明佣金率和计佣基础。计佣基础是计算佣金的依据。包含佣金的合同价格，称为含佣价。通常以含佣价乘以佣金率，得出佣金额，其计算公式为：

$$佣金 = 含佣价 \times 佣金率$$

$$净价 = 含佣价 - 佣金$$

$$净价 = 含佣价 \times (1 - 佣金率)$$

$$含佣价 = 净价 / (1 - 佣金率)$$

②折扣的计算。折扣的计算比较简单，按照习惯做法，不论使用何种贸易术语，都是以合同金额（即发票金额）为基础直接计算，其计算公式如下：

$$折扣额 = 合同金额 \times 折扣率$$

12.3.2 规定价格条款时的注意事项

1. 单价中的计量单位应与数量条款中所用的计量单位一致

如计价数量单位为"公吨"，则数量和单价中均应用"公吨"，而不要这一个用"公吨"，而另一个用"长吨"或"短吨"。

2. 合理选择计价货币并规范表述

（1）要注意计价货币的选择。在确定计价货币时，应选择国际上通用的可自由兑换的货币，并应充分考虑汇率波动可能带来的风险，尽量选用对自己有利的货币。一般原则是，出口应选择那些币值相对比较稳定或呈上浮趋势的"硬币"，进口应使用币值有下浮趋势的"软币"。

（2）明确计价货币的名称。世界上有很多种货币，有时不同国家（地区）使用的货币名称相同，但其币值不同。所以，在合同条款中必须写明使用的是哪一个国家（地区）的货币。

3. 要正确填写单价金额

因为错写的单位价格金额经当事人双方签署确认后，按国际贸易法律，可以因此而否定或改变磋商时双方谈定的价格。所以一定注意将双方协商一致的价格正确填写在书面合同中。如在出口合同中把金额写错，低于原来商定的金额，或在进口合同中错写成高于原来商定的金额，对方若将错就错，必使己方遭受损失。

4. 贸易术语的选用要恰当，表述要完整

需综合考虑各种因素尽量选择对己有利的贸易术语，而且贸易术语的表述要完整规范，其后一定要标明具体的地点，不能用国家名称代替。如 FOB 术语后需标明装运港，CIF 和 CFR 术语后要标明目的港。

5. 货款总金额要计算准确、填写清楚

总值所适用的货币应与单价所使用的货币一致。

6. 参照国际贸易的习惯做法，注意佣金和折扣的合理运用

本章小结

1. 贸易术语就是指用一个英文短语或英文缩写字母来说明买卖双方有关责任、费用、风险的划分和商品的价格构成。贸易术语具有两重性：一方面表示交货条件，另一方面表示成交价格的构成因素。在国际贸易合同中，贸易术语在货物单价中得到体现。

2. 目前，国际上影响较大的与贸易术语有关的国际贸易惯例主要有三种：《1932年华沙—牛津规则》、《美国对外贸易定义修订本》、《国际贸易术语解释通则》。其中，《国际贸易术语解释通则》是目前使用最广泛的一种。

3. EXW 是卖方承担责任、费用、风险最小的一种贸易术语。DDP 是买方承担责任、费用、风险最小的一种贸易术语。

4. "装运合同"是指合同的卖方在规定的装运地将货物交付装运后，对货物可能发生的任何风险不再承担责任。采用"F组"（FCA、FAS 和 FOB）和"C组"（CFR、CIF、CPT 和 CIP）贸易术语的合同是装运合同。

5. "到货合同"是指合同的卖方必须负责将货物运送到约定的目的地或目的港，并负担货物交至该处为止的一切风险和费用。采用"D组"（DAT、DAP 和 DDP）贸易术语的合同属于到货合同。

6. 按交货性质划分，贸易术语可以分为两大类：实际交货的贸易术语和象征性交货的贸易术语。

所谓实际交货，是指卖方只要按合同规定，在指定地点把卖出的货物实物交给买方，或者将货物置于买方有效控制之下，就算完成交货任务。属于此种交货性质的贸易术语有：EXW 和"D组"（DAT、DAP 和 DDP）。

所谓象征性交货，是指卖方按合同规定在货物装运后，将包括物权凭证在内的有关单证交给买方即作为交货，而无须保证到货，卖方凭单交货，买方凭单付款。具有象征性交货性质的贸易术语，其交货地点一般在出口国家。属于此种交货性质的贸易术语有：F组（FOB、FCA、FAS）、C组（CFR、CIF、CPT 和 CIP）。

7. 国际货物买卖合同中的价格条款，通常包括单价、总值、确定单价的作价方法、与单价有关的佣金和折扣的运用等内容。

8. 佣金是指卖方或买方支付给中间商代理买卖或介绍交易的酬金。折扣是卖方在原价格的基础上给予买方的一定比例的价格减让。佣金和折扣都是促进贸易的手段。

复习思考题

1. 概念

贸易术语（trade terms）、实际交货（physical delivery）、象征性交货（symbolic delivery）、

装运合同（shipment contract）、到货合同（arrival contract）、佣金（commission）、折扣（discount）

2. 问答题

（1）贸易术语的含义是什么？它的性质、作用如何？
（2）有关贸易术语的国际贸易惯例都有哪些？贸易惯例的性质如何？
（3）简述适用《国际贸易术语解释通则》的注意事项。
（4）比较 FOB、CFR、CIF 三种常用贸易术语的相同点及区别。
（5）比较 FCA、CPT、CIP 与 FOB、CFR、CIF 的异同。
（6）FOB、CFR 和 CIF 的变形有哪些？
（7）如何理解象征性交货？哪些术语属于象征性交货？
（8）装运合同和到达合同有何区别？
（9）国际货物买卖合同的单价包括哪些内容？
（10）佣金如何计算？

3. 案例分析

（1）我国某出口公司按 CIF London 向英商出售一批核桃仁，由于该商品季节性较强，双方在合同中规定：买方须于9月底前将信用证开到，卖方保证运货船只不得迟于12月2日驶抵目的港。如货轮迟于12月2日抵达目的港，买方有权取消合同。如货款已收，卖方须将货款退还买方。问这一合同的性质是否属于 CIF 合同？若货运船只最终12月5日到达目的港，买方是否有权取消合同？若对方一定要卖方保证到货时间，则应选用什么术语？

（2）美国出口商与韩国进口商签订了一份 CFR 合同，合同规定由卖方出售2 000公吨小麦给买方。小麦在装运港装船时是混装的，共装运了5 000公吨，准备在目的地由船公司负责分拨2 000公吨给买方。但载货船只在途中遇高温天气发生变质，共损失2 500公吨。卖方声称其出售给买方的2 000公吨小麦在运输途中全部损失，并认为根据 CFR 合同，风险在装运港装上船时起已经转移给买方，故卖方对损失不负责任。买方则要求卖方履行合同。双方发生争议，后将争议提交仲裁解决。问：仲裁机构将如何裁决？

（3）我国某公司按 CIF 条件向欧洲某国出口一批草编制品，向中国人民保险公司投保了一切险，并规定了用信用证方式支付。我出口公司在规定的期限、指定的我国某港口装船完毕，船公司签发了提单，然后去中国银行议付款项。第二天，出口公司接到客户来电，称装货的海轮在海上失火，草编制品全部烧毁，客户要求我公司出面向中国人民保险公司提出索赔，否则要求我公司退回全部货款。问：买卖双方哪一方应承担该损失？为什么？

（4）我国某公司向日本客商发盘，供应棉织浴巾，每打80美元 CIF 大阪，装运港大连。现日商要求改报 FOB 大连价。问：我出口公司对价格应如何调整？若最后按 FOB 成交，买卖双方在责任、费用和风险的承担方面有什么区别？

第 13 章　国际货物运输与保险

本章要点
- 国际货物的运输方式
- 班轮运费的计算
- 海运提单的性质及类型
- 海洋运输保险的险别及条款
- 保险单据与保险索赔

国际货物运输是进出口合同顺利履行的重要环节,它涉及运输方式的选择、各项装运条款的规定及装运单据的运用等项内容。目前国际贸易货物运输方式很多,主要有海洋运输、铁路运输、航空运输、集装箱运输、邮政运输、公路运输、内河运输、管道运输、大陆桥运输以及由各种运输方式组合的国际多式联运等。现将我国常用的几种运输方式简介如下。

13.1　国际货物运输方式

13.1.1　海洋运输

1. 海洋运输的特点

在国际货物运输中,运用最广泛的是海洋运输(Ocean Transport)。据统计,目前国际贸易货运总量的约 2/3,我国进出口货物运量的 90% 左右是通过海洋运输进行的。海洋运输的特点:

(1) 通过能力强。海洋运输可以利用四通八达的天然航道,它不像火车、汽车受轨道和道路的限制,故其通过能力很大。

(2) 运量大。海洋运输船舶的运载能力,远远大于铁路运输车辆和公路运输车辆。如一艘万吨船舶的载重量,一般相当于 250~300 个车皮的载重量。

(3) 运费低。按照规模经济的观点，因为运量大，航程远，分摊于每货运吨的运输成本就少，因此运价相对低廉。

海洋运输虽有上述优点，但也存在不足之处。例如，海洋运输受气候和自然条件的影响较大，航期不易准确，而且风险较大。此外，海洋运输的速度也相对较慢。

2. 海洋运输船舶经营方式

海洋运输按照船舶经营方式的不同，可分为班轮运输（Liner Transport）和租船运输（Charter Transport）。

（1）班轮运输。班轮运输，又叫定期船运输，是指在一定的航线上，定期开航，停靠固定港口的船舶运输方式。班轮运输具有如下的特点：

①船舶按固定的船期表、沿着固定的航线和港口来往运输，并按相对固定的运费率收取运费。即"四个固定"的特点（船期表、航线、港口、费率）。

②由船方负责配载装卸，装卸费包括在运费中，货方不再另付装卸费，船货双方也不计算滞期费和速遣费。

③船货双方权利、义务及豁免，以船方签发的提单条款为依据。

④班轮承运货物的品种、数量比较灵活，货运质量较有保证。而且班轮运输一般在码头仓库交接货物，为货主接货提供便利条件。

班轮运输具有四固定的特点，为买卖双方洽谈交易时确定船期、港口、费用等运输条件提供便利条件，有利于国际贸易的发展，特别有利于一般杂货和小额贸易的运输。

（2）租船运输。租船运输又称不定船期运输。与班轮运输相比，它没有预定的船期表，航线和停靠港口也不固定，须依据船舶所有人和承租人双方签订的租船合同安排船舶就航的航线。因此船舶的航线、运输货物种类、航行时间由船货双方在租船合同中议定，运费或租金也由双方根据租船市场的行市在租船合同中加以约定。租船运输适用于大宗货物如粮食、油料、矿物、化工等运输。

目前，国际市场上租船运输的方式分为：

①定程租船（Voyage Charter）。又称航次租船，它是由船舶所有人负责提供船舶，在指定港口之间进行一个航次或数个航次，承运指定货物的租船运输。程租船又可分为单程租船，来回航次租船，连续航次租船及包运租船等。

②定期租船（Time Charter）。它是船舶所有人将船舶出租给承租人，供其使用一定时期的租船运输，租赁期内，船舶由承租人掌握和调度。租赁期短的是几个月，长的可达几年或十几年。

③光船租船（Bareboat Charter）。它是船舶所有人将船舶出租给承租人，供

其使用一个时期，但船舶所有人所提供的船舶是一艘空船，既无船长，又无船员。这种光船租船，实际上属于单纯的财产租赁。这种租船方式，在当前国际贸易中很少使用。

④航次期租（Time Charter on Trip Basis）。是一种介于航次租船和定期租船之间的租船方式，以完成一个航次运输为目的，按完成航次所花的时间，按约定的租金率计算租金。

班轮运费包括基本运费和附加费。前者指货物从装运港到卸货港的基本运输费用，其中包括在装运港的装货费和在目的港的卸货费。后者指对一些需要特殊处理的货物，或者由于突发事件或客观情况变化等原因而需另外加收的费用。基本运费的计收标准，通常采用下列几种：

①按货物实际重量计收运费，称之为重量吨，运价表内用"W"表示。一重量吨为一公吨或一长吨，视船公司采用公制还是英制而定。

②按货物的体积/容积计收，称之为尺码吨，运价表中用"M"表示。一尺码吨以一立方米或40立方英尺为计算单位。

③按重量或体积计收，由船公司选择其中收费较高的作为计费标准，运价表中以"W/M"表示。按此计价时，应以积载系数确定其重货还是轻货，积载系数是用货物的毛重与体积的比例数来确定的。若积载系数大于1的为重货，将以重量计征；反之则为轻货，将以体积计征。

④按商品价格计收，称之为从价运费，运表内用"A.V."或"Ad Val"表示。从价运费一般按货物的FOB价格的百分之几计收。该方法适用于贵重商品或高价商品。如古玩、稀有金属等。

⑤按货物重量或体积或从价计收。即在重量吨或尺码吨或从价运费中选择最高的一种标准计收，在运价表中用"W/M or A.V."表示。

⑥先按照货物重量或体积计收，然后另加一定百分比的从价运费，即在重量吨或尺码吨两种标准中，选择较高的一种计收，再加上一定百分比的从价运费，在运价表中用"W/M plus A.V"表示。

⑦按货物个数（件数）计收，如卡车按辆、活牲畜按头。在运价表中用"Per Unit"表示。

⑧由货主和船公司临时议定。这种办法通常是在承运粮食、矿石、煤炭等运量大、货价低、装卸容易、装卸速度快的农副产品和矿产品时选用，在运价表中一般只列出"议价货"或以"Open"表示。

附加费指除基本运费外，另外加收的各种费用。班轮运费中的附加费名目繁多，其中常见的包括：超长超重附加费、选卸附加费、变更卸货港附加费、燃油附加费、港口拥挤附加费、绕航附加费、货币贬值附加费、转船附加费和直航附加费等。

班轮运费的计算公式：运费总额＝基本运费＋各项附加费

3. 海上货运单据

（1）海运提单。海运提单（Ocean Bill of Lading），简称提单（B/L），是指用以证明海上货物运输合同和货物已经由承运人接收或装船，以及承运人保证据以交付货物的凭证。鉴于海运提单在长期国际贸易实践中所处的独特地位，其性质与作用，可以概括为三个方面：

①货物收据（Receipt of Goods）；提单作为承运人或其代理人出具的货物收据，证明承运人已收到或接管提单上所列的货物。

②运输契约的证明（Evidence of Contract）；提单是持有人和托运人之间的运输契约，提单条款规定了承、托双方的权利、义务、责任和豁免。

③物权凭证（Document of Title）。提单在法律上具有物权凭证的作用，承运人在货抵目的港后向提单的合法持有人交付货物。而提单也可背书（Endorsement）转让，从而转让货物的使用权。提单还可用于抵押贷款。

海运提单的格式很多，每个船公司都有自己的提单格式，但基本内容大致相同，通常包括下列事项：托运人、收货人、被通知人、收货地或装货港、目的地或卸货港、船名及航次、唛头及件号、货名及件数、重量和体积、运费预付或运费到付、正本提单的份数、船公司或其代理人的签章、签发提单的地点及日期等。提单作为运输契约的证明，其背面印有承运人与托运人双方的权利、义务、责任和豁免条款。海运提单的种类常见的有以下几种：

①根据货物是否已装船，分为已装船提单和备运提单。已装船提单（On Board B/L）是指轮船公司已将货物装上指定船舶后所签发的提单，其特点是提单上必须以文字表明货物已经装某某船上，并载有装船日期，同时还应由船长或者其代理人签字。备运提单（Received for Shipment B/L），又称收讫待运提单，是指船公司已收到托运货物等待装运期间所签发的提单。

②根据提单上有无对货物外表状况的不良批注可分为清洁提单和不清洁提单。清洁提单（Clean B/L）是指货物在装船时"表面状况良好"，船公司在提单上未加注任何有关货物受损或包装不良等批注的提单。不清洁提单（Unclean B/L）。是指轮船公司在提单上对货物表面状况或包装有不良或存在缺陷等批注的提单。在结算中，银行通常不接受这样的提单。

③根据提单收货人抬头的不同可分为记名提单，不记名提单和指示提单。记名提单（Straight B/L）是指提单上的收货人栏内填明特定收货人名称，只能由

该特定收货人提货，由于这种提单不能流通，故其在国际贸易中很少使用。不记名提单（Bearer B/L）是指提单收货人栏内没有指明任何收货人，承运人交货，只凭单，不凭人，采用这种提单风险大，故其在国际贸易中也很少使用。指示提单（Order B/L）是指提单上的收货人栏填写"凭指定"（To order）或"凭××人指定"（To order of——）字样。这种提单可经过背书转让，故其在国际贸易中广为使用。目前在实际业务中，使用最多的是"凭指定"，并经空白背书的提单，习惯上称其为"空白抬头、空白背书提单"。

④按运输方式分类，可分为直达提单、转船提单和联运提单。直达提单（Direct B/L）是指轮船中途不经过换船而直接驶往目的港卸货所签发的提单，凡规定不准转船者，必须使用这种直达提单。转船提单（Transshipment B/L）。是指从装运港装货的轮船，不直接驶往目的港，而需在中途港换装另外船舶所签发的提单。在这种提单上要注明"转船"字样。联运提单（Through B/L）。是指经过海运和其他运输方式组成联合运输时由第一程承运人所签发的包括全程运输的提单。联运提单虽包括全程运输，但签发联运提单的承运人一般只承担他负责运输的一段航程内的货损责任。

⑤其他种类提单。例如，过期提单（Stale B/L）是指错过规定的交单日期或者晚于货物到达目的港的提单。前者是指卖方超过提单签发日期 21 天才交到银行议付的提单，根据 UCP600 第 14 条 c 款的规定，如信用证无特殊规定，银行将拒绝接受这种过期提单；后者是在近洋运输时容易出现的情况，故在近洋国家的贸易合同中，一般都订有"过期提单可以接受"的条款。倒签提单（Antedated B/L）是指承运人或其代理人应托运人要求，在货物装船完毕后，以早于货物实际装船完毕的日期作为提单签发日期的提单，其目的是使提单上记载的签发日期符合信用证关于装运期的规定，以便托运人能顺利结汇。预借提单（Advanced B/L）是指在信用证所规定的结汇期即将届满，而货物尚未装船或尚未装船完毕情况下，托运人为了能及时结汇，而要求承运人提前签发的已装船清洁提单。预借提单和倒签提单都属于托运人与承运人勾结而对收货人实施的联合欺诈行为，一旦发现，双方要承担连带责任赔偿提单持有人的损失。

值得注意的是，承运人签发的正本提单有一式若干份，凭其中任何一份提货后，其余各份均失效。

(2) 海运单。海运单（Sea Waybill），又称海上货运单，是证明海上运输合同和货物由承运人接管或装船，以及承运人保证据以将货物交付给单证所载明的收货人的一种不可流通的单证，通常又称"不可转让海运单"（Non-negotiable Sea Waybill）。海运单不是物权凭证，故而不可转让。收货人不凭海运单提货，而是凭到货通知提货。近年来欧洲、北美和中远东地区的贸易界开始倾向于使用不可转让的海运单,主要是因为海运单方便进口商及时提货,简化手续,节省费用,减少单据诈骗。

13.1.2 铁路运输

铁路运输指利用铁路进行进出口货物运输的一种方式。铁路运输具有运量大、速度快、风险小的优点,而且铁路运输一般不受自然条件的影响,可保障全年的正常运输。它是仅次于海洋运输的主要运输方式。铁路运输按营运方式不同分为国际铁路联运和国内铁路运输两种:

1. 国际铁路联运

凡是使用一份统一的国际联运票据,由铁路负责经过两国或两国以上铁路的全程运送,并由一国铁路向另一国铁路移交货物时,不需要发货人或收货人参加,这种运输称为国际铁路货物联运。

《国际货约》与《国际货协》。采用国际铁路联运,有关当事国事先必须有书面约定。欧洲国家的铁路联运工作开始较早,1890 年欧洲各国在瑞士首都伯尔尼举行的各国铁路代表大会上制定了《国际铁路货物运送规则》,在 1938 年修改后改称《国际铁路货物运送公约》(简称《国际货约》),1970 年 2 月 7 日重新修订,1975 年 1 月 1 日生效。目前参加该公约的有包括欧洲、亚洲和北非的共三十多个国家。我国未加入该公约。

1951 年,苏联、匈牙利、波兰等 8 国在华沙签订了《国际铁路货物联运协定》(简称《国际货协》)。后来中国、朝鲜、蒙古、越南加入,其成员方增加到 12 个。后来随着东欧形势的变化,民主德国、匈牙利、捷克等退出《国际货协》,1997 年伊朗加盟,《国际货协》当前的成员方有二十多个。

我国利用《国际货协》可直接对其成员方进行铁路货物运送,同时利用《国际货协》可间接地对《国际货约》成员方进行铁路货物运送。

2. 国内铁路运输

在我国供应港澳地区的物资经铁路运往中国香港、九龙,属于国内铁路运输的范围,但它既不同于国际联运,又不同于一般的国内货物运送,属于一种特殊的运送方式。对港澳运送货物的全过程由两部分组成,即内陆段和港段铁路运送两部分。其大致做法是:对港供应货物先运至深圳北站,中国对外运输公司深圳分公司作为收货人,深圳分公司作为各外贸公司的代理,负责在深圳与铁路局办理货物运输单据的交换,然后办理港段托运手续,将货物运至九龙港,后由香港中国旅行社货运有限公司收货后再转交给买方。出口单位则凭外运机构出给的货物收据办理收汇手续。

13.1.3 航空运输

航空运输（Air Transport）是一种现代化的运输方式，具有运输速度快、货运质量高，且不受地面条件的限制等优点。航空运输对于易腐商品、鲜活商品、急需物资的运送更加便利。

1. 国际空运货物的运输方式

（1）班机运输。班机是指在固定时间、固定航线、固定始发站和目的站运输的飞机，通常班机是使用客货混合型飞机和全货航班。因其定时、定航线、定站的特点，而且舱位有限，适用于运送运粮量少的急需物品、鲜活商品以及节令性商品。

（2）包机运输。包机是指定包租整架飞机或由几个发货人（或航空货运代理公司）联合包租一架飞机来运送货物。因此，包机又分为整包机和部分包机两种形式，前者适用于运送数量较大的商品，后者适用于多个发货人，但货物到达站又是同一地点的货物运输。

（3）集中托运。集中托运是指航空货运公司把若干单独发运的货物（每一货主货物要出具一份航空运单）组成一整批货物，用一份总运单（附分运单）整批发运到预定目的地，由航空货运公司在那里的代理人收货、报关、分拨后交给实际收货人。集中托运的运价比国际空运协会公布的班机运价低 7% ~ 10%，因此使用较普遍。

（4）航空急件传递。航空急件传递是目前航空运输中最快捷的方式，它由专门经营此项业务的部门和航空公司合作，以最迅速的方式传送急件。如急需药品、图纸资料、货样单证以及文件合同等小件物品。航空急件传送实现了"桌到桌"的运输服务。

2. 航空运单

航空运单是承运人与托运人之间缔结的运输合同的书面凭证，也是承运人或其代理人签发的接受货物的收据，但航空运单不是物权凭证，不能背书转让。收货人提货不是凭航空运单而是凭航空公司的提货通知单。

3. 航空运价

航空运输的运费包括从启运机场到目的机场的运价，不包括其他额外费用。一般按重量（公斤）或体积重量（6 000 立方厘米折合 1 公斤），从高不从低。空运货物按一般货物、特种货物和货物的等级规定运价。

13.1.4 集装箱运输

以集装箱作为运输单位进行货物运输的一种现代化运输方式。主要适用于海洋运输、铁路运输及国际多式联运。20世纪90年代以来集装箱运输有了快速发展，目前，越来越多国家正在积极发展集装箱运输业务。

1. 集装箱运输（Container Transport）优点

（1）提高装卸效率和加快船舶周转；
（2）提高运输质量和减少货损货差；
（3）节省各项费用和降低货运成本；
（4）简化货运手续和便利货物运输；
（5）把传统单一运输变成连贯的成组运输，促进国际多式联运的发展。

国际标准化组织为统一集装箱的规格，推荐三个系列13种规格的货柜，但国际航运主要使用20英尺和40英尺两种。目前我国港口一般使用20英尺的集装箱。国际上都以20英尺集装箱作为计算统计单位，并以TEU（Twenty Foot Equivalent Unit）来表示，意即相当于20英尺单位。

2. 集装箱运输货物的交接

集装箱运输有整箱货和拼箱货之分。整箱货由货方在工厂或仓库装箱，货物装箱后直接运交集装箱堆场（Container Yard，CY）待运。拼箱货指货量不足一整箱，须由承运人在其集装箱货运站（Container Freight Station，CFS）拼箱，并运交集装箱堆场。集装箱到达目的港后，整箱货由收货人直接提取；拼箱货由承运人在目的港拆箱分拨给收货人。

集装箱的交接地点，可以按惯常的"港港交接"办法，在港口办理交接货手续，也可以延伸到内地，按"门到门"的交接办法，在买卖双方各自的工厂或仓库交货或接货。由于"门到门"的交接办法很普遍，所以集装箱运输多用于陆、海（空）多种运输方式的联合。

3. 集装箱运费

集装箱运输的费用构成和计算方法与传统运输方法不通。它由船舶运费和有关杂费组成，包括内陆或装运港市内运费、拼箱服务费、堆场服务费、海运费、集装箱及设备使用费等。目前有两种计费方法：

（1）传统的件杂货运费率加附加费。计费方法以每运费吨为计算单位，另收一定的附加费；
（2）集装箱包箱费率。计费方法以每个集装箱为计费单位。

另外，集装箱运输公司为了保证营运收入不低于成本，还有最低运费的规定。即在费率表中都订有最低运费，任何一批货运运费金额低于规定的最低运费时，则按最低运费金额计收。

13.1.5 国际多式联运和大陆桥运输

1. 国际多式联运

国际多式联运（International Multimodal Transport）是在集装箱运输的基础上产生和发展起来的一种综合性的连贯运输方式，它一般是以集装箱为媒介，把海、陆、空各种传统的单一运输方式有机地结合起来，组成一种国际上的连贯运输。根据《联合国国际货物多式联运公约》的规定："国际多式联运系指由多式联运经营人按照多式联运合同，以至于少两种不同的运输方式，将货物从一国境内接收货物的地点运至另一国的境内指定地点交货的运输方式"。按照这一定义，构成国际多式联运需具备下列几个条件：

①必须有一个多式联运合同；
②必须使用一份包括全程的多式联运单据；
③必须至少是两种不同运输方式的连贯运输；
④必须是国际上的货物运输，并且必须由一个联运经营人对全程运输负责；
⑤必须是全程单一的运费费率。

《国际多式联运公约》对多式联运经营人（Multi-modal Transport Operator）的规定为："多式联运经营人是指其本人或通过其代表与托运人订立多式联运合同的任何人，他是事主，而不是发货人的代理人或代表，也不是参加多式联运的承运人的代理人或代表，负有履行合同的责任，承担自接管货物起到交付货物时止的全程运输责任。"多式联运经营人对全程运输负责，它可以是实际承运人，也可以是无船经营人。

开展国际多式联运是实现"门到门"运输的有效途径，它简化了手续，减少了中间环节，加快了货运速度，降低了运输成本，并提高了货运质量。

2. 大陆桥运输

大陆桥运输（Land Bridge Transport），是指以横贯大陆上的铁路或公路系统作为中间桥梁，把大陆两端的海洋连接起来的集装箱连贯运输。大陆桥运输属于国际多式联运。大陆桥运输产生于1967年，到目前已形成西伯利亚大陆桥、欧亚大陆桥、北美大陆桥三条运输线路。

（1）西伯利亚大陆桥。西伯利亚大陆桥，是利用俄罗斯西伯利亚铁路作为桥梁，把太平洋远东地区与波罗的海和黑海沿岸以及西欧大西洋口岸连接起来。这是世界上最长的运输陆桥。经过多年的发展，这条路线西端发展到了整个欧洲和伊朗、阿富汗、远东各国；东端还发展到了中国大陆、中国香港、韩国、朝鲜、菲律宾、中国台湾等国家和地区。在运输方式的结合上发展到了铁路与铁路运输、铁路与海洋运输、铁路与公路三种运输方式。

（2）欧亚大陆桥。欧亚大陆桥，又称中荷大陆桥，新欧亚大陆桥。它于1992年投入运营，东起我国连云港和日照市，经陇海线、兰新线，接北疆铁路，出新疆阿拉山口，西至荷兰鹿特丹、阿姆斯特丹等西欧主要港口，全长约1.2万千里。

（3）北美大陆桥。北美大陆桥包括美国大陆桥和加拿大大陆桥。它利用横贯东西的两条铁路干线为基础，即温哥华——温伯尼——哈利法克斯，以及鲁珀特港——温尼伯——魁北克，形成两条路线。一条是从西太平洋口岸至东大西洋口岸的铁路（公路）运输系统；另一条是西部太平洋口岸至南部墨西哥湾口岸的铁路（公路）运输系统，能将远东地区的货物运往欧洲。

13.2 国际货物运输保险

国际货物运输保险，指保险人在收取约定保险费后，对被保险货物遭受承保责任范围内的风险而发生损失时承担赔偿责任，它属于财产保险的范畴。

13.2.1 海上货物运输保险的范围

海上货物运输保险的保障范围，包括保障的风险、保障的损失和保障的费用三个方面。

1. 保障的风险

保障的风险（Risks）是指保险人即保险公司承保哪些风险。海上货物运输保险的保险人主要承保两类风险：一类是海上风险；另一类是外来风险。

（1）海上风险。海上风险又叫海难，一般是指船舶或货物在海上航行中发生的或随附海上运输所发生的风险。现代海上保险业务中，保险人承保的海上风险指海上发生的自然灾害和意外事故，包括内容如下：

①自然灾害。自然灾害是指不以人们意志为转移的自然界力量所引起的灾害。仅指恶劣气候、雷电、海啸、地震、或火山爆发等人力不可抗拒的灾害。

②意外事故。意外事故一般是指由于偶然的非意料中的原因所造成的事故。仅指运输工具遭受搁浅、触礁、沉没、船舶与流冰或其他物体碰撞以及失踪、失火、爆炸等。

（2）外来风险。外来风险通常是指海上风险以外的其他外来原因所造成的风险。外来风险可分为一般外来风险和特殊外来风险。

①一般外来风险。一般外来风险是指被保险货物在运输途中由于偷窃、短量、雨淋、沾污、渗漏、破碎、受热受潮、串味、碰撞、锈损等外来原因所造成的风险。

②特殊外来风险。特殊外来风险是指由于军事、政治、国家政策法令以及行政措施等特殊外来原因所造成的风险与损失。

2. 保障的损失

保障的损失是指保险人承保哪些性质的损失,按照损失的程度不同,可分为全部损失与部分损失;按照损失的性质不同,又可分为共同海损和单独海损。

(1) 全部损失。全部损失(Total Loss)简称全损,指运输中的整批货物或不可分割的一批货物的全部损失。全损又有实际全损(Actual Total Loss)和推定全损(Constructive Total Loss)两种。

①实际全损。实际全损是指被保险货物完全灭失或完全变质,或者货物实际上已不可能归还被保险人而言的损失。

②推定全损。推定全损指货物发生保险事故后,认为实际全损已经不可避免,或者为避免发生实际全损所需支付的费用与继续将货物运抵目的地的费用之和超过保险价值的损失。在推定全损的情况下,被保险人获得的损失赔偿有两种情况:一是被保险人获得全损的赔偿;另一种是被保险人获得部分损失的赔偿。

(2) 部分损失。部分损失(Partial Loss)是指运输中的整批货物或不可分割的一批货物没有达到全损程度的损失。部分损失按照损失的程度,又可以分为共同海损(General Average)和单独海损(Particular Average)。

①共同海损。共同海损是指载货的船舶在海上遇到自然灾害或者意外事故,威胁到船、货等各方的共同安全,为了解除这种威胁,维护船货安全,或者使航程得以继续完成,由船方有意识地、合理地采取措施,所做出的某些特殊牺牲或支出某些额外费用,这些损失和费用叫共同海损。

构成共同海损须具备以下条件:第一,共同海损的危险必须是实际存在的,或者是不可避免地产生的,而不是主观臆测的;第二,必须是自动有意采取的行为;第三,必须是为船货共同安全而采取谨慎的合理的措施;第四,必须是属非常性质的损失,共同海损的费用必须是额外支付的,即支付的费用是船舶营运所支付的正常费用以外的费用;第五,牺牲和费用的支出最终必须是有效的,即经过采取某些措施后,船舶和/或货物的全部或一部分最后安全抵达航程的目的港。

共同海损牺牲和费用都是为了使船舶、货物和运费方免于遭受损失而支出的,因而应该由船舶、货物或运费方按最后获救价值共同按比例分摊,这种分摊叫共同海损的分摊。

②单独海损。单独海损是指除共同海损以外的意外损失,即由于承保范围内的风险所直接导致的船舶或货物的部分损失。单独海损不涉及其他各方的利益,该损失仅由各受损者单独负担。

以上分析表明,共同海损和单独海损是有区别的,这主要表现在两个方面:

第一,造成海损的原因有别。单独海损是承保风险所直接导致的船货损失;共同海损则不是承保风险所直接导致的损失,而是为了解除船、货共同危险有意采取合理措施而造成的损失。

第二,损失的承担责任有别。单独海损由受损方自行承担;而共同海损,则应由各受益方按照受益大小的比例共同分摊。

3. 保障的费用

保障的费用是指保险人即保险公司承保的费用。保险货物遭遇保险责任范围内的事故,除了能使货物本身受到损毁导致经济损失外,还会产生费用方面的损失。这种费用,保险人也将给予赔偿,主要有:

(1) 施救费用(Sue and Labour Expenses)。施救费用是指当保险标的物遭遇保险责任范围内的灾害事故时,被保险人或者他的代理人、雇佣人员和受让人等为防止损失的扩大而采取抢救措施所支出的费用,称为施救费用。保险人对这种施救费用,负责赔偿。

(2) 救助费用(Salvage Charge)。救助费用是指保险标的物遭遇保险责任范围内的灾害事故时,由保险人和被保险人以外的第三者采取救助行动,而向其支付的费用。

13.2.2 我国海洋运输货物保险险别与条款

中国人民保险公司为了适应我国对外贸易的发展,根据我国保险工作的实际情况并参照国际上的一般做法,制定了我国的海洋运输货物保险条款,其内容包括保险人的承保责任范围,除外责任、责任起讫、被保险人的义务和索赔期限等。

1. 承保责任范围

承保责任范围是指保险人对被保险人的风险和损失承保的险别。它既是保险人承保责任大小的依据,也是被保险人缴纳保险费多少的基础。根据中国人民财产保险股份有限公司修订的《海洋运输货物保险条款》(Ocean Marine Cargo Clauses)(2009版)的规定,我国海洋运输货物保险的险别概括起来可分为基本险和附加险两大类别。基本险亦称主险,是可以独立承保的险别。我国海运货物保险的基本险分别有平安险（Free from Particular Average，简称 FPA）、水渍险（With Particular Average，简称 WPA 或 WA）和一切险（All Risks）三种。

（1）平安险。平安险的责任范围包括：

①恶劣气候、雷电、海啸、地震、洪水造成整批被保险货物的全损，包括实际全损或推定全损；

②水上运输工具遭受搁浅、触礁、沉没、与水以外的任何外部物体碰撞或触碰造成被保险货物的全损或部分损失；

③陆上运输工具遭受碰撞、倾覆或出轨造成被保险货物的全损或部分损失；

④火灾、爆炸造成被保险货物的全损或部分损失；

⑤在船舶或驳船装卸时，任何整件被保险货物落海或跌落造成该货物的全损或部分损失；

⑥保险事故发生后，被保险人为防止或减少被保险货物的损失而支付的必要的合理的费用，但以不超过该批被救货物的保险金额为限；

⑦水上运输工具遭遇天灾、海上或者其他可航水域的危险或者意外事故，致使运输或运输合同在保险单载明的目的地以外的港口或地点终止，由于卸货、存仓及运送被保险货物至本保险单载明的目的地所产生的必要的合理的额外费用；

⑧共同海损牺牲、分摊和救助费用；

⑨运输合同订有"双方互有过失碰撞"条款，保险事故发生后，根据该条款规定应由货方偿还承运人的损失。

（2）水渍险。水渍险的责任范围，除包括上列"平安险"的各项责任外，还负责被保险货物由于恶劣气候、雷电、海啸、地震、洪水等自然灾害所造成的部分损失。

（3）一切险。一切险的责任范围除包括"平安险"和"水渍险"的所有责任外，还包括货物在运输过程中，因一般外来原因所造成的被保险货物的全损或部分损失。实际上，一切险是平安险、水渍险以及一般附加险的总和。

（4）附加险。附加险是不能单独承保的险别。它必须依附于基本险项下，即只有投保基本险其中的一种之后，才可加保附加险，并须另外支付一定的保险费。目前，我国海运货物保险的附加险有一般附加险和特殊附加险。

①一般附加险。一般附加险归纳起来共有十一种：偷窃、提货不着险（Theft, Pilferage and Non-delivery）、淡水雨淋险（Fresh Water Rain Damage）、短量险（Risk of Shortage）、混杂、沾污险（Risk of Intermixture & Contamination）、渗漏险（Risk of Leakage）、碰损、破碎险（Risk of Clash & Breakage）、串味险（Risk of Odour）、受热、受潮险（Damage Caused by heating & Sweating）、钩损

（Hook Damage）、包装破裂险（Loss or Damage Caused by Breakage Packing）、锈损险（Risks of Rust）。

由于一般附加险包含在一切附加险责任范围内，所以，如果已投保了一切险，就不需要加保一般附加险。

②特别附加险。特别附加险是指承保由于军事、政治、国家政策法令以及行政措施等特殊外来原因所引起的风险与损失的险别。中国人民财产保险公司承保的特别附加险包括：战争险（War Risk）、罢工险（Strikes Risk）、交货不到险（Failure to Delivery Risks）、进口关税险（Import Duty Risk）、舱面险（On Deck Risk）、拒收险（Rejection Risk）、黄曲霉素险（Aflatoxin Risk）、海关检验条款和码头检验条款。

2. 承保责任的起讫期限

承保责任的起讫期限又称保险期限，是指保险人承担责任的起讫时限。我国海运货物保险条款对基本险和战争险分别做出了规定。

（1）基本险的责任起讫期限。根据中国海洋运输货物保险条款规定，基本险承保责任的起讫，均采用国际保险业中惯用的"仓至仓条款"（Warehouse to Warehouse 简称 W/W）规定的办法处理。

"仓至仓条款"规定保险公司所承担的保险责任，是从被保险货物运离保险单所载明的起运港（地）发货人仓库开始，包括正常运输中的海上、陆上、内河和驳船运输在内，一直到货物到达保险单所载明的目的港（地）收货人的仓库时为止。当货物一进入收货人仓库，保险责任即行终止。但是，当货物从目的港卸离海轮时起满60天，不论保险货物有没有进入收货人的仓库，保险责任均告终止。

（2）战争险的责任起讫期限。战争险的责任起讫与基本险的责任起讫不同，它不采用"仓至仓条款"。战争险的承保期限仅限于水上危险或运输工具上的危险。例如，海运战争险规定自保险单所载明的起运港装上海轮或驳船时开始，直到保险单所载明的目的港卸离海轮或驳船时为止。如果货物不卸离海轮或驳船，则保险责任最长延至货物到目的港之当日午夜起算15天为止。

3. 除外责任

根据中国人民财产保险股份有限公司《海洋运输货物保险条款》规定，海洋运输货物保险的三种基本险别应有除外责任。所谓除外责任（Exclusion），是指保险公司规定不予承保的损失或费用。规定主要包括下列内容：

（1）被保险人的故意行为或过失所造成的损失；

（2）属于发货人责任所引起的损失；

(3) 在保险责任开始前,被保险货物已存在的品质不良或数量短差所造成的损失;

(4) 被保险货物的自然损耗、本质和特性缺陷以及市价跌落、运输延迟所造成的损失或费用;

(5) 战争险和罢工险条款规定的责任范围和除外责任。

4. 索赔期限

根据我国《海商法》第 264 条规定:"根据海上保险合同向保险人要求保险赔偿的请求权,时效期间为二年,自保险事故发生之日起计算。"

13.2.3 伦敦保险业协会海运货物保险条款

在国际货物运输保险业务中,伦敦保险协会所制定的《协会货物条款》(Institute Cargo Clauses,简称 ICC),对世界各国保险业有着广泛的影响。《协会货物条款》最早制订于 1912 年,其后经过多次修改,现在适用的是 2009 年 1 月 1 日修订本。目前,世界上大部分国家和地区在海上保险业务中都采用英国伦敦保险协会所制定的《协会货物条款》。

伦敦保险协会制定新条款共有六种险别,分别是:协会货物(A)险条款(Institute Cargo Clauses A);协会货物(B)险条款(Institute Cargo Clauses B);协会货物(C)险条款(Institute Cargo Clauses C);协会战争险条款(货物)(Institute War Clauses – Cargo);协会罢工险条款(货物)(Institute Strikes Clauses – Cargo);恶意损坏险条款(Malicious Damage Clauses)。其中,ICC(A)险相当于中国保险条款的一切险;ICC(B)险同中国保险条款的水渍险相当;ICC(C)险相当于中国保险条款的平安险,但它承保的责任范围比平安险小得多。

1. ICC(A)险的承保风险及除外责任

(1) ICC(A)险的承保风险。ICC(A)险条款中,由于承保责任范围广,采用"一切风险减除外责任"的方式,即除了除外责任,其他风险损失均予负责。

(2) ICC(A)险的除外责任。

①一般除外责任。如被保险人的故意不法行为造成的损失或费用;自然渗漏、自然损耗、自然磨损造成的损失或费用;保险标的物的内在缺陷或特征造成的损失或费用;直接由于延迟所引起的损失或费用;使用任何原子或热核武器造成的损失或费用。

②不适航、不适货除外责任。指保险标的在装船时,被保险人或其受雇人已经知道船舶不适航,以及船舶、装运工具、集装箱等的不适货。

③战争险除外责任。由于战争、内战、敌对行为等造成的损失或费用；由于捕获、拘留、扣留、禁止、扣押等（"海盗行为"除外）所造成的损失或费用；由于被遗弃的水雷、鱼雷、炸弹或其他被废弃的战争武器造成的损失或费用。

④罢工险除外责任。由于罢工者、被迫停工工人或参加工潮、暴动、民变人员所造成的损失或费用；由于罢工、被迫停工、工潮、暴动、民变所造成的损失或费用；恐怖主义行为所造成的损失或费用；任何人因政治、信仰或宗教动机行为所造成的损失或费用。

2. ICC（B）险的承保风险和除外责任

（1）ICC（B）险的承保风险。ICC（B）的承保风险是采用"列明风险"的方法，其承保的风险是：

①因火灾、爆炸所造成的损失；
②因船舶或驳船触礁、搁浅、沉没或倾覆所造成的损失；
③因陆上运输工具倾覆或出轨所造成的损失；
④因船舶、驳船或运输工具同水以外的外界物体碰撞或接触所造成的损失；
⑤因在避难港卸货所造成的损失；
⑥因地震、火山爆发或雷电所造成的损失；
⑦共同海损牺牲引起的被保险货物的损失；
⑧因抛货或浪击落海引起的被保险货物的损失；
⑨因海水、湖水或河水进入船舶、驳船、运输工具、集装箱大型海运箱或贮存处所引起的被保险货物的损失；
⑩货物在装卸船舶或驳船时落海或摔落，造成整件的全损。

（2）ICC（B）险的除外责任。ICC（B）险的除外责任与ICC（A）险的除外责任基本相同，但有两点区别：

①ICC（A）险除对被保险人的故意不法行为造成的损失或费用不负责赔偿外，对被保险人之外的任何个人或数人故意损害和破坏标的物或其他任何部分的损害，要负责赔偿责任；但ICC（B）对此均不负赔偿责任。

②ICC（A）把海盗行为列入风险范围，ICC（B）对海盗行为不负保险责任。

3. ICC（C）险的承保风险和除外责任

（1）ICC（C）险的承保风险。ICC（C）的承保范围比ICC（A）和ICC（B）小得多，它只承保"重大意外事故"，而不承保"自然灾害和非重大意外事故"。其承保的风险是：

①因火灾、爆炸所造成的损失；

②因船舶或驳船触礁、搁浅、沉没或倾覆所造成的损失；

③因陆上运输工具倾覆或出轨所造成的损失；

④因在避难港卸货所造成的损失；

⑤共同海损牺牲引起的被保险货物的损失；

⑥因抛货引起的被保险货物的损失；

⑦因船舶、驳船或运输工具同水以外的外界物体碰撞或接触所造成的损失。

（2）ICC（C）险的除外责任。ICC（C）险的除外责任与ICC（B）险的除外责任完全相同。

4. 协会货物战争险条款

协会货物战争险由8部分组成，共14条，具有完整的结构体系，可以单独投保。协会货物战争险的承保风险及除外风险与CIC的战争险的规定基本一致，责任起讫的规定也基本相同，都是只负责"水上危险"，在此不再赘述。

5. 协会货物罢工险条款

协会货物罢工险由8部分组成，共14条，具有完整的结构体系，可以单独投保。协会货物罢工险的承保风险与CIC的罢工险一样，仅负责由于罢工等风险所造成的保险标的物的直接损失，而不负责由于罢工等风险所产生的费用或间接损失。保险责任的起讫与一般海运货物的保险责任起讫相同，也是采用"仓—仓"条款。

6. 恶意损害险

恶意损害险是协会货物条款中唯一的一种附加险别。它所承保的是被保险人以外的其他人（如船长、船员等）的故意破坏行为所致被保险货物的灭失或损害。如果恶意行为是出于政治动机，则不属于本条款的承保范围，但可以在罢工险条款中得到保障。

13.2.4 进出口货物运输保险实务

进出口货物自装运地运至目的地时，卖方或买方以运输途中的货物为标的，向保险公司投保相应的货物运输险。办理保险时，投保人须选择适当险别、确定保险金额并办理相关业务手续。

1. 确定保险金额

保险金额是被保险人对保险标的物实际投保金额，它是保险人承担保险责任的标准和计收保险费的依据。在保险货物发生保险责任范围内的损失时，保险金额就是保险人赔偿的最高金额。

保险金额计算公式是：

第 13 章 国际货物运输与保险

保险金额 = CIF(或 CIP)价格 × (1 + 投保加成率)。

如果以 CFR 合同项下货物投保,需把 CFR 转变成 CIF,再加成计算保险金额。计算公式如下:CIF = CFR/{1 − [保险费率 × (1 + 投保加成率)]}。

保险费的计算公式是:保险费 = 保险金额 × 保险费率

2. 办理投保和交付保险费

保险人对不同险别承担不同责任范围,收取的不同保费。因此被保险人在办理投保前须选择适当险别投保。选择投保险别时需考虑下列各种因素:

(1) 货物的性质和特点。货物本身的性质和特点是选择投保险别的重要条件。如价值低的散装货可投保平安险,价值高的贵重货物应选择水渍险或一切险。

(2) 运输港口和路线。海洋运输中载货船舶经过的路线和停靠港口对货物损失有较大影响,如经过赤道地区货物容易受热,而某些港口容易发生盗窃。这些因素在选择投保险别时须加以考虑。同时世界各国港口在设备、装卸能力及安全等方面差异较大,也是投保人需考虑的因素。

(3) 货物包装情况。不同货物包装对商品的保护程度是不同的,如集装箱包装要比一般普通包装更容易保护商品,发生货损的可能性较小。因此可以根据不同包装选择相应的险别。

(4) 货物残损规律。通常投保人可根据货物残损情况,进行分析、研究可得出其中规律。掌握某种货物运输时发生危险和可能损失,就可根据货物残损规律选择合适险别投保。

(5) 国际政治、经济形势变化。国际政治、经济环境有时也是投保人选择投保险别时慎重思考的因素。如新中国成立初期,面对帝国主义对社会主义新中国的扼杀,进口贸易中经常采用 CIF 加投战争险,以保障进口企业的利益。

投保人支付保费,是保险合同成立的前提条件,也是保险人掌握的保险基金的主要来源。保险费是依据保险费率计算的。

3. 保险单据

保险单据是证明保险合同成立的法律文件,它列明了保险人与被保险人之间的权利和义务,既是保险人的承保证明,又是被保险人向保险人索赔的依据。常见的保险单据有:

(1) 保险单(Insurance Policy),又称大保单,是一种正规的保险合同,使用也最为广泛。保险单正面内容包括当事人的姓名和住址、货物标记、包装与数量、保险责任开始的日期及保险期限、保险金额、出单日期等。除正面内容外,保险单背面载有保险人与被保险人之间权利和义务等方面的条款。

(2) 保险凭证(Insurance Certificate),又称小保单,是一种简化的保险合同。这种凭证除背面不载明保险人与被保险人之间权利和义务等方面的条款外，其余内容与保险单相同。保险凭证与保险单具有同等效力。

(3) 联合凭证（Combined Certificate），是一种将发票和保险单相结合的保险单据，是一种比保险凭证更为简化的保险单据。保险公司将承包的险别、保险金额以及保险编号加注在投保人的发票上，其他项目均以发票上列明的为准。此凭证只有我国采用，也仅适用于对港、澳地区中资银行的信用证项下的出口业务且不能转让。

(4) 预约保单（Open Policy），又称预约保险合同，是指被保险人（一般为进口人）与保险人之间订立的合同。保险人与被保险人事先约定在一定时期内对指定范围内的货物进行统一承保的协议，凡属合同承保范围的货物，一经装运，在合同有效期内自动承保。这种形式适用于经常有大批货物出运的投保人。被保险人在拥有预约保险单后，每批货物一经装运，就要将该批货物的名称、数量、保险金额、船名、航线等内容以投保声明书的形式及时通知保险人。

(5) 批单（Endorsement）是指投保人在接受保险单后，如需要补充或变更其内容时，可根据保险公司的规定，向保险公司提出申请，经同意后即重新开出的一种内容经更改或补充的凭证。

和运输单据一样，保险单据可以背书后转让。保险单据的转让无须取得保险人的同意，也无须通知保险人。即使保险标的物发生损失后，保险单据仍可有效转让。但保险单据的出单日期不得迟于运输单据所列明的货物装船或承运人接管的日期。

4. 保险索赔

保险索赔指当被保险货物遭受承保保险责任范围内的风险损失时，被保险人向保险人提出的赔偿要求。被保险人向保险人索赔时，应做好下列工作：

(1) 损失通知和货损检验。当被保险人获悉或发现被保险货物发生保险责任范围内的损失时，应立即通知保险公司。保险公司接通知后会同有关方面勘查现场、调查损失原因、确定损失性质和损失责任、采取必要的施救措施，并出具联合检验报告。

(2) 向承运人等有关方面提出索赔。被保险人或其代理人在提货时发现货物受损痕迹，或整件短少或散装货物已经残损，应立即向承运方及海关、港口等部门索取货损证明，并向有关责任方提出索赔或声明保留索赔权。被保险人在保留向第三者责任方索赔权的情况下，可向保险公司索赔。

(3) 采取合理的施救、整理措施。保险货物受损后，被保险人和保险人都有责任采取合理的、可能的施救措施，以防止损失扩大。因抢救、阻止或减少货物

第 13 章　国际货物运输与保险

损失而支付的合理费用，保险公司负责赔偿，但以不超过该批货物的保险金额为限。按照有关法律和保险条款规定，被保险人有义务对受损货物施救。被保险人能够施救而不履行施救义务，保险人对于扩大的损失甚至全部损失有权拒赔。

（4）备妥索赔单证。被保险人向保险公司或其代理人提出索赔时，通常提供下列证据：保险单或保险凭证正本；运输合同，包括海运提单、航空运单、邮包收据、联合运输收据等；商业发票、装箱单、重量单；检验报告；残损、短量证明；向承运人等第三者责任方请求赔偿的函电或其他证明文件；必要时还需提供海事报告；索赔清单，主要列明索赔金额及计算依据，以及有关费用的项目和用途。

本章小结

1. 国际贸易货物运输方式包括海洋运输、铁路运输、公路运输、航空运输、邮政运输及国际多式联运等。其中海洋运输是最主要的运输方式，它承担当今国际贸易 80% 运量，铁路运输次之。

2. 海洋运输分为班轮运输和租船运输。租船运输分定程租船运输和定期租船运输。

3. 提单性质和作用概括为三个方面：货物收据，运输契约的证明和物权凭证。

4. 货运保险是国际贸易业务中不可或缺的重要环节，我国海洋货运保险包括基本险和附加险。基本险分为平安险、水渍险和一切险，附加险分为一般附加险和特殊附加险。一般附加险包含在一切附加险责任范围内。但特殊附加险不包括在一切险的责任范围之内，因此，被保险人不论已投保何种基本险，均需另行加保有关的特殊附加险。

5. 基本险的责任起讫，采用国际保险业中惯用的"仓至仓条款"规定办理。战争险的责任起讫仅限于水上危险或运输工具上的危险。保险索赔期限为两年。

6. 办理国际货物运输保险，投保人须选择适当险别、支付保费、取得保险单据。保险单据包括保险单、保险凭证、联合凭证、预约保单和批单。

复习思考题

简答题

（1）程租船运输与期租船运输的主要区别在哪里？
（2）班轮提单的性质和作用表现在哪几方面？
（3）构成共同海损的基本条件有哪些？共同海损如何分摊？
（4）单独海损与共同海损的区别有哪些？
（5）CIC 中海运货物保险的基本险别有哪些？
（6）贸易术语如何影响"仓至仓"的起讫点？
（7）海运战争险与基本险的责任起讫有何不同？
（8）ICC 规定的保险险别有哪些？
（9）采用 CIF 术语成交时，按照国际惯例，保险金额如何确定？为什么？

第 14 章 国际服务贸易与技术贸易

本章要点
- 国际服务贸易的概念及其分类
- 服务贸易总协定的基本内容
- 国际技术贸易的概念
- 知识产权的涵义及内容
- 国际技术贸易的方式

14.1 国际服务贸易概述

14.1.1 国际服务贸易的含义与特点

1. 国际服务贸易的含义

国际服务贸易是指服务的跨境有偿交换活动。国际服务贸易包括服务的出口和进口。服务的出口表现为一个国家(地区)的服务生产者向另一个国家(地区)的服务消费者提供有偿服务,并获取外汇收入的过程;服务的进口表现为一个国家(地区)的服务消费主体购买他国(地区)服务提供者的有偿服务的过程。各国的服务进出口交易活动,构成全球服务贸易。

国际服务贸易不同于国际货物贸易。货物的进出口涉及货物从出口国向进国的流动,而服务的进出口有多种表现形式。WTO《服务贸易总协定》将服务贸易定义为通过以下四种方式提供服务。

(1) 跨境交付(Cross-border Supply):从一成员境内向任何其他成员提供服务。这种服务不构成人员、物质或资金的流动,而是通过电信、邮电、计算机网络实现的服务,如视听、金融信息等。这种服务提供方式特别强调买卖双方在地理上的界限,跨越国境和边界的只是服务本身,而不是服务提供者或接受者。

(2) 境外消费 (Consumption Abroad)：在一成员境内向任何其他成员的服务消费者提供服务，如接待外国游客、提供旅游服务、为国外病人提供医疗服务。这种服务提供方式的主要特点是消费者到境外去享用服务提供者提供的服务。

(3) 商业存在 (Commercial Presence)：一成员的服务者在任何其他成员境内通过商业存在提供服务，如外国公司到中国来开办银行、商店，设立会计、律师事务所等。这种服务提供方式的特点是：服务的提供者到境外设立商业机构提供服务，和消费者在同一成员的领土内。

(4) 自然人流动 (Presence of Natural Persons)：一成员的服务提供者在任何其他成员境内通过自然人存在提供服务，如一国的医生、教授、艺术家到另一国从事个体服务。

2. 国际服务贸易的特点

同国际货物贸易相比，国际服务贸易具有以下特点：

(1) 标的具有无形性。一般情况下，服务贸易的标的具有无形性（物化的服务除外），而商品贸易的标的则是有形的商品。

(2) 服务贸易主体地位具有多元性。服务的出口方往往同时是服务的生产者，并作为服务消费过程中的生产要素直接参与服务的消费过程；服务的进口方则常常是服务的消费者，并作为服务生产者的服务对象直接参与服务产品的生产过程。而商品贸易的主体地位则比较单一。

(3) 服务产品的生产、交易与消费过程的国际性。无形的服务产品生产、交易与消费过程往往是同步进行、无法分开的，服务的进口方（买方）往往就是服务的消费者。这一同步进行、无法分离的特性，使参与贸易的服务产品的生产、交易与消费过程具有更加明显的国际性。

(4) 服务贸易保护方式更具刚性和隐蔽性。由于服务贸易产品的无形性，使各国对本国服务业的保护无法采取关税壁垒形式，而只能采取在市场准入方面予以限制或进入市场后不给予国民待遇等非关税壁垒的形式。这种以国内立法形式实施的"限入"式非关税壁垒，使国际服务贸易受到的限制和障碍更具刚性和隐蔽性。相比而言，商品贸易的关税壁垒具有较高的透明度，通过相互减让的方式来消除障碍也比较容易。而国际服务贸易壁垒主要是国内法规难以量化，也缺乏透明度。

(5) 服务贸易惯例、约束具有相对的灵活性。《服务贸易总协定》(GATS) 是世界贸易组织处理服务贸易多边规则的框架性文件。这一权威性文件具有较大的灵活性。GATS 条款中规定的义务有一般性义务和具体承诺的义务两种。一般性义务适用于 GATS 缔约国所有服务部门，不论缔约国是否开放这些部门，都真有同样的约束力。一般性义务包括最惠国待遇、透明度、发展中国家更多参与等。具体承诺的义务则是指必须经过双边或多边谈判达成协议之后才承诺的义务，包括市场准入和国民待遇，且只适用于缔约方承诺开放的服务部门，不适用于不开放的服务部门。就市场准入而言，GATS要求可以采取循序渐进、逐步自由化的办法，并非一参加GATS就要立即开放全部服务市场；就国民待遇而言，GATS的规定也不是硬性的，而是可协商的。总之，GATS的约束是有一定弹性的，尤其是对发展中国家，不仅有一些保护和例外，还在国民待遇、最惠国待遇、透明度、市场准入以及对发展中国家服务业发展援助等方面给予了一定的灵活性。

（6）服务贸易市场具有高度垄断性。由于各国服务业发展的严重不平衡，加之服务贸易市场的开放直接涉及一个国家的主权、安全、民族文化和伦理道德等敏感性问题，因此，国际服务贸易市场自然就出现了高度的垄断型，以最大限度地保护和获取自身的利益。这一方面表现在少数发达国家在国际服务贸易多数领域的垄断地位；另一方面则表现为全球服务贸易壁垒森严，多种贸易障碍林立。据GATS统计，全球服务贸易壁垒多达2 000多种，大大超过商品贸易。从目前形势观察，国际服务贸易市场的这种高度垄断性，难以在短期内消失。

（7）服务贸易市场营销具有更大的难度和复杂性。无论在国家的宏观管理方面，还是在企业的微观经营方面，国际服务贸易营销管理都具有更大的难度和复杂性。从宏观上讲，国家对服务贸易出口管理，不仅涉及与服务相关的资金与实物的管理，更多的则涉及对服务的提供者和消费者个人的管理，其管理包括人员审查签证、劳工政策等一系列更为复杂的问题。某些服务贸易如金融保险、邮电通信以及影视文化教育等，还直接关系到国家主权与安全、文化与价值观念、伦理道德等敏感问题。在微观方面，由于服务本身固有的特性，也使得企业在营销管理过程汇总的不确定性因素增多，调控难度增大。其突出表现在对服务的质量控制和供需调节这两个企业营销管理中最为重要的问题上。如前所述，服务具有异质性，使得服务的质量标准具有不确定性，服务也难以像有形商品一样通过保退保换等方式换回因质量问题造成的损失，从而增大了服务质量管理的难度。

14.1.2　国际服务贸易的分类

由于国际服务贸易自身具有层次，致使人们可以根据不同的分类标准，从不同的角度对国际服务贸易进行分类。然而，至今为止，无论在实际贸易活动中，还是在学术界的讨论中，对于国际服务贸易的分类尚未形成一个统一的分类标准。这也说明了国际服务贸易的多样性和复杂性。下面对有代表性和影响的3种分类加以扼要介绍。

《服务贸易总协定》的分类

按照服务提供及其消费的性质，同时考虑到社会经济统计分类，GATS将国际服务贸易划分为如下十二个大类：

（1）商业服务（Business Services）。指在商业活动中涉及的服务交易活动。这类服务又包括专业性（包括咨询）服务、计算机及相关服务、研究与开发服务、不动产服务、设备租赁服务、其他服务六类。

（2）通讯服务（Communication Services）。主要指所有有关信息产品、操作、储存设备和软件功能等服务。主要包括邮电服务、信使服务、电信服务等。

（3）建筑及相关工程服务（Construction and Related Engineering Services）。主要指工程建筑从设计、选址到施工的整个服务过程。具体包括：工程选址服务，建筑项目、建筑物的安装及装配工程，工程项目施工与监理，固定建筑物的维修服务，以及所有这些环节涉及的其他服务。

（4）分销服务（Distribution Services）。指产品销售过程中所涉及的各种商业服务，主要包括批发与零售服务、特许经营服务等。

（5）教育服务（Educational Services）。指国际间在国民教育与非国民教育方面的服务交易与合作，涵盖了高等教育、中等教育、初等教育、学前教育、继续教育、特殊教育等一系列正规教育以及非正规教育环节。

（6）环境服务（Environmental Services）。包括污水处理服务、废物处理服务、卫生及相似服务等与环保直接联系在一起的服务。

（7）金融服务（Financial Services）。涵盖了银行金融与非银行金融的各主要领域。其中银行金融包括商业银行提供的所有服务，非银行金融则主要包括了保险及其相关服务。

（8）健康及社会服务（Health Related and Social Services）。主要指医疗服务、其他与人类健康相关的服务，以及社会服务等。

（9）旅游及相关服务（Tourism and Travel Related Services）。指旅游业及与之有关联的服务，最主要的有旅馆、饭店提供的住宿、餐饮服务及其他服务，旅行社提供的旅游交通及导游服务等。

（10）文化娱乐及体育服务（Recreational, Cultural and Sporting Services）。包括娱乐服务、新闻代理服务、图书馆服务与体育服务等，此外还包括文化交流、文艺演出等服务形式。

（11）交通运输服务（Transport Services）。从海上运输到内河航运，从陆上各种运输手段（轨道运输、汽车运输与管道输送等）到空中运输，从常规空中运输到现代空间运载与卫星发射，统统归入这个类别。

（12）其他服务（Other Services Not Included Elsewhere）。凡是无法归入上述任何类别之一的服务贸易，均可归入此类。

14.1.3 《服务贸易总协定》

《服务贸易总协定》（GATS）是当前适用全球服务贸易领域的国际性协议，此协议于1994年4月15日在马拉喀什关贸总协定（GATT）乌拉圭回合部长会议上正式签署，作为多边贸易体制下规范国际服务贸易的框架性法律文件。

1. 服务贸易总协定产生的背景

为推进货物贸易自由化，1947年部分国家签署了《关税与贸易总协定》（GATT）。该协定对缔约国家和地区的货物贸易政策需遵循的纪律与规范做出了规定。随着世界经济的发展，服务贸易越来越成为世界贸易的重要组成部分。然而由于服务贸易自身的特点，关贸总协定规则难以完全适用于服务贸易领域。制定服务贸易规则，推进服务贸易自由化和服务贸金的发展，成为各国面临的重要任务。

由于以美国为代表的发达国家服务业较为发达，在服务贸易中占有优势，因而积极倡导推进服务贸易自由化。

随着发达国家在服务贸易谈判问题上的认识逐步统一，发展中国家坚决抵制的立场有所改变。一些新兴的发展中国家和地区某些服务业已取得相当的优势，如韩国的建筑工程承包就具有一定的国际竞争力，新加坡的航空运输业在资本、成本和服务质量上也具有明显的优势，这些国家希望通过谈判扩大本国优势服务的出口。大部分发展中国家一方面迫于来自发达国家的压力，另一方面也认识到如果不积极地参与服务贸易的谈判，将会形成由发达国家制定服务贸易的规则。而自己只能成为被动的接受者，其利益将会受到更大的损害。因此，许多发展中国家也先后表示愿意参加服务贸易谈判。

1986年9月，GATT埃斯特角部长宣言将服务贸易作为三项新议题之一列入乌拉圭回合多边贸易谈判议程，拉开了服务贸易首次多边谈判的序幕。1994年4月乌拉圭回合谈判结束，GATT缔约方签署《服务贸易总协定》。

2. 服务贸易总协定的内容

《服务贸易总协定》分为六个部分、29个条款和一系列附件、部长决定、谅解等。以后达成的许多部门自由化协议，也属于"服务贸易总协定"的一部分。

（1）第一部分"范围与定义"。第一部分，即"服务贸易总协定"第一条，明确规定该协定"适用于各成员影响服务贸易的措施。"该条款将服务贸易定义为通过四种方式提供服务，即跨境提供、境外消费、商业存在和自然人流动。

（2）第二部分"一般义务和纪律"。所谓一般义务和纪律，是与具体承诺相对应的。在第二部分中规定的义务和纪律，不需要成员明示承诺，除非有例外规定或豁免权，各成员方均应该予以遵守。

第二部分包括第二条到第十五条，最主要的就是两个一般义务原则及其例外。这两个一般义务原则就是：最惠国待遇原则和透明度原则。

①最惠国待遇原则。第二条对最惠国待遇进行了规定。在本协定项下的任何措施方面，各成员立即和无条件地给予任何其他成员的服务与服务提供者以不低于其给予任何其他国家相同的服务和服务提供者的待遇。

与1994年关贸总协定不同的是，作为关贸总协定一般义务的非歧视待遇原则是由最惠国待遇和国民待遇共同构成的。而在《服务贸易总协定》中，国民待遇并非一般义务，只有最惠国待遇才是一般义务。

②透明度原则。透明度原则主要体现在第三条中。

作为无条件义务的透明度义务要求，除非在紧急情况下，各成员应该迅速并最迟在其生效之时，公布所有普遍适用的有关或影响服务贸易总协定实施的措施。一成员为签字方的有关国际协定也应该予以公布。各成员还有义务对其他成员就这些措施提出的具体资料要求予以迅速答复。

作为有条件义务的透明度义务要求，各成员应该立即或至少每年一次向服务贸易理事会通报其显著影响已作具体承诺部门的新的法律、规章或行政指示，或者有关的任何修改。

为了保证透明度，各成员有义务设立一个或几个咨询点，以便应要求向其他成员提供具体资料。

同时，服务贸易总协定并不要求各成员提供一旦公开则有悖法律实施、公共利益或有关合法商业利益的机密资料。

除了以上两个主要原则，第二部分还对包括发展中国家的更多参与、国内规章、经济一体化、紧急保障措施等做出了规定。

（3）第三部分"具体承诺"。具体承诺包括三条，第十六到第十八条。

各成员对本国服务贸易的开放承诺主要是通过具体承诺表得以实施的。具体服务贸易承诺表类似于1994年关贸总协定下的关税减让表。

在具体承诺表中，各成员承诺的义务分为两部分。一部分叫作普遍承诺（Horizontal Commitments），另一部分叫作具体部门承诺（Sector-specific Commitments)。整个表格同时又分为四列。第一列是部门或分部门名称,第二列是市场准入的限制,第三列是国民待遇的限制,第四列是附加承诺。

普遍承诺涉及所有在具体承诺表中列出的部门,其中作出的市场准入限制、国民待遇限制和附加承诺,对这些部门都有效。在普遍承诺中,各成员经常针对商业存在和自然人流动这两种方式作出一些限制。

在具体部门承诺中,各成员按照统一的服务贸易分类目录的顺序,对自己开放的部门逐一列出。同时分别四种不同的服务提供方式,对有关市场准入和国民待遇的限制以及附加承诺,也一一列出。有时,有关承诺的时间表也逐一列出。

服务贸易总协定并没有明确定义服务贸易市场准入的概念,但是第十六条规定,除非在承诺表中明确规定,在作出市场准入承诺的部门中,不得维持以下六种市场准入限制:限制提供者的数量;限制服务交易或资产总额;限制服务业务的总量;限制雇佣人数;限制或要求某一服务提供者通过特定类型的法律实体或合营企业提供服务的措施;限制外资持股比例或投资金额。

在第十七条中规定,关于国民待遇,在列入其承诺表的部门中,在遵照其中所列条件和资格的前提下,每个成员在所有影响服务提供的措施方面,给予任何其他成员的服务提供和服务提供者的待遇不得低于其给予本国相同服务和服务提供者的待遇。服务贸易的国民待遇只在具体承诺的部门中给予,而不是一种普遍义务。列明的承诺是义务,没有列明的部门则没有国民待遇义务,这被称为"自下而上"的"肯定清单"义务。

在附加承诺(第十八条)中,各国一般就有关资格认可、技术标准、许可规定等事项作出承诺。

(4)第四部分"逐步自由化"。这一部分规定了今后要继续举行谈判,逐步实现服务贸易的自由化。并对承诺表的进一步谈判与修改作出了一些规定。

(5)第五部分"制度条款"。这一部分最主要的规定涉及争端解决的问题。争端解决适用世贸组织关于争端解决机制的谅解。另外,这一部分还规定了服务贸易理事会的建立、技术合作、与其他国际组织的关系等事项。

(6)第六部分"最后条款"。这一部分规定一成员可对来自非成员或不予适用成员的服务拒绝给予服务贸易总协定下的利益。另外,还规定了有关名词的定义以及附件与协议的不可分割性。

(7)附件。附件包括关于第二条最惠国待遇豁免的附件,以及自然人流动、空运服务、金融服务、海运、电信等方面的附件。

这些附件规定了各个领域的一些具体纪律以及进一步协商的内容。

14.2 国际技术贸易

14.2.1 国际技术贸易的基本概念

国际技术贸易是第二次世界大战以后迅速发展起来的一种特殊载体的国际贸易，具有不同于普通商品贸易的显著特征。正确认识和理解国际技术贸易的概念、特征是十分必要的。

1. 国际技术转让

国际技术转让是技术供应方将某种内容的技术，通过一定的形式越出国界转让给技术的接受方使用的一种行为。

国际技术转让有两种形式：一种是非商业性的国际技术转让，通常是一种无偿的技术转让，它是不同国家政府间以技术援助方式进行的技术交流或技术转让；另一种是商业性的国际技术转让，它是指政府机构或企业之间按照商业条件签订技术协议或合同进行有偿的技术转让。后一种技术转让是营利性的，也是我们所指的国际技术贸易。可见，国际技术贸易是国际技术转让的主要形式之一。

（2）国际经济技术合作。从广义看，国际经济技术合作所包含的内容相当广泛，可以说几乎所有涉及经济都可称之为国际经济技术合作。从狭义看，国际经济技术合作是指国家（地区）间，包括国家（地区）和国际经济组织之间、国际经济组织之间、不同国家（地区）的企业之间，通过竞争与协调，在自愿互利的原则基础上，以各种方式，侧重于生产领域内共同进行的，比较长期的经济活动。

就实质而言，国际经济技术合作是各种生产要素（如资本、技术、劳动力、管理、自然资源等）在国际生产领域内进行转移，以实现合理的组合。即有关合作各方将其占有优势的生产要素以一定的方式互相组合，从而获得比较利益的国际间的经济活动。

国际经济技术合作方式主要有：国际信贷合作、国际投资合作、国际科技合作、国际劳务合作和国际经济援助。

2. 知识产权

知识产权（Intellectual Property）是指人们就其智力创造的成果依法享有的权利。在《世界知识产权组织公约》中，知识产权包括下列权利：

（1）与文学、艺术及科学作品有关的权利；

（2）与艺术家表演、录音作品和广播有关的权利；

（3）与人类在一切领域里的发明相关的权利；
（4）与科学发现有关的权利；
（5）与工业品外观设计有关的权利；
（6）与商品商标、服务商标、商号及其他商业标记有关的权利；
（7）与禁止不正当竞争有关的权利；
（8）一切在工业、科学、文学或艺术领域由于智力活动而产生的其他权利。

在世界贸易组织《与贸易有关的知识产权协议》中，知识产权的范围应当包括：

（1）版权与邻接权；
（2）商标权；
（3）地理标志权；
（4）工业品外观设计权；
（5）专利权；
（6）集成电路布图设计（拓扑图）权；
（7）未披露过的信息专有权；
（8）许可协议中反竞争行为的控制。

3. 目标技术贸易的基本内容

国际技术贸易是以知识产权为主要交易内容的贸易活动。虽然目前还没有包括全部知识产权的内容，但知识产权的主要内容，如专利权、商标权、专有技术和计算机软件著作权等已经成为国际技术贸易的主要标的。

知识产权包括两类：一是工业产权，如专利权、商标权；二是著作权，如计算机软件等。此外，还包括专有技术、商业秘密等。

（1）工业产权（Industrial Property）。工业产权是指工业、商业、农业和采掘业等领域的智力成果所有者对其成果所享有的一种专有权。

①专利使用权。专利是政府主管机构授予发明人在一定时期内对其发明所享有的一种专有权。取得专利权的人称为专利权人。专利权人在专利有效期内，享有对专利的实施、交换、继承、转让或放弃的权利，并受到法律保护，他人不得侵犯。专利权人的义务是将发明内容公开，按时缴纳专利年费。

专利的内容包括：一是发明。发明是指对产品和制造方法所提出的新的技术方案。如物品发明、物质发明、方法发明等。科学发现不能作为发明而申请专利；二是实用新型。是指对产品的形状、构成或其组合作出的革新设计。从本质上讲，它也是一种发明，只是其创造性比发明低，所以通常把实用新型称为小发明。它主要指有形的实物，不包括制造方法和无形的物体，如液态产品；三是外观设计。是对产品的外形、图案、色彩、造型或它们之间的相互结合所作出的富有美感的新设计。它必须用在一种产品上才能取得专利权。

专利的特点为：第一，专利具有独占性。独占性也称专有性，对于同一发明，只能授予一次专利权，其他人做出同样的发明，不能再授予专利权。还有只有专利权人才有权享有或使用该项权利，其他人如欲使用，必须事先获得专利权人的同意，否则就构成侵权行为。第二，专利具有地域性。专利权是一种有地域范围的权利。在哪个国家申请专利，就由哪个国家授予专利权，而只在该国境内有效。第三，专利具有时间性。专利权是一种有时间性的权利。一般专利保护期为10~20年，期限届满权利即告终止。

我国和大多数国家专利法规定，一项发明要取得专利权，必须具备三个条件：一是新颖性。是指所申请的专利在此以前，是从未公开发表、公开使用，也未曾以其他方式为公众所知。即大家闻所未闻、见所未见的首创发明。二是创造性，又称先进性。是指一项发明比现有技术先进。三是实用性。是指一项发明必须能够实际应用于产业部门，并能取得显著的效果。根据各国专利法的规定，实用性应具备三个特征即可实施性、再现性、有益性。

②商标。商标是商品生产者或经营者在其生产或销售的商品上所加的特定标记。这种标记可用文字、图形或其组合来表示。

商标的作用体现在以下方面：标志商品的来源；代表商品的质量；广告宣传的作用；保护消费者利益的手段。

商标权是指商标所有人对其依法申请并经商标主管机关核准注册的商标所享有的专用权利。商标权是一种工业产权，受有关法律的保护，商标权人依法享有的权利主要包括独占使用权、禁止权、转让权、许可使用权等。

商标权的取得必须由商标使用人书面提出申请，并缴纳申请费用，经主管部门批准登记注册，授予商标权。各国对商标权的确立，大致有三种原则：一种是先使用原则，即商标的最先使用人有权取得商标权。第二种是先注册原则，即商标最先注册的人有权取得商标专用权。第三种是无异议注册原则，即商标专用权原则上授予先注册人，但先使用人可以在规定期限内提出异议，如异议成立，已经授予先注册人的商标专用权即被撤销，而授予先使用人。如果超过规定期限无人提出异议，则商标专用权仍属于先注册人。目前大多数国家采用第二种先注册原则，我国商标法也采用这一原则。

(2) 著作权。在我国，著作权与版权是同义语。在英语中，这种权利称为"Copy right"，译为"版权"，这个词在文学艺术作品方面，是指作者或得到作者许可的其他人依法所享有的权利，如制作文学艺术作品的复制品。在英语以外的多数欧洲语言国家里,强调的是"作者权",这是大多数国家法律所承认的事实。即作者对其作品享有特定的权利。如防止歪曲的复制品的权利。而其他诸如制作复制品的权利,则可由其他人来行使,比如已经获得作者许可的出版社。

著作权人有权禁止他人未经其许可而以复制、表演、录音、录像、改编、翻译等等方式表现该作品。因此,受到保护的是作者的思想的表现,而不是作者的思想本身。

能够享受著作权保护的客体是作品,即创作者表现其思想、感情的,属于文学、艺术和科学技术领域内的智力劳动成果。作品以人们可以感知的各种形式加以体现,如文字、语言、绘画、雕塑、图形、视听资料等。但享有著作权保护的作品必须具有独创性,而不得盗窃、抄袭、模仿他人之作,当然,并不排除借鉴他人思想、研究方法之作。

14.2.2 国际技术贸易与国际货物买卖

国际技术贸易与国际商品贸易有明显区别,弄清区别有助于正确处理国际技术贸易的特有问题。但也不能忽视两者之间的联系,特别是它们之间的内在联系和相互影响。

1. 国际技术贸易与国际商品贸易的联系

(1) 商品在国际间的流动实际上是各种形式技术的流动。商品是利用一定水平的技术制造出来的,商品成为技术的载体。当商品以国际贸易的形式在国际间交换移动时,技术也随之进行移动,而且商品中的技术含量越高,在国际商品市场上就越容易移动。例如,商品在国际市场上的竞争力,表面上是价格有无竞争力,实质上是商品的技术含量多少。目前,国际上通常用产业"相对优势"地位理论,解释商品在国际市场上的竞争力。即在技术上国内某产业部门相对优于世界其他国家,则该产业部门的产品在国际市场上的竞争力就强;反之,竞争力则弱。鉴于此,许多国家从事技术贸易的动力之一,就在于通过引进技术,加强本国处于"相对劣势"的产业部门,或改变这些部门的生产方向,以加强本国商品在国际市场上的竞争力,或巩固、提高本国商品在国内外市场上的地位和占有率。

(2) 技术贸易促进进出口商品结构向高级化发展。目前,发展中国家大多以出口初级产品或劳动密集型产品为主,或出口凝结熟练劳动和生产经验等低级技术产品为主。而发达国家则以出口技术密集型产品或高附加值产品为主。这种进出口商品结构大大恶化了发展中国家的贸易条件。造成发达国家与发展中国家利益的不平衡,抑制了发展中国家的经济发展。因此,发展中国家纷纷引进国外的先进技术，以优化本国进出口商品结构，加强本国经济实力，改变在国际市场上的不利处境。

（3）技术贸易加速了国际贸易方式多样化的进程。技术作为一种重要的生产要素，决定了商品各生产要素的配置和配置的比例，技术的变动导致商品生产要素发生转移，从而使产品从劳动密集型向资本密集型、技术密集型、知识密集型转变，造成产业资本、人才资本和技术资本等各种生产要素的融合。技术贸易对这种融合起了重要的促进作用，也促使其与商品贸易结合的方式多样化，如商品贸易与技术转让的结合、加工贸易与技术转让的结合、直接投资与技术转让的结合等等。

（4）技术贸易成为疏通商品贸易渠道的手段。各个国家为了保护本国弱势产业和就业，对商品的进出口都采取了一些限制性措施，例如关税措施、非关税措施（配额、补贴、反倾销、技术标准、卫生标准等）。企业为了打破有关国家的关税壁垒或非关税壁垒对商品进口的限制，将技术出口到那些国家去，利用技术在当地进行商品生产，以避开各种限制，达到扩大商品出口的目的。也有的国家和企业为了获得稳定的原材料来源，经常采用直接投资或技术出口的办法，与当地企业合作，建立原材料供应基地，以保证重要原材料的稳定供应。

2. 国际商品贸易与国际技术贸易区别

（1）买卖标的物不同。一般国际商品贸易是有形商品的买卖，而国际技术贸易做买卖的是无形的技术知识。虽然在实际交易中，技术贸易常有与相关的机器设备一起买卖的，但是倘若不包含技术知识这部分，那么这种贸易便不能称作是国际技术贸易。

（2）买卖标的物所转移的权利不同。一般国际商品贸易一旦成交，则标的物的使用权和所有权一起转移。而国际技术贸易则只转让使用权，而所有权不作转让，所以售方一般可将此技术作多次出售，而购方却不得任意转让其购得的技术。

（3）买卖双方的关系不同。首先是买卖双方维系关系的时间长短不同。技术贸易双方当事人签订合同的履约期限通常较长，有的国家规定 5~7 年，甚至可达到 10 年。在合同有效期限内，双方当事人在传授和使用技术方面，构成长期的技术合作和技术限制、反限制的关系；而商品贸易合同的履约期限通常较短，从三、四个月到 1 年，通过出口信贷的某些合同一般也只二、三年（不包括贷款合同）。其次，国际商品贸易中，买卖双方是互通有无的对手，而国际技术贸易中，买卖双方既是合作关系，又是竞争关系。

（4）买卖标的物的作价不同。这是因为两种标的物的生产成本和价格构成不同。从生产成本上看，商品贸易中，每出售一个单位商品，其生产成本也增加一个单位，而一项技术可以多次转让而不必增加成本。从价格构成上看，一般商品的价格等于生产成本加一定利润，而技术贸易接受方通常采用利润分成作为技术贸易标的作价原则，即技术接受方在使用该技术后的经济效益高、利润大、则技术使用费也高；反之，如使用该技术后的经济效益低、利润小、则技术使用费低。在具体技术贸易中，技术的价格通常由三部分构成：①直接费用，即技术买方在完成技术转让中实际消耗的费用；②间接费用，即分摊一部分研究开发费用；③利润补偿，即技术卖方从技术买方使用该技术的经济效益中分得的份额。

（5）所涉及适用法律不同。技术贸易合同所涉及的法律，除了适用国内外货物买卖法和合同法外，还受到工业产权法、专利权法、商标法、反托拉斯法、公平交易法等法律规范的制约；而商品贸易合同主要适用国内外的货物买卖法和合同法等。所以，技术贸易合同所涉及的法律较商品合同更为广泛、更为复杂。

（6）国际收支平衡表中存在差异。国际技术贸易的收入和支出属于无形的商品贸易，一般不列入该国的对外贸易收支平衡表中，它通常反映在一国的国际收支平衡表中的经常性项目中。商品进出口则是一国贸易收支平衡表的重要项目。

3. 当代国际技术贸易的特点

第二次世界大战后，特别是近一二十年来，国际技术贸易格局发生了深刻的变化，呈现出许多新的特征，主要表现在以下几个方面：

（1）国际技术贸易在国际贸易中的地位愈来愈重要。科技进步以及技术信息的传播加快，促进了国际技术贸易的发展。

（2）国际技术贸易对国际资本流动的影响愈来愈大。直接投资是国际技术贸易的重要渠道。以经济合作与发展组织成员方对外直接投资为例，1974～1979年成员方年平均直接投资186亿美元，1980～1983年增至213亿美元。与此同时，国际之间技术贸易与资本输出进一步结合。如美国80%的技术输出额，其对象为美国在海外的投资企业。

（3）国际技术贸易主要集中在发达国家。由于技术水平的差异等原因，国际技术贸易主要在发达国家之间进行，发达国家之间成交的技术贸易额占世界技术贸易总额的80%以上，发达国家与发展中国家之间的技术贸易额占技术贸易总额的10%，而发展中国家之间的技术贸易额所占比重还不到10%。由于经济实力雄厚、科技水平高以及技术开发能力强，发达国家在技术出口中一直处于垄断地位。大多数发展中国家特别是技术落后的发展中国家，被排斥于全球经济与技术事务之外，以致落后的发展中国家与工业发达国家的技术差距越拉越大。

（4）发展中国家技术贸易发展迅速。20世纪80年代中期以后，亚洲和拉美一些技术发展水平较高的发展中国家，纷纷从事技术出口交易，从而使技术来源多极化，在国际技术市场发挥着日益重要的作用。如亚洲的印度、韩国、中国，拉丁美洲的巴西、墨西哥、阿根廷等形成了一个约 20 个国家的新兴工业集团，成为国际技术市场最为活跃的一极。新兴工业化国家认识到，要想在国际技术市场上占有一席之地，本身就必须拥有技术资产，从而导致了主要工业化国家和新兴工业化国家的公司之间展开了全球性竞赛，但是这种竞赛的参与者正越来越相互依赖，它们的技术活动也越来越朝着一体化的趋势发展。

（5）国际技术贸易形成美欧日三足鼎立格局。目前参与国际技术贸易的国家和地区有 100 多个，但分布不均匀，大部分技术贸易集中在发达国家。其中，美国是世界最大技术贸易出口国。世界先进技术 60% 在美国产生，75% 在美国开发应用成功，尖端技术贸易发展之快又特别引人注目。但是 80 年代以后其绝对优势开始下降，尤其 20 世纪 90 年代以后，至少有 1/3 的关键技术已开始由日本和欧共体所取代，逐渐形成三足鼎立的格局。

（6）技术与资本、设备和劳务等生产要素相结合的贸易方式。由于单纯国际技术转让在维系交换双方经济利益等方面存在着某些缺陷，同时，随着国际交往形式增多，技术转让与其他形式的国际经济交往合作在更大范围内进行融合渗透，部分技术拥有者放弃了单纯技术买卖，开始从事产业贸易，或将技术作为投资入股，或作为合资办厂的投入要素，以求参与分享技术产业效益。部分技术拥有者在提供技术时也提供资金，或在提供资金时限定接受为购买其技术。这样，纯粹的技术买卖关系扩展为以技术商品为中心的复合型国际经济合作。

（7）跨国公司是国际技术贸易主要承担者。长期以来，跨国公司控制了相当份额的国际技术贸易，发达国家的 500 家大型跨国公司垄断了工业发达国家 90% 的生产技术和 75% 的国际技术贸易。跨国公司按照其全球规划进行海外投资，在形成规模经济的基础上将其产品销售纳入世界市场销售网，直接构成全球经济的一部分。

此外，跨国公司对发展中国家单纯的资本输出改变为以技术输出带动资本输出和商品输出。跨国公司对发展中国家的传统做法是资本输出，先办原材料基地，然后获取原材料运回国内加工成产品，再销售到发展中国家去。目前许多发达国家的跨国公司都积极发展技术输出，除了核心的关键技术外，将一些即将淘汰的技术和组装技术向其他国家输出，且技术转让多在公司内部进行。据统计，美英两国跨国公司向海外子公司转让技术大约分别占其技术出口额 80% 和 85%。

4. 国际技术贸易的方式

在国际技术贸易中，一般转让的只是技术的使用权而非所有权。由于项目复杂，涉及技术、法律、商务等诸多问题，从谈判到达成交易要经过很长一段时间，在合同的执行过程中又需要双方进一步合作，并且合同期限较长。因此，拥有技术的一方将其技术的使用权转让给另一方的形式便十分复杂、灵活和多样。目前，国际技术贸易的形式主要有：许可贸易、技术咨询与服务、合资经营、合作生产、国际工程承包、补偿贸易和国际BOT等。

（1）许可贸易。许可贸易（Licensing Trade）是技术贸易最基本、最重要的方式。它是一种交易双方以签订许可合同的形式进行技术使用权让渡的交易方式，拥有技术的一方称为许可方（Licensor）或供方，引进技术的一方称为被许可方（Licensee）或受方。许可贸易就是技术的许可方允许被许可方取得其拥有的专利、商标或专有技术的使用权以及制造、销售该技术项下产品的权利，并由被许可方支付一定数额的报酬。

许可贸易有三种基本类型：专利许可、商标许可和专有技术许可，随着计算机及其软件技术的开发与应用，计算机软件的许可便逐渐成为一种重要的许可方式。这几种方式有时单独出现，但更多的是其中两种或两种以上技术混合起来进行一揽子转移。

（2）技术咨询与服务。技术咨询与服务（Consulting Service）是一方利用自己掌握的技术、经验和技术条件（包括雇佣的工程技术人员和技术资料等），协助另一方完成某项特定的技术经济任务，达到双方商定的目标。为此双方要签订技术咨询与服务协议。一般情况下是一些具有较高知识水平的专家组成的咨询公司就委托人所提出的技术课题，提供建议或解决方案。

技术咨询与服务内容广泛，灵活性很大。大范围的可以是项目的可行性研究、技术方案的设计和审核、招标任务书的拟定、生产工艺或产品的改进、设备的购买等；小范围的可以是工程项目的监督指导或质量监督等。

（3）合作生产。合作生产（Co-production）是指一项产品或一个工程项目，由双方或多方各自承担其中某些部分、部件的生产来共同完成全部项目的一种方式。合作生产的产品或工程可能是由于技术、材料或设备方面的原因，一方无力单独完成，需要外国合作者共同完成目标或者虽然一方可以完成，但由于受技术和物质条件的限制，使某些部分的生产成本高、质量差或工期长，但在其他部分生产中却有自己的优越条件，需要与适当的外国合作者合作。这样，利用各方在设备、技术、劳动力、原材料等方面的不同条件，发挥各自的优势，从而比任何一方单独完成全部生产更有优越性。

（4）利用外资引进技术。利用外资引进技术是将利用外资和引进技术结合起来，在利用外资的同时，又能引进国外先进技术和设备，这是当前国际经济技术

第14章 国际服务贸易与技术贸易

合作领域中一个新的发展潮流，它对一国经济的发展起着重要作用。归纳起来，目前国际上利用外资引进技术的主要方式有如下几种：

①合资经营。合资经营（Joint Venture）是指由两个或两个以上不同国家的公司、企业、其他经济组织或个人依据东道国的法律，在东道国共同投资、共同经营某一企业，并由双方共担风险和共享利润的经营方式。它包括两种形式，即股权式合资企业（Equity Joint Venture）和契约式合资企业（Contractual Joint Venture）。前者在我国又叫中外合资经营企业，中外双方利润的分配和风险的承担均以投资比例为准；后者在我国又叫中外合作经营企业，中外双方利润的分配和风险的承担均在合同中加以约定。

中外合资、合作经营企业的投资双方，可以用现金、实物、工业产权、专有技术和土地使用权等作为出资。在实践中，有许多情况是外方用自己的技术作为投资，这实际上就是向合资的对方进行了技术转让。目前，我国通过合资方式已经引进了不少国外的先进技术，例如汽车制造技术、浮法玻璃制造技术、彩色显像管制造技术等。

利用合资方式进行技术转让已经成为目前国际技术转让领域中一种非常普遍和重要的方式，这种方式对于发展中国家的技术引进尤其具有重要的战略意义。

②外汇贷款。外汇贷款（Foreign Exchange Loan）是指一国银行为支持本国企业从国外引进技术和进口设备而从国外借贷的款项。外汇贷款方式的好处在于：本国企业有在国际市场上自由选择技术和设备的主动权，从而可以保证引进的技术和所进口的设备先进、适用、可靠；同时可以扩大本国产品的出口，增强本国出口商品的竞争能力。这是一种利用外资引进技术和进口设备对本国企业进行技术改造的好方式。但是，由于目前大多数发展中国家缺乏国内配套资金，采用这种方式会使接受外汇贷款的企业加重负担。加之手续繁琐、贷款审批时间长等原因，采用此法的企业并不很多。

③补偿贸易。补偿贸易（Compensation Trade）是指交易的一方向另一方提供技术、设备，而引进技术或设备的一方在约定的期限内以其产品形式偿还技术、设备价款本息的做法。它主要有直接补偿和间接补偿两种形式。前者是指用引进的技术、设备所生产的产品返销对方，以返销产品抵偿引进技术、设备的价款，这是补偿贸易最基本的形式；后者是指用双方约定的其他产品，而非用引进技术、设备生产出来的直接产品，来抵偿引进技术、设备的价款。补偿贸易主要用于对现有老企业进行技术改造和技术革新，从而提高现有企业的生产能力和改进产品质量。

④国际BOT方式。BOT是英文Build-Operate-Transfer的缩写，中文意思

为建设—经营—转让。它的含义是指：建设方承担一个既定的工业项目或基础设施的建设，包括建设、经营、维修和转让，在一个固定的期限内运营设施并且被允许在该期限内收回对该项目的投资飞运营与维修费用以及一些合理的服务费、租金等其他费用，在规定的期限届满后，将该项目转让给项目方的政府。BOT方式一般适用于一个国家的公共部门和基础设施方面的一些大型项目。例如电站、高速公路、铁路、桥梁、隧道、港口、机场、钢铁企业、化工企业、灌渠、水库、大坝、教育医疗卫生基础设施、仓库、环保设施、通信设施以及工业园区等建设项目。BOT的期限一般为15～20年。

（5）工程承包。工程承包（Project Contracting）主要是指"交钥匙"项目（Turn-key Project），即某一工程项目承包人（Contractor）与项目所有人（Project Owner）（也叫业主）签订协议，并按协以规定的条件完成某项工程任务。承包商从工程的方案选择、土建施工、设备供应与安装、人员培训直至试生产承担全部责任，也就是说，承包商自始至终对业主负责。工程承包的方式主要适用于大型的新建项目，如大型发电站的建设、现代化机场的修建，以及机械制造或化工厂等成套生产线的新建或扩建。

（6）特许专营。特许专营（Franchising）一般是指由一家已经取得成功经验的企业，将其商标、商号名称、服务标志、专利、专有技术以及经营管理的方法或经验转让给另一家企业的一项技术转让，在收取一定金额的特许费的前提下，允许其使用。它是在最近二三十年迅速发展起来的一种新的技术转让方式，最初出现于美国，现在在美洲、欧洲和亚洲都相当流行。

本章小结

1. 《服务贸易总协定》将服务贸易定义为以下四类：（1）从一缔约方境内向任何其他缔约方境内提供服务；（2）在一缔约方境内向任何其他缔约方的服务消费者提供服务；（3）一缔约方在其他缔约方境内通过提供服务的实体性介入而提供服务；（4）一缔约方的自然人在其他任何缔约方境内提供服务。

2. 《服务贸易总协定》中将服务贸易分为12大类，即商业性服务、销售服务、金融服务、娱乐服务、通讯服务、教育服务、卫生服务、运输服务、建筑服务、环境服务、旅游服务和其他服务。

3. 《服务贸易总协定》由协定正文、附件、部长会议决定以及各国的减让表组成。具体有三个主要部分：（1）适用于所有成员的基本义务框架结构，即《服务贸易总协定》正文29个条款；（2）涉及各服务部门的特定问题和供应方式的附件以及第二条"豁免"的附件；（3）附在《服务贸易总协定》正文之后的具体承诺表。

4. 国际技术贸易是指一个国家的法人或自然人，通过贸易方式，按照一定的交易条件，

第14章 国际服务贸易与技术贸易

将其技术转让给其他国家的法人或自然人的活动。

5. 知识产权是指人们就其智力创造的成果或知识产品所依法享有的专有权利。知识产权包括工业产权与著作权（版权）两部分。其中，工业产权包含专利权、商标权等；著作权包含计算机软件等。

6. 国际技术贸易的方式很多，主要有许可贸易、技术咨询与服务、合资经营、合作生产、国际工程承包、补偿贸易和国际 BOT 等。其中特别是许可贸易方式，在国际技术贸易中被广泛采用。

复习思考题

1. 简答题
（1）简述《服务贸易总协定》中对服务贸易的分类。
（2）简述国际技术贸易的方式。

2. 论述题
（1）国际服务贸易与国际货物贸易比较，具有哪些特征？
（2）《服务贸易总协定》的基本内容。

3. 案例研究
2005年6月9日，在上海召开了世界服务贸易论坛上，WTO前副总干事、印度计划委员会安瓦鲁尔·豪达指出，开放的服务业发展进程要高于低自由度的行业，比如印度的航空业开放度低，结果不但航空业本身发展缓慢，也阻碍了旅游业的发展，而印度的电信业开放导致印度成为世界上最开放的呼叫中心和计算机服务市场，同样信息产业的开放，也造就了印度软件业在世界上独树一旗。

（1）请你对以上这段话谈谈看法。
（2）你认为我国的服务贸易应该注重哪些行业，并请说明理由。

参 考 文 献

1. 毕红毅：《跨国公司经营理论与实务》，经济科学出版社2014年版。
2. 卜伟：《国际贸易》（第3版），清华大学出版社2014年版。
3. 陈伟、梅萍：《国际贸易》，清华大学出版社2014年版。
4. 陈文培：《国际贸易实务》，上海财经大学出版社2015年版。
5. 陈岩：《国际贸易理论与实务》（第3版），清华大学出版社2014年版。
6. 崔日明：《跨国公司经营与管理》，机械工业出版社2014年版。
7. 戴海珊：《国际贸易实务》（第四版），大连理工大学出版社2014年版。
8. 戴建中：《国际服务贸易》，中国青年出版社1996年版。
9. 董本云：《国际贸易实务》，上海财经大学出版社2014年版。
10. 冯德连、查道中：《国际贸易理论与实务》，中国科学技术大学出版社2015年版。
11. 傅龙海：《国际贸易理论与实务》（第四版），对外经济贸易大学出版社2015年版。
12. 甘道尔夫：《国际经济学Ⅰ：国际贸易理论》（第2版），中国人民大学出版社2015年版。
13. 高成兴、朱立南、黄卫平：《国际贸易教程》，中国人民大学出版社2007年版。
14. 郭羽诞：《国际贸易学》，上海财经大学出版社2014年版。
15. 海闻、施建准，《国际经济学》，高等教育出版社2011年版。
16. 韩晶玉、李辉、郭丽：《国际贸易实务》，对外经济贸易大学出版社2014年版。
17. 韩玉军，《国际经济学》，北京大学出版社2010年版。
18. 韩玉珍：《现代国际贸易实务》，首都经济贸易大学出版社2000年版。
19. 胡永刚：《贸易模式论》，上海财经大学出版社1999年版。
20. 华民，《国际经济学》（第2版），复旦大学出版社2010年版。
21. 黄海东：《国际贸易实务》（第二版），东北财经大学出版社2014年版。

22. 黄卫平、彭刚：《国际经济学教程》，中国人民大学出版社2004年版。
23. 贾金恩、姚东旭、朗丽华：《国际贸易理论政策实务》，对外经济贸易大学出版社2005年版。
24. 姜文学：《国际贸易》（第二版），东北财经大学出版社2014年版。
25. 金淑云、刘重力：《国际贸易实务》，南开大学出版社1999年版。
26. 金泽虎：《国际贸易学》（第二版），中国人民大学出版社2015年版。
27. 凯恩斯：《就业利息和货币通论》，商务印书馆1983年版。
28. 李丹、崔日明：《国际贸易概论》，中国人民大学出版社2014年版。
29. 李画画等：《国际贸易实务》，清华大学出版社2014年版。
30. 李嘉图：《政治经济学及赋税原理》，商务印书馆2003年版。
31. 李玖晖：《国际贸易实务》，人民交通出版社1998年版。
32. 李斯特：《政治经济学的国民体系》，商务印书馆1997年版。
33. 李晓红、吴沙沙：《国际贸易实务》，东北财经大学出版社2015年版。
34. 李颖吾：《国际贸易》，三民书局1990年版。
35. 栗丽：《国际货物运输与保险》（第四版），中国人民大学出版社2015年版。
36. 林康：《跨国公司经营与管理》，对外经济贸易大学出版社2008年版。
37. 刘东升：《国际服务贸易》，中国金融出版社2005年版。
38. 刘俊霞：《国际贸易实务》，中国人民大学出版社2015年版。
39. 卢进勇、虞和军、朱啼颜：《国际服务贸易与跨国公司》，对外经济贸易大学出版社2002年版。
40. 罗伯特·C·芬斯特拉：《国际贸易》，中国人民大学出版社2011年版。
41. 罗余才、刘军：《国际服务贸易学》，中国财政经济出版社1996年版。
42. 马静：《国际贸易实务》，清华大学出版社2014年版。
43. 绕友玲：《国际服务贸易——理论、产业特征与贸易政策》，对外经济贸易大学出版社2005年版。
44. 邵作仁：《国际贸易实务》（第二版），东北财经大学出版社2015年版。
45. 申艳玲、解青芳：《国际贸易理论与实务》（第3版），清华大学出版社2014年版。
46. 史修松：《国际贸易理论与实务》，中国矿业大学出版社2014年版。
47. 斯蒂文·G·米德马编，罗君丽等译：《科斯经济学》，格致出版社2010年版。
48. 斯密：《国民财富的性质和原因的研究》，商务印书馆2002年版。
49. 苏敬勤、冯欲杰：《世界知识产权保护与国际技术贸易》，大连理工大学出版社1998年版。

50. 苏科五：《国际贸易》（第二版），人民教育出版社2015年版。

51. 孙丽云、王立群：《国际贸易》（第五版），上海财经大学出版社2014年版。

52. 孙小军、何康民、陈丹丹：《国际贸易实务》，武汉大学出版社2015年版。

53. 托马斯·A·普格尔：《国际贸易》（第15版），中国人民大学出版社2014年版。

54. 汪尧田、周汉民：《关税与贸易总协定总论》，中国对外经济贸易出版社1992年版。

55. 王红雨、傅泳、何康民：《国际贸易实务》，重庆大学出版社有限公司2015年版。

56. 王林生等：《跨国公司理论与战略》，对外经济贸易大学出版社2004年版。

57. 王普光等：《关税理论政策与实务》，对外经贸大学出版社1999年版。

58. 王如忠：《贫困化增长：贸易条件变动中的疑问》，上海社会科学院出版社1999年版。

59. 王绍熙：《中国对外贸易概论》，对外经济贸易大学出版社2004年版。

60. 王玉清、赵承璧：《国际技术贸易——技术贸易与知识产权》，对外经济贸易大学出版社2005年版。

61. 吴春娜：《国际贸易》，西安电子科技大学出版社2015年版。

62. 吴国新等：《国际贸易实务》（第二版），清华大学出版社2014年版。

63. 小岛清：《对外贸易论》，南开大学出版社1997年版。

64. 谢娟娟：《精编国际贸易实务》，首都经济贸易大学出版社2014年版。

65. 徐桂英：《国际贸易——理论与政策》，经济科学出版社2010年版。

66. 徐盛华、章征文：《国际贸易学》（第2版），清华大学出版社2014年版。

67. 许继英：《国际贸易实务》，清华大学出版社2014年版。

68. 薛荣久、张汉林：《国际服务贸易》，中国大百科全书出版社1995年版。

69. 姚曾荫：《国际贸易概论》，人民出版社1987年版。

70. 姚大伟、马朝阳：《国际贸易实务》（第二版），上海交通大学出版社2015年版。

71. 叶德万、李忱：《国际贸易实务》，华南理工大学出版社1998年版。

72. 余吉祥：《国际贸易理论与实务》，北京师范大学出版社2014年版。
73. 余庆瑜：《际贸易实务：原理与案例》中国人民大学出版社2014年版。
74. 喻志军：《国际贸易理论与政策》，企业管理出版社2006年版。
75. 詹姆斯·格伯：《国际经济学》（第6版），中国人民大学出版社2015年版。
76. 张二震、马野青：《国际贸易学》（第五版），南京大学出版社2015年版。
77. 张纪康：《跨国公司与国际直接投资》，复旦大学出版社2011年版。
78. 张卿：《国际贸易实务》（第二版），对外经济贸易大学出版社2015年版。
79. 赵春明：《跨国公司与国际直接投资》，机械工业出版社2012年版。
80. 赵凤卿：《国际贸易实务》，对外经济贸易大学出版社2014年版。
81. 赵伟：《国际贸易——理论政策与现实问题》，东北财经大学出版社2004年版。
82. 赵轶：《国际贸易基础》，清华大学出版社2014年版。
83. 周桂凤：《国际贸易理论与实务》，对外经济贸易大学出版社2014年版。
84. 周小川：《外贸体制改革的探索》，中国展望出版社1990年版。
85. 朱立南：《世界经济运行机制》，中国人民大学出版社1993年版。
86. 朱廷君：《国际贸易》，北京大学出版社2007年版。